Internet für Existenzgründer

campus concret
Band 62

Die beiden Autorinnen sind seit mehreren Jahren erfolgreich selbstständig.

Dr. Sonja Klug (Dr.S.Klug@t-online.de) ist Ghostwriterin für Unternehmen, freie Lektorin und Autorin mehrerer Bücher sowie zahlreicher Fachartikel zu wirtschaftlichen Themen.

Dorothee Köhler (d.koehler@scriptics.de) betreibt seit fünf Jahren ein Redaktionsbüro und hat sich als Autorin und Lektorin auf den Bereich Wirtschaftsliteratur spezialisiert.

Von den beiden Autorinnen erschien bei Campus bereits *Stellenm@rkt Internet* (2000).

Sonja Klug und Dorothee Köhler

Internet für Existenzgründer

So nutzen Sie das Netz auf dem Weg in die Selbstständigkeit

Campus Verlag
Frankfurt/New York

Die Deutsche Bibliothek – CIP-Einheitsaufnahme

Ein Titeldatensatz für diese Publikation ist bei
Der Deutschen Bibliothek erhältlich
ISBN 3-593-36654-1

Umschlaggestaltung: Guido Klütsch, Köln
Umschlagmotiv: © Image Bank
Satz: Fotosatz L. Huhn, Maintal-Bischofsheim
Druck und Bindung: Media-Print, Paderborn
Gedruckt auf säurefreiem und chlorfrei gebleichtem Papier.
Printed in Germany

Inhalt

Teil 2
Vom Geschäftskonzept zur Geschäftsgründung

Teil 3
Nach der Gründung

Einführung

Das Internet als Informationspool

Das Internet ist eine ständig anwachsende und immer unübersichtlicher werdende Ansammlung von ein paar hundert Millionen Seiten zu den unterschiedlichsten Themen. Sie in ihrer ganzen Tiefe und Breite zu erfassen, ist unmöglich, zumal jeden Tag neue Seiten hinzukommen.

Was Sie jedoch tun können, ist, diesen gigantischen Informationspool als *schnelles, kostengünstiges und effektives Instrument zur Informationsbeschaffung* zu nutzen. Nirgendwo sonst bekommen Sie zentral so viele fundierte und unerlässliche Fakten, Tipps und Informationen zu vielen Themengebieten. In manchen Bereichen geht ohne Internet gar nichts mehr.

Übersicht über den Aufbau des Buches

Gerade für Sie als Existenzgründer/in sind fundierte Recherchen rund um die Gründung eine wichtige Voraussetzung für Ihren späteren Erfolg. Wir haben für Sie

1. ca. 1 000 Adressen zum Thema Existenzgründung zusammengetragen, diese kommentiert und bewertet. So verlieren Sie keine unnötige Zeit mit nutzlosem Herumsurfen und -suchen und können gezielt die für Sie relevanten Websites aufrufen.
2. Außerdem bietet unser Buch ausführliche Informationen rund um alle Themen, die für Existenzgründer/innen wichtig sind:
   - Eignungstests für werdende Unternehmer/innen

- unterschiedliche Gründerpersönlichkeiten und Gründungsvoraussetzungen (bei Frauen, Hochschulabsolventen, Arbeitslosen)
- strategische Planung der Gründung inklusive Finden des richtigen Geschäftsfeldes, Konkurrenz- und Standortanalyse
- die Wahl der Rechtsform
- alles rund um die Finanzierung vom Businessplan über Kapitalgeber bis zu Rechnungswesen und Steuern
- Gründungsberatung
- rechtliche Aspekte der Gründung
- Marketing und PR, online sowie offline
- Gestalten und Platzieren einer eigenen Homepage
- die wichtigsten strategischen Schritte nach der Gründung

In unserem Buch sprechen wir ausdrücklich sowohl Existenzgründer als auch Existenzgründer*innen* an. Der besseren Lesbarkeit halber verwenden wir im Folgenden jedoch immer die grammatikalisch männliche Form, sofern wir nicht ausschließlich Frauen meinen.

Wir gehen davon aus, dass sich unsere Leser in verschiedenen Stadien der Gründung eines Unternehmens befinden und decken daher die unterschiedlichsten Bereiche ab beziehungsweise richten uns an verschiedene Zielgruppen:

- *Angehende Gründer*, die noch keine konkreten Schritte zur Gründung unternommen haben und sich grundlegend informieren wollen;
- Gründer, die schon *mitten in der Gründung* stecken, denen aber noch entscheidendes Know-how, beispielsweise in den Bereichen Beratung oder Finanzierung, fehlt;
- Gründer, die mit ihrem Unternehmen schon »an den Start« gegangen sind, die aber *einzelne Themen* wie Marketing, PR oder Kundenbindung vernachlässigt haben.

Die Texte in unserem Buch verstehen sich nicht nur als erweiterte Kommentierungen zu den einzelnen Internet-Adressen, sondern als eigenständige und unabhängige Informationen, die auch dann für Sie von Nutzen sind, wenn Sie *keine* Existenzgründung im Internet (sog. New Economy oder E-Business) und *keine* eigene Homepage planen.

Sie können die textlichen Informationen des Buches auch dann nutzen, wenn Sie von den Internet-Adressen keinen Gebrauch machen wollen oder können.

Es gilt aber auch das Umgekehrte:

Sie können die ungefähr 1 000 Internet-Adressen rund um das Thema »Existenzgründung« auch dann verwenden, wenn Sie an den redaktionellen Informationen nicht interessiert sind und/oder wenn Sie ein Unternehmen gründen wollen, das mit dem Internet nichts zu tun hat.

Wir haben die Internet-Adressen thematisch zu Gruppen zusammengefasst und sie entsprechend den Texten platziert. Am Ende des Buches finden Sie ein *Register der gelisteten Internet-Adressen-Sammlungen*; so können Sie schnell nachschlagen, welche Adressen für das Sie interessierende Thema relevant sind.

Alle im Buch aufgeführten Internetadressen finden Sie auch im Internet unter *www.campus.de*, Suchbegriff »Existenzgründer«, wo sie *regelmäßig aktualisiert und ergänzt* werden.

Um unser Buch effektiv und sinnvoll nutzen zu können, brauchen Sie keine besonderen Kenntnisse im Umgang mit dem Internet – lediglich Zugriff auf einen modernen PC mit Internet-Zugang und elementare Kenntnisse in der PC-Bedienung sollten Sie mitbringen. Durch unser Buch wird Ihnen die Suche nach Websites zum Thema Existenzgründung sehr einfach gemacht, denn Sie brauchen nur die von uns genannten Adressen aufzurufen. Im Folgenden geben wir Ihnen eine kurze Einführung in die Recherche im Internet, damit Sie auch Seiten finden, die wir nicht vorgestellt haben und die Ihnen helfen, sich intensiver in einen bestimmten Bereich einzuarbeiten.

Wenn Sie sich grundsätzlich mit dem Thema Internet auseinandersetzen wollen, empfehlen wir Ihnen die folgenden Seiten:

Einführungen ins Internet

http://www.akademie.de
Seit 1997 bietet Akademie.de Online-Kurse und Informationsdienste an und ist mit derzeit rund 10 000 Mitgliedern die größte Online-Learning-Community im Internet. Hier können Sie alles lernen, was mit dem Internet zusammenhängt.

http://www.hpz.com/Kindergarten.html
Dieser »Internet-Kindergarten« richtet sich an alle, die innerhalb von zehn Minuten eine Ahnung davon haben möchten, worum es beim Internet überhaupt geht. Es gibt ein Internet-Wörterbuch und einen amüsanten Überblick über die Geschichte des Internets.

http://www.lapstop.de/schule
Anbieter von Online- und Offline-Schulungen für Computer-Anfänger, Quereinsteiger und Neugierige.

http://www.Netz-Schule.de
Die Netz-Schule ist eine deutschsprachige Mailingliste für »Anfänger und Fortgeschrittene rund ums Internet« und will Hilfestellung und ein Forum sein, in dem es auf »dumme Fragen« schlaue Antworten gibt.

http://www.teamone.de/selfaktuell/links/einsteiger_einfuehrungen.htm
Linkverzeichnis zu leicht verständlichen deutschsprachigen Einführungen für Internet-Einsteiger.

http://www-kurs.de/
Online-Internet-Kurs mit Glossar, bestens geeignet für den Einstieg ins Internet. Sie bekommen Informationen rund um die Themen World Wide Web, Suchen & Finden, Geschäfte im Internet, Sicherheit sowie Übungen, Anregungen und vieles mehr.

Effiziente Recherche im Internet

Mal ehrlich: Haben Sie nicht auch schon verzweifelt vor Ihrem Computer gesessen und auf die 10 347 Ergebnisse gestarrt, die Ihnen eine x-beliebige Suchmaschine im Internet auf eine ebenso beliebige Anfrage »ausgespuckt« hat? Wie viele Stunden haben Sie schon im Netz verbracht, ohne dass etwas Sinnvolles dabei herausgekommen wäre? Auf den Seiten der Suchmaschinen wird damit geworben, dass man nur einen Begriff eingeben müsse und dann in Sekundenschnelle das passende Ergebnis erhält.

Macht man sich jedoch klar, dass die Betreiber einer Suchmaschine wenig Interesse daran haben können, dass Sie schnell etwas finden, sondern vor allem daran, dass Sie möglichst lange auf der Seite bleiben und oft dahin zurückkehren und damit möglichst lange die teuer verkaufte Werbung betrachten, wird schnell eines deutlich: Suchmaschinen sind nicht in erster Linie an der Qualität der Suchergebnisse interessiert. Haben Sie diese Tatsache akzeptiert und sich gewisse Techniken im Umgang mit dem Internet angeeignet, dann können Sie in den vielen Linklisten, Archiven, Katalogen und Bibliotheken jedoch problemlos alle Informationen finden, die Sie benötigen.

Bevor Sie mit der Suche mittels Suchmaschinen oder Katalogen, Verzeichnissen, Linklisten etc. beginnen, sollten Sie den Namen der gesuchten Person / Zeitung / Firma oder Ihr gesuchtes Stichwort als Domain (Internetadresse) eingeben, also http://www.suchbegriff.de. Oft führt diese »intuitive Suche« schnell und effektiv zum Erfolg.

War Ihre intuitive Suche nicht erfolgreich, dann können Sie auf die folgenden gängigen Instrumente zurückgreifen:

- Suchmaschinen
- Metasuchmaschinen
- Spezialsuchmaschinen
- Kataloge
- Archive und Datenbanken
- Bibliotheken

Suchmaschinen

Suchmaschinen durchsuchen nach Eingabe eines oder mehrerer Stichwörter möglichst viele Internet-Seiten; oft kann man angeben, ob nur deutschsprachige Seiten durchsucht werden sollen oder weltweit alle. Eine Suchmaschine ist für *alle* Themen geeignet. Sie können bei der Eingabe der Stichwörter verschiedene logische Verknüpfungen anwenden und nach Dokumenten suchen, die zwei oder mehr Stichwörter enthalten, zum Beispiel »Existenzgründer« und »Finanzierung«. Als Ergebnis bekommen Sie alle Seiten angezeigt, auf denen beide Begriffe genannt sind. Ob die Seite dann auch wirklich relevant für Sie ist, können Sie natürlich erst beurteilen, nachdem Sie sich diese angeschaut haben. Im Laufe der Zeit werden Sie aber schnell ein Gespür dafür bekommen, ob die jeweilige Seite, die mit einer Kurzdarstellung auf der von der Suchmaschine als Ergebnis präsentierten Liste dargestellt ist, einen Besuch lohnt oder nicht.

Sie können aber auch Begriffe miteinander verknüpfen, indem Sie festlegen, welches Stichwort auftauchen soll und welches nicht – also beispielsweise wenn Sie nach Seiten suchen, die die Begriffe »Existenzgründer« und »Beratung« enthalten, aber nicht den Begriff »Business Angels«, weil Sie deren Beratungsangebote schon kennen und wissen wollen, wer sonst noch Beratung für Existenzgründer anbietet.

Wie die genannten Verknüpfungen vorgenommen werden müssen, ist je nach Suchmaschine unterschiedlich; in den meisten Fällen müssen jedoch Plus- bzw. Minus-Zeichen ohne Leerzeichen vor beide Wörter gesetzt werden, also »+Existenzgründer +Finanzierung« oder »+Existenzgründer +Beratung -Business Angels«.

Auch ein Platzhalter-Symbol (*) kann nützliche Dienste leisten. Wenn Sie »Existenz*« eingeben, bekommen Sie alle Seiten aufgezeigt, die sich um Existenzgründungslehrstühle drehen, um Existenzgründungsdarlehen, Förderprogramme et cetera. Der Nachteil daran ist jedoch, dass Sie mindestens genauso viele Seiten genannt bekommen, die nichts mit dem Thema Existenzgründung zu tun haben, sondern beispielsweise mit Existenzsicherung, Existenzängsten etc. In diesem Fall ist eine Einschränkung der Suche durch logische Verknüpfung empfehlenswert, da es zum Thema Existenzgründung eine unüberschaubare Anzahl an Internet-Seiten gibt.

Alles zum Thema Suchmaschinen finden Sie im Übrigen unter der Internet-Adresse ***http://www.suchfibel.de***: nicht nur Links zu über 1500 Suchmaschinen, sondern auch Informationen zur Recherche im Internet, zur Suche im Internet, zu den einzelnen Suchmaschinen, ihrer Bedienung und vieles mehr.

Wir empfehlen Ihnen folgende gängige und beständige Suchmaschinen beziehungsweise deren internationale Varianten (.com mit Ausnahme von *www.google.de*):

Suchmaschinen

http://www.altavista.de
Seit 1995 gibt es AltaVista, das viele progressive Suchfunktionen hat, die der Benutzer genau auf seine Bedürfnisse ausrichten kann.

http://www.fireball.de
Über Fireball können Sie einfach und schnell beispielsweise auf das Wissenschaftsweb zugreifen oder sich die neuesten Nachrichten aus der Tagespresse zu einem bestimmten Thema zusammenstellen lassen.

http://www.google.de
Hervorragender Suchdienst, der nicht auf ein eingeschränktes Verzeichnis zurückgreift oder eine Wertung der Ergebnisse vornimmt.

http://www.infoseek.de
Infoseek bietet Ihnen verschiedene kombinierbare Möglichkeiten, um Ihr Suchergebnis zu erreichen.

http://www.lycos.de
Eine der bekanntesten Suchmaschinen. Sie erlaubt die länderspezifische sowie weltweite Suche und hat einen Katalog im Angebot.

Metasuchmaschinen

Metasuchmaschinen sind den »normalen« Suchmaschinen *übergeordnet*, durchsuchen also nicht selbst das Internet nach Seiten, die das von Ihnen eingegebene Stichwort enthalten, sondern geben den einzelnen Suchmaschinen den Auftrag, nach dem jeweiligen Stichwort zu suchen. Die Ergebnisliste, die eine Metasuchmaschine präsentiert, verweist dann mit einem Link zu derjenigen Suchmaschine, die ein entsprechendes Dokument gefunden hat. Der Vorteil ist, dass Sie in relativ kurzer Zeit eine Vielzahl an Suchmaschinen erreichen und beauftragen können. Sie sollten eine Metasuchmaschine jedoch nur dann einsetzen, wenn das Stichwort, nach dem Sie suchen, ein sehr spezielles ist und Sie mit einem quantitativ eher geringen Ergebnis rechnen.

Metasuchmaschinen

http://meta.rrzn.uni-hannover.de
MetaGer ist eine Suchmaschine über deutsche Suchmaschinen und wird im Regionalen Rechnerzentrum für Niedersachsen betrieben. Zusätzlich zur Suchfunktion gibt es Informationen rund um Zugriffszahlen und »Browserkrieg«.

http://www.apollo7.de
Apollo 7 befragt unter anderem die Suchmaschinen Nathan, Acoon, Bellnet.de, Sharelook, Flix, Blitzsuche, Witch, Dino-Online, Business, Medizin und den Stellenmarkt Jobfinder.

http://www.metaspinner.de
Einfache und effektive Suche ist hier auch weltweit möglich, wobei dank eines speziellen Spracherkennungsmoduls die deutschsprachigen Inhalte bevorzugt aufgelistet werden.

http://www.suchen.com
Auch bei dieser Metasuchmaschine können Sie auswählen, welche Suchmaschinen befragt werden sollen.

Spezialsuchmaschinen und Webkataloge

Spezialsuchmaschinen und Webkataloge bieten Zugriff auf meist von einer Redaktion ausgewählte Seiten zu einem bestimmten Themengebiet. Der Vorteil liegt natürlich in der Spezialisierung auf ein Thema und dem daraus folgenden Charakter als »Insider-Treff«. Der Nachteil ist jedoch, dass den redaktionell Verantwortlichen bestimmte Seiten »durch die Lappen« gehen und diese dann zumindest über die jeweilige Suchmaschine beziehungsweise den Katalog nicht auffindbar sind. Wenn Sie also in einem Katalog oder einer Spezialsuchmaschine keinen Eintrag finden, sollten Sie es doch noch einmal über eine allgemeine oder eine Metasuchmaschine probieren.

Spezialsuchmaschinen und Webkataloge

http://www.angel-investors.de
Hier ist eine Datenbank mit gründungsspezifischen Inhalten zusammengestellt, deren Qualität von den Anbietern überprüft wurde.

http://www.banken.de
Verzeichnis von Informationsquellen zum Thema Geld.

http://www.dino-online.de
Dino-Online ist der erste deutschsprachige Katalog für Internet-Seiten zu den unterschiedlichsten Themen und Bereichen.

http://www.existenzgruendung.de
Website-Katalog speziell für Existenzgründer.

http://www.gruenderlinx.de
Hervorragender Service von Akademie.de mit Links zu allen Themen und Bereichen rund um die Existenzgründung.

http://www.gruenderstadt.de
Große Plattform rund um die Existenzgründung mit vielen Informationen und einer Suchmaschine.

http://www.gruenderpilot.de
Suchmaschine speziell zum Thema Existenzgründung.

http://www.jobrobot.de
Suchmaschine für Jobsuchende. Aus über 170 Stellenmärkten werden die Angebote geprüft.

http://www.reiseroute.de
Über diese Spezialsuchmaschine können Sie Ihre Reiserouten planen, Karten, Pläne und Führer ausdrucken, Unterkünfte buchen, Länderinformationen abrufen und Mitfahrgelegenheiten buchen.

http://www.umwelt.de/ecomall/index.html
Suchmaschine für Firmen, die ökologisch arbeiten und umweltorientierte Produkte anbieten.

http://www.scoutscout.de
Scoutscout ist das Portal für Portale, denn hier erhalten Sie einen schnellen Überblick über Portale, Marktplätze, Foren, Kataloge und Nachschlagewerke.

http://www.yahoo.de
Entgegen der herrschenden Annahme ist Yahoo.de keine Suchmaschine, sondern ein Katalog, in den von Redaktionsteams ausgewählte Seiten aufgenommen werden.

Archive, Datenbanken und Bibliotheken

Datenbanken und Archive bieten Ihnen spezifische Informationen zu einem Fachgebiet und sind oftmals kostenpflichtig. Für deren Benutzung müssen Sie sich meist anmelden und einloggen. Gute Recherchemöglichkeiten bieten auch die mittlerweile online zugänglichen Archive der großen Tages- und Wochenzeitungen.

> Eine Linkliste zu allen kostenlosen Datenbanken im Internet finden Sie unter der Adresse: ***http://www.bibliothek.uni-regensburg.de/internet***

Auch die Bestände der meisten Bibliotheken sind per OPAC (Open Online Public Assess Catalogue) im Internet zugänglich.

Der traditionelle *Ausschnittdienst* hat ebenfalls ein modernes Gesicht bekommen: In eine Suchmaske geben Sie Stichworte ein, und unterschiedliche Medien – beispielsweise alle Tageszeitungen – werden nach Artikeln zu diesen Themen durchsucht, die Ihnen wiederum per E-Mail zugeschickt werden.

Archive, Datenbanken und Bibliotheken

http://www.gbi.de
Die Gesellschaft für Betriebswirtschaftliche Informationen bietet Zugang zu Medienarchiven von 80 Tages- und Wochenzeitungen, zu Unternehmensdatenbanken, branchenspezifischen Datenbanken und Wirtschaftsinformationen, allerdings kostenpflichtig.

http://www.genios.de
Kostenpflichtige Datenbank der Verlagsgruppe Handelsblatt mit beinahe unzähligen Datensammlungen. Sehr gut, wenn Sie Informationen über Firmen und Branchen sammeln müssen. Auch die Archive vieler Printmedien sind über Genios zugänglich.

http://www.hbz-nrw.de/hbz/germlst/html
Alphabetisch sortiertes Verzeichnis aller Bibliotheken in Deutschland.

http://www.infoball.de
Bietet die Möglichkeit, Literatur verschiedener Fachgebiete in Biblio-

theken weltweit zu suchen. Angeschlossen ist ebenfalls eine Funktion, um Bücher, auch antiquarische, zu bestellen.

http://www.paperball.de, http://www.paperboy.de, http://www.newsaktuell.de
Dies sind Adressen von virtuellen Ausschnittdiensten. Sie bekommen täglich per Mail die Nachrichten und Meldungen zu den Stichwörtern oder Themenbereichen, die Sie in die Suchmaske eingegeben haben.

http://www.suchfibel.de/4spez/medientages.htm
Auf den Seiten von Suchfibel.de finden Sie Links zu den Archiven der großen Tages- und Wochenzeitungen.

http://www.ubka.uni-karlsruhe.de/hylib/kvk_extern.html
Der Karlsruher Virtuelle Katalog erlaubt die gleichzeitige Recherche in Katalogen verschiedener Bibliotheken.

Obwohl alle Adressen von den Autorinnen aufgerufen und überprüft worden sind, kann es sein, dass Sie die eine oder andere Internet-Seite nicht aufrufen können beziehungsweise Fehlermeldungen erhalten wie »URL not found« oder »Die Seite kann nicht gefunden werden«. Überprüfen Sie zunächst, ob Sie wirklich keinen Fehler bei der Eingabe der Adresse gemacht haben. Alle Punkte, Binde- und Schrägstriche, Buchstaben und Zahlen müssen in der richtigen Reihenfolge und vollständig sein, Leerstellen gibt es nicht.

Bekommen Sie jedoch immer noch eine Fehlermeldung und erreichen Sie die gewünschte Seite nicht, liegt dies daran, dass die Seiten häufig überarbeitet werden und eine neue Bezeichnung bekommen oder auch vorübergehend nicht erreichbar sind. Schauen Sie in diesem Fall auch unter *www.campus.de,* Suchbegriff »Existenzgründer«, nach, wo Sie gegebenenfalls eine aktuellere Website zum Thema finden.

Bei langen Adressen, die hinter dem Länderkürzel noch mehrere Bestandteile enthalten, sollten Sie so vorgehen, dass Sie diese Adresse bis zum ersten Schrägstrich eingeben. Damit erreichen Sie die zentrale Homepage. Meist finden Sie dort ein Inhaltsverzeichnis, über das Sie zu dem Sie interessierenden Thema gelangen.

Überprüfen Sie Ihre Eignung als Gründer

Persönliche Voraussetzungen für eine erfolgreiche Selbstständigkeit

Selbstständigkeit wird gemeinhin gleichgesetzt mit Arbeit bis tief in die Nacht an sieben Tagen in der Woche und dem Verzicht auf jeglichen Urlaub in den ersten Jahren. Ringe unter den Augen, ständige Finanznöte und auseinanderbrechende Beziehungen scheinen ganz natürliche Begleiterscheinungen des Unternehmerdaseins zu sein.

Ganz so schlimm ist es nicht! Eines muss sich jedoch jeder Existenzgründer vor Augen halten: Die Gründung und die ersten Jahre der selbstständigen Existenz sind nicht leicht und erfordern vor allem viel Durchhaltevermögen, Risikobereitschaft, Enthusiasmus und Leistungsmotivation. Ohne die entsprechende »Start-up-Mentalität« geht es nicht. Der »Lohn« für alle Mühen, Anstrengungen und Unsicherheiten besteht in einer *selbstbestimmten und unabhängigen Arbeit*, die ungleich befriedigender ist als ein Dasein in Abhängigkeit und als »Befehlsempfänger«.

Was, wie und für wen Sie arbeiten, bestimmt niemand anderes als Sie selbst. Sie können sich Ihre Arbeit einteilen und allein entscheiden, wann und wo Sie sich einzelne Aufgaben vornehmen. Sie müssen sich nicht mehr mit firmeninternen Machtstrukturen und nörgelnden Kollegen herumärgern. Energie- und Zeitverluste durch ineffektive und ergebnislose Besprechungen oder durch die Einhaltung von komplizierten Dienstwegen gibt es nicht mehr. Sie können alle Ihre Fähigkeiten ein- und Ihre guten Ideen umsetzen. Sie haben die volle Verantwortung für den Erfolg Ihres Unternehmens und nehmen (zunächst) alle Managementfunktionen wahr; es sei denn, Sie machen sich mit einem Partner selbstständig. Hat Ihre Gründung Erfolg, werden Sie außerdem unter Umständen ein höheres Einkommen haben, als Angestellte im Durchschnitt verdienen.

Die zu erwartende größere finanzielle Unabhängigkeit sollte aber auf gar keinen Fall eine Motivation für Ihre Gründung sein. Selbstverwirklichung und Freude an der Arbeit sind ein besseres und tragfähigeres Motiv als »mehr Geld«. Vor allem in den ersten Jahren werden Sie finanziell möglicherweise sogar schlechter dastehen und öfters mit bescheidenen Mitteln »jonglieren« müssen.

Die persönlichen Anforderungen an Unternehmer können Sie folgender Checkliste entnehmen und dabei auch gleich überprüfen, ob Sie über diese Fähigkeiten verfügen:

- *Durchhaltevermögen*: Werfen Sie die Flinte ins Korn, wenn ein Vorhaben nicht gleich auf Anhieb gelingt? Als Gründer sollten Sie einen langen Atem haben, zäh sein und Durststrecken überwinden können.
- *Risikobereitschaft*: Wenn Sie nicht bereit sind, Zeit und Geld für Ihre Ziele einzusetzen und finanzielle Unsicherheiten in Kauf zu nehmen, sollten Sie von einer Gründung Abstand nehmen. Sie müssen auch den Zustand ertragen können, nicht zu wissen, ob die Auftragslage im laufenden Geschäftsjahr das Überleben Ihres Betriebes garantiert.
- *Leistungsmotivation*: Sind Sie bereit, gegebenenfalls längere Arbeitszeiten und weniger Freizeit zu akzeptieren, zumindest in den ersten Jahren?
- *Verantwortungsübernahme:* Können Sie sich selbst als Urheber von Erfolg oder Misserfolg sehen? Wenn Sie permanent andere Menschen oder Umstände für Ihren Erfolg oder Misserfolg verantwortlich machen, sollten Sie eine Gründung nicht in Erwägung ziehen.
- *Zielbewusstsein:* Planen Sie Ihr berufliches Fortkommen, oder überlassen Sie alles dem Zufall? Als Gründer müssen Sie sich Ziele stecken und diese konsequent verfolgen.
- *Optimismus und Enthusiasmus* brauchen Sie in jedem Fall. Wenn Sie selbst nicht an sich glauben und vom guten Ausgang Ihrer Idee und Ihrer Arbeit überzeugt sind, wer sollte es sonst sein?
- *Überzeugungskraft:* Im Rahmen der Gründung stehen Behördengänge, Verhandlungen mit Banken und potenziellen Kunden an. Sie sollten die Fähigkeit mitbringen, diese von Ihren Ideen zu überzeugen.
- *Belastbarkeit:* Das Unternehmerdasein bringt vielfältige Belastungen mit sich. Mitunter werden Sie das Gefühl haben, von -zig verschiedenen Seiten mit Ansprüchen und Anforderungen überhäuft

zu werden. Wenn dann noch finanzielle Nöte und eine ausgewachsene Beziehungskrise hinzu kommen, verliert man leicht den Überblick und die Nerven. Belastungsfähigkeit und auch eine robuste Gesundheit sind darum unerlässlich.

- *Kontaktfreude:* Wenn Sie jemand sind, der lieber unbeobachtet im stillen Kämmerlein arbeitet und auch sonst auf Außenwirkung nicht allzu viel Wert legt, sollten Sie Ihre Motivation für eine Gründung noch einmal gründlich überprüfen. Klappern gehört nun mal zum Handwerk, das gilt für Gründer ganz besonders.
- *Organisationsstärke:* Im organisatorischen Bereich werden vielfältige Aufgaben auf Sie zukommen. Es darf Ihnen keine Schwierigkeiten bereiten, Termine, Aktivitäten, Projekte, Mitarbeiter und die Ablauforganisation gleichzeitig zu managen.
- *Führungsbereitschaft:* Haben Sie Erfahrung mit der Führung von Mitarbeitern beziehungsweise wollen Sie Führungsaufgaben wahrnehmen? Umso besser, denn die werden Sie als Gründer unter Umständen brauchen.
- *Konfliktfähigkeit:* Können Sie Fehler zugeben, gegenüber Ihrem Partner, Ihren Mitarbeitern, Ihren Kunden und auch gegenüber sich selbst? Und können Sie aus Fehlern lernen? Wenn Sie dies nicht tun und immer auf Ihrer Sicht der Dinge beharren, werden Sie als Unternehmer Schwierigkeiten haben.
- *Entscheidungsfreude:* Als Unternehmer sollten Sie sich mit dem schnellen Treffen von Entscheidungen nicht schwer tun, denn mitunter haben Sie dafür sehr wenig Zeit.
- *Ganzheitliche Denkweise:* Möglicherweise sind Sie es aus der Zeit Ihres Angestelltendaseins gewöhnt, dass Sie nur für einen bestimmten Bereich innerhalb eines Unternehmens zuständig sind. Nun müssen Sie umdenken, Ihr eigenes Unternehmen als Ganzes ständig im Auge behalten und jederzeit wissen, welche Aktivitäten am »einen Ende« welche Auswirkungen »am anderen Ende« nach sich ziehen.

Motivation für die Selbstständigkeit

Überprüfen sollten Sie vor einer Gründung auch Ihre Motivation. Warum wollen Sie ein eigenes Unternehmen gründen? Kommen Sie aus einer Familie, in der die Selbstständigkeit lange Tradition hat und dementsprechend hoch gehalten wird oder wird sogar von Ihnen erwartet, dass Sie einen Familienbetrieb übernehmen? Oder haben Sie im Freundeskreis selbstständige Unternehmer, die Sie dazu motivieren wollen?

All dies stellt jedoch noch keinen ausreichenden Hintergrund für eine Gründung dar, ebenso wenig wie die Angst vor Arbeitslosigkeit oder der Wunsch nach größerer finanzieller Unabhängigkeit (finanziell müssen Sie in jedem Fall sogar erst einmal mit Abstrichen rechnen). Gute Motivatoren hingegen sind:

- der starke Wunsch nach selbstbestimmter Arbeit
- fehlende Entwicklungsperspektiven im jetzigen Tätigkeitsfeld
- eine Marktlücke für ein von Ihnen entwickeltes Produkt oder eine Dienstleistung

Berufserfahrung wird häufig als Voraussetzung für die erfolgreiche Selbstständigkeit genannt; natürlich ist es aber auch möglich, ohne Berufserfahrung ein erfolgreicher Gründer zu sein. Gerade aus den Hochschulen gehen immer wieder geschäftstüchtige Unternehmer hervor. Wichtig für Gründer ohne Berufserfahrung ist jedoch eine gründliche Vorbereitung in bestimmten Bereichen, siehe dazu Kapitel 1, »Hinweise für Hochschulabsolventen«.

Generelle und fachliche Voraussetzungen

Folgende generelle und fachliche Voraussetzungen sollten Sie idealerweise mitbringen oder durch Kooperationspartner in Ihrem Unternehmen abdecken:

- kaufmännisches Know-how sowie Grundkenntnisse im Bereich der Steuern
- Berufs- und Branchenerfahrung, PC-Kenntnisse
- Verkaufserfahrung
- Erfahrung als Führungskraft
- finanzielles Polster

Das *Einverständnis Ihres Partners* ist ebenfalls eine wichtige Voraussetzung für eine erfolgreiche Gründung. Sie sollten sich sicher sein, dass Ihr Partner hinter Ihnen und Ihrem Vorhaben steht, es unterstützt und nicht skeptisch beäugt, um nach dem ersten Misserfolg zu sagen: »Na, siehst du, das habe ich dir doch gleich gesagt! Hättest du doch deinen sicheren Job behalten, dann wäre wenigstens der nächste Urlaub gesichert.«

Überprüfen Sie unbedingt, in welchen der oben genannten Bereiche Sie noch Defizite haben und »Nachhilfe« brauchen. Fehlen Ihnen kaufmännisches Know-how oder Computer-Kenntnisse, können Sie entsprechende Kurse bei der IHK, der Handwerkskammer oder den Volkshochschulen besuchen. Fehlt Ihnen die Branchenerfahrung, kann eventuell ein Praktikum in einem Unternehmen für Abhilfe sorgen.

Dringend sei Ihnen an dieser Stelle empfohlen, sich mit entsprechenden Weiterbildungsangeboten auf den neuesten Stand der Dinge zu bringen, und zwar *bevor* Sie Ihr Unternehmen gründen. Ist die Gründung erst einmal ins Rollen gekommen, werden Sie keine Zeit mehr haben, sich auch noch um den Besuch von Kursen zu kümmern.

Eine Reihe von unternehmerischen Planspielen, Gründerlehrgängen und Seminaren bietet Ihnen die Möglichkeit zur Prüfung Ihrer Kenntnisse »auf Herz und Nieren« und zur Erweiterung unternehmerischen Könnens. Die Industrie- und Handelskammern beispielsweise haben diverse Seminare im Angebot, darunter mittlerweile sogar Spezialangebote für Frauen, die ein Unternehmen gründen wollen. Nähere Informationen gibt es im DIHT-Veranstaltungskalender *(www.diht.de)*. Das Bundesministerium für Wirtschaft und Technologie bietet ein kostenloses Software-Lernpaket für Existenzgründer an. Für Arbeitslose finanziert die Bundesanstalt für Arbeit sogar Fortbildungsmaßnahmen und Einzelcoaching zur Begleitung in eine selbstständige Tätigkeit. Anträge sind beim Arbeitsamt *(www.arbeitsamt.de)* zu stellen.

Weiterbildungsangebote

http://www.ihk.de
Bei den Industrie- und Handelskammern gibt es neben der für Sie kostenfreien Existenzgründerberatung Kurse und Fortbildungen zu allen für ein eigenes Unternehmen relevanten Themen.

http://www.liquide.de
Hier finden Sie Links zu Qualifizierungsanbietern in Deutschland, angeboten vom Institut der deutschen Wirtschaft in Köln. Über eine gut strukturierte Suchmaske können Sie nach Anbietern in Ihrer Region suchen.

http://www.vhs.de
Über dieses Verzeichnis der Volkshochschulen in Deutschland können Sie herausfinden, welche Volkshochschule in Ihrer Nähe ist und welche Kurse rund um die Unternehmensführung bzw. -gründung angeboten werden.

Selbstständigkeit mit oder ohne Partner?

Wenn Sie feststellen, dass Ihnen wesentliche Voraussetzungen zur Gründung eines Unternehmens fehlen – sei es nun im persönlichen oder fachlichen Bereich – könnten Sie überlegen, ob Sie zur Gründung einen Partner heranziehen. Für viele Gründer kommt es auch aus ganz pragmatischen Gründen nicht in Frage, alleine ein Unternehmen zu gründen. Schließlich ruht nicht nur das Risiko auf mehreren Schultern, sondern auch der Arbeitsaufwand. Es erweist sich darüber hinaus oftmals als zuträglich, wenn man mit seinem Vorhaben nicht alleine dasteht und den Arbeitsalltag, Freud und Leid mit einem anderen Menschen teilen kann.

Die Gründung gemeinsam mit einem Partner hat folgende Vorteile:

- Fachliche und persönliche Defizite können ausgeglichen werden: Der eine kann gut organisieren, die andere erstellt die besseren Konzepte; die eine liebt die Kundenakquise, der andere wirkt lieber im Hintergrund und kümmert sich ums Kaufmännische. In solchen Konstellationen ergänzen sich die Geschäftspartner perfekt.
- Steigen beide Partner gleichberechtigt ein, vermindert sich das Ri-

siko um die Hälfte und die Zahl der Verantwortlichen verdoppelt sich.
- Die Finanzierung wird ebenfalls leichter, da das Risiko sich auf mehrere verteilt.
- Die Partner können sich austauschen und stehen beide für die Kunden als Ansprechpartner zur Verfügung. So können auch Ausfallzeiten durch Krankheit oder ähnliches aufgefangen werden.

Einige Vorsichtsmaßnahmen und Regeln gilt es bei der Gründung mit Partner zu beachten:

- Nehmen Sie nur einen Partner mit ins Boot, der zu Ihnen passt und Sie mit seinen Fähigkeiten gut ergänzt. Prüfen Sie genau seine Ehrlichkeit und Zuverlässigkeit.
- Halten Sie alle Abmachungen schriftlich fest, wie beispielsweise die gemeinsam erarbeiteten Unternehmensziele, die finanzielle Beteiligung, die Rechtsform, Kompetenzbereiche, Vergütung, Aufgabenverteilung und Urlaub.
- Schließen Sie unbedingt einen Vertrag mit Ihrem Partner. Lassen Sie sich dazu von einem Juristen beraten, damit Sie nicht später unsanft auf dem Boden der Realität landen, falls es einmal Ärger geben sollte. Solche Beratungen sind zwar nicht ganz billig, aber Sie sollten diese Investition nicht scheuen. Unter Umständen kommt Sie eine spätere Auseinandersetzung ungleich teurer zu stehen.

Im letzten Kapitel des Buches finden Sie Hinweise, wie Sie geeignete Kooperationspartner finden können.

Nachfolgend einige Internet-Adressen mit Tests, mit denen Sie Ihre Eignung als Unternehmer überprüfen können:

Eignungstests

http://checkliste.de/unternehmen/existenzgruendung/index.htm
Jede Menge Checklisten für Existenzgründer. Von Bankunterlagen über Geschäftsbriefe bis hin zur Wettbewerbsanalyse wird hier alles genauestens unter die Lupe genommen.

http://new.innonet.ch/all_active/sp_d/info/startup/utest_form.asp
Nach Beantwortung von 30 Fragen erhalten Sie eine Einschätzung Ihres zukünftigen Erfolges oder Misserfolges als Unternehmer.

http://www.bmwi.de
In Zusammenarbeit mit der European Business School, Oestrich-Winkel, bietet auch das Bundeswirtschaftsministerium angehenden Gründern Orientierungshilfe in Form eines Eignungstests.

http://www.dta.de/noframes/businessline/Test/in_test1.html

Bei der Deutschen Ausgleichsbank können Sie Ihre Eignung als Unternehmer überprüfen lassen. Abgefragt werden Motivation, Qualifikation, Gesundheit, Familie, Netzwerk.

http://www.esw.ch/tips.htm
Über 100 Fragen und Anregungen für Unternehmensgründer, die die persönliche und fachliche Eignung feststellen.

http://www.focus.de/D/DB/DBY/dby.htm
»Sind Sie ein Unternehmertyp?« fragt auch die Online-Version des Magazins *Focus* und prüft von der Persönlichkeit bis zum finanziellen Polster alles, was für Gründer relevant ist.

http://www.impulse.de/mind
Zur Frage »Welcher Unternehmertyp sind Sie?« können Sie hier ein Gründer-Testprogramm absolvieren. Die Auswertung überrascht mit einem detaillierten Psychogramm.

http://www.liraz.com/webquiz.htm
Wer nicht nur seine Eignung als Unternehmer überprüfen, sondern gleich auch sein Englisch trainieren möchte, sollte diesen englischsprachigen Test mitmachen: »Do you have what it takes to succeed as an entrepreneur?«

http://www.startupfailures.com
Hier können künftige Gründer mit oder ohne Pleite-Erfahrung aus dem Fehlern anderer Unternehmer lernen. Unter der Rubrik »Lessons learned« gibt es die Failure-Geschichten zu lesen. Sie können sich auch an einem Diskussionsforum beteiligen. Aufnahmebedingung dafür ist jedoch – und wir sind uns sicher, dass unseren Lesern diese Erfahrung erspart bleibt – eine schon erlittene Unternehmenspleite, für die drei Gründe angegeben werden oder deren Auswirkungen auf Körper, Seele und Geldbeutel beschrieben werden müssen.

Die Strategie – das A und O des Unternehmenserfolgs

Gefahren für Existenzgründer

Im Frühjahr und Sommer 2000 stellte Boo.com einen ganz besonderen Online-Shop auf die Beine, wie es ihn zuvor noch nicht gegeben hatte: Trendige Sport- und Straßenkleidung wurde im Internet auf um 360 Grad drehbaren Fotos präsentiert, und dies sogar in sechs Ländern und sieben Sprachen gleichzeitig; bezahlt werden konnte in 18 verschiedenen Währungen. Die Kosten für Personal und Werbung betrugen in dem jungen, international ausgerichteten Unternehmen eine Million US-Dollar pro Woche, was zunächst jedoch nicht ins Gewicht fiel. Denn das virtuelle Modekaufhaus war mit Aktionärsgeldern in Höhe von 250 Millionen US-Dollar an den Start gegangen.

Doch trotz der erstklassigen Warenpräsentation und der modischen Kleidung blieben die Kunden aus. Als die Lage immer kritischer wurde, senkte man die Preise um 40 Prozent. Nach sechs Monaten schließlich waren die finanziellen Reserven beinahe erschöpft. Ein letzter Rettungsanker war ein gedruckter Katalog, von dem man jedoch nicht wusste, an wen man ihn verteilen sollte. Schließlich war der Konkurs unausweichlich. Die Reste von Boo.com wurden von einem Konkurrenten übernommen.

Die Pleite war eine Art Wendemarke für alle Hightech-Gründer: Die Goldgräber-Stimmung hat sich seitdem gelegt. Mittlerweile hat sich herumgesprochen, dass das Internet nicht unbedingt ein Erfolgsgarant für eine Unternehmensgründung darstellt, und Geldgeber sind auch bei Internet-Start-ups vorsichtiger geworden. Unter www.fuckedcompany.com sind im »Deadpool« mittlerweile 1 200 »beerdigte« Dotcoms zu besichtigen.

Dieses Beispiel soll Ihnen keineswegs den Mut zum Start in die Selbstständigkeit nehmen; es soll Ihnen auch nicht ein »klassisches, reales« Geschäft statt eines »virtuellen« Shops schmackhaft machen. Vielmehr soll es deutlich machen, worauf es bei einer Existenzgründung unverzichtbar ankommt.

Schauen wir uns die Details genauer an: Boo.com verfügte über attraktive, modische Produkte, von denen man annehmen darf, dass sie im Prinzip eine große Zahl von Käufern ansprechen müssten. Außerdem hatte Boo.com eine vorbildliche Homepage konzipiert, deren Warenpräsentation die fehlende »sinnliche« Komponente der Produkte im Internet wettmachte. Und nicht zuletzt verfügte das Unternehmen mit 250 Millionen US-Dollar über eine Kapitalausstattung, die die meisten Gründer als geradezu »traumhaft« bezeichnen würden. Und doch hat es am Entscheidenden gefehlt: *an den Kunden, die die Waren kaufen sollten!*

Das Beispiel zeigt: eine pfiffige Geschäftsidee, eine internationale Ausrichtung, eine vorbildliche Homepage, ein erstklassiger Businessplan, der Kapitalgeber ins Schwärmen bringt und bei ihnen so viel Geld locker macht, dass sich wirklich aus dem Vollen schöpfen lässt – dies alles macht noch keinen Unternehmenserfolg aus, ja kann trotzdem geradewegs in die Pleite führen!

Grundlagen strategischen Denkens und Handelns

Woran es dem jungen Unternehmen wirklich gefehlt hat, war die Konzentration auf eine *Zielgruppe*. Vor allem und zuallererst hätten sich die Gründer fragen müssen: Wer braucht diese Kleidung? Und wer ist bereit, diese Kleidung im Internet zu bestellen, anstatt sie im Geschäft zu kaufen oder per Versandkatalog zu ordern? Wie groß ist der Bedarf wirklich? Gibt es überhaupt genügend potenzielle Kunden, die diese Kleidung virtuell kaufen würden? Nach einer ersten vorsichtigen Beantwortung der letzten Frage mit »Ja« hätte der nächste sinnvolle Schritt darin bestanden, einen kleinen, nationalen – besser noch: regional – begrenzten *Testmarkt* mit geringem Aufwand zu eröffnen; erst nach der erfolgreichen Testphase hätte man das Geschäft vergrößern sollen. – Mit anderen Worten: *Woran es wirklich gefehlt hat, war eine Strategie.*

Strategie ist nach Wolfgang Mewes – dem Begründer der Engpass-Konzentrierten Stategie EKS® (siehe unten) – die Art und Weise, wie ein Unternehmen oder ein Mensch die ihm zur Verfügung stehenden Mittel und Kräfte einsetzt, um ein Ziel zu erreichen. Strategie bedeutet stets: alle Kräfte und Mittel auf den *wir-*

kungsvollsten Punkt zu konzentrieren – und dieser ist sehr häufig und besonders in der Gründungsphase: der *Bedarf* einer bestimmten, klar umrissenen *Zielgruppe.*

Die Gründer von Boo.com haben das Pferd vom Schwanz aufgezäumt. Anstatt strategisch vorzugehen, haben sie taktiert. Sie verzettelten sich mit untergeordneten Gesichtspunkten wie Businessplan, Finanzplan, Kapitalausstattung und Homepagegestaltung, statt das Wesentliche, nämlich die Kunden, ins Visier zu nehmen.

Der Unterschied zwischen Strategie und Taktik entspricht, vereinfacht gesagt, demjenigen zwischen einem Luxusdampfer und den darauf befindlichen Liegestühlen. Strategie bedeutet, die Kreuzfahrt auf dem richtigen Schiff zu buchen; Taktik dagegen heißt, sich auf dem betreffenden Schiff rechtzeitig eine Sonnenliege zu reservieren. Wer sich mit der Sonnenliege begnügt, sitzt womöglich auf dem falschen Dampfer – und geht als Existenzgründer schlimmstenfalls bald unter wie die Titanic. Zu taktieren ist prinzipiell nicht verkehrt – warum nicht Kapitalgeber mit einem attraktiven Businessplan und einer tollen Homepage ködern? –, sofern man vorher eine Strategie erarbeitet hat, auf deren Basis man taktisch vorgeht.

Das strategische Handeln wird leider von Existenzgründern häufig vernachlässigt. Dies ist insofern nicht erstaunlich, als Publikationen von zahlreichen Experten immer wieder die Bedeutung des Business- und des Finanzplans sowie des Kapitals betonen. Auch findet sich in betriebswirtschaftlichen Lehrbüchern stets die Aussage, dass ein Unternehmen eine Institution zur »Gewinnmaximierung« sei. Diese Sichtweise geht jedoch am entscheidenden Punkt vorbei: Ein Unternehmen ist vor allem eine Institution zur *Nutzenmaximierung!*

Kann einer bestimmten Zielgruppe (also Kunden) ein überzeugender Nutzen geboten werden, so ist die Geschäftsidee zündend. Dann lassen sich nicht nur leicht Geldgeber finden, sondern das Unternehmen steht auch auf festen Füßen, weil die Kunden durch ihre »garantierte« Abnahme des Produkts zu einer gesicherten Existenz des Gründers und zu Gewinnen beitragen.

Die zentrale strategische Frage lautet also nicht: »Wie erwirtschafte ich einen Gewinn?«, sondern: «*Wie biete ich einen zwingenden Nutzen für eine bestimmte Zielgruppe?*« Wir müssen dementsprechend den Blick von *materiellen* Aspekten (wie Kapital) ab- und stattdessen *energetischen* Verhältnissen (den unerfüllten Bedürfnissen und Wünschen von Menschen) zuwenden. Stimmen die energetischen Verhältnisse, so stellt sich automatisch der Gewinn ein.

Das strategische Vorgehen wird in diesem und den folgenden Kapiteln Schritt für Schritt erläutert, damit Sie als Existenzgründer nicht auf Sand bauen wie so viele gescheiterte Selbstständige, sondern ein solides Fundament für Ihr Unternehmen errichten. Auf der Grundlage der Strategie lassen sich anschließend auch mühelos alle weiteren notwendigen Schritte – von der Wahl der Rechtsform über die Finanzierung bis zur Gründung und zum Marketing – vollziehen.

Die Darstellung der Strategie folgt der von Wolfgang Mewes entwickelten EKS®, der *Engpass-Konzentrierten Strategie*. Sie wird gelegentlich auch als *Energo-kybernetische Strategi*e bezeichnet – weil sie auf energetischen Wechselbeziehungen zwischen Informationen, Ideen, Vorgängen und Menschen basiert – oder *Evolutions-Konforme Strategie* genannt, weil sie den Entwicklungsgesetzen der Natur entspricht.

Die EKS ist aus der Analyse von Tausenden außergewöhnlichen Karriere- und Unternehmenserfolgen hervorgegangen. Es stellte sich heraus, dass alle erfolgreichen Unternehmen und Menschen einige wesentliche Dinge gemeinsam haben, die sich in Form von strategischen Grundsätzen klar als handlungsleitende Prinzipien und Arbeitsschritte formulieren lassen. Wer diesen Prinzipien folgt, hat unweigerlich – mit der zwingenden Konsequenz eines Naturgesetzes – Erfolg. Denn Erfolg ist nicht, wie viele glauben, eine Frage von Glück oder Zufall, sondern eine Frage des richtigen Vorgehens.

Hermann Simon hat festgestellt, dass die so genannten »Hidden Champions«, die vielfach unbekannten kleinen und großen (Welt-) Marktführer diverser Branchen, vor allem eines auszeichnet, nämlich eine Unternehmensführung nach der EKS-Strategie: »Im Zusammenhang mit der Spezialisierung und Schwerpunktbildung konnten wir feststellen, dass die EKS-Methode erstaunlich oft eingesetzt wurde. Dies ist eines der wenigen ›Geheimnisse‹, die wir bei den ›Hidden Champions‹ aufdecken konnten« (Simon 1996, S. 188).

Die hier vorgestellte Strategie kann prinzipiell von *jedem* Unternehmensgründer angewendet werden – gleich welcher Branche oder Rechtsform sein Unternehmen angehört und gleich, ob es sich um eine Neugründung, eine Betriebsübernahme, eine Spin-off-Gründung, ein Franchising oder eine Beteiligung handelt. Auch die Größe des Unternehmens und die Zahl der Mitarbeiter spielt keinerlei Rolle. (Die Strategie kann im Übrigen auch von Angestellten für die berufliche Weiterentwicklung genutzt werden.)

Woran Existenzgründungen scheitern

Die Deutsche Ausgleichsbank (DtA) hat in einer Untersuchung ermittelt, woran Gründer am häufigsten scheitern:

- 66 Prozent an Finanzierungsmängeln
- 48 Prozent an Informationsdefiziten
- 48 Prozent an Qualifikationsmängeln
- 30,2 Prozent an Planungsfehlern
- 29,9 Prozent an familiären Problemen
- 29,9 Prozent an einer Überschätzung der Betriebsleistung
- 15,4 Prozent an äußeren Einflüssen

Insgesamt sind es etwa 20 Prozent aller Existenzgründer, die innerhalb der ersten fünf Jahre in Konkurs gehen.

Blickt man tiefer und schaut hinter die einzelnen Gründe, so stellt man fest: Viele gescheiterte Gründer haben sich *nicht ausreichend vorbereitet*. Sie haben die anfallenden Kosten falsch eingeschätzt, sich nicht auf den neuesten Informationsstand gebracht und ihr Konzept nicht sauber genug ausgearbeitet. Mit anderen Worten: Es hat am *strategischen Vorgehen* gefehlt, denn die Kräfte und Mittel wurden nicht auf die wirkungsvollsten Punkte, die jeweiligen Engpässe, konzentriert; stattdessen verzettelte man sich im Unwesentlichen.

Je gründlicher die (strategische) Vorbereitung erfolgt, desto leichter ist es, nachher einen Businessplan aufzustellen, Kapitalgeber zu überzeugen und Kunden zu gewinnen – je gründlicher die Vorbereitung, desto müheloser und erfolgreicher die Ausführung.

Daher befassen sich dieses, die beiden folgenden Kapitel und das letzte ausführlich mit den strategischen Grundlagen, die Sie für Ihre Vorbereitung brauchen. Es werden zunächst die vier zentralen strategischen Prinzipien vorgestellt, die dann in den nachfolgenden Kapiteln in sieben Phasen mit einzelnen, konkret auf Ihre Gründung anwendbaren Schritten überführt werden.

Die zentralen strategischen Prinzipien

1. Konzentration der Mittel und Kräfte auf Ihre Stärkenpotenziale

Anstatt Ihre Kräfte (Kapital, Arbeitseinsatz, Mitarbeiter usw.) breit zu streuen und sich damit zu verzetteln, gilt es, sie spitz und konzentriert einzusetzen. Das heißt, Sie müssen sich an Ihren Fähigkeiten und Stärken orientieren und auf das spezialisieren, womit Sie Ihren Kunden den größten Nutzen bieten können.

Die Konzentration ist das Gegenteil der so häufig gepriesenen »Diversifikation«. Diese verringere, so heißt es, das unternehmerische Risiko, weil statt eines Produktes oder einer Dienstleistung gleich eine Vielzahl angeboten wird. Wenn sich dann ein Produkt nicht gut verkaufe, so habe man eben noch weitere Eisen im Feuer als möglicherweise erfolgreichere »Ausweichmöglichkeiten«. Die Diversifikation führt jedoch leicht zur *Verzettelung*, die das unternehmerische Risiko nicht verringert, sondern erhöht!

Eine einfache Überlegung macht dies klar: Angenommen, Sie haben 100 Prozent unternehmerische Energie (in Form von Zeit, Geld und Arbeitskraft) zur Verfügung und verteilen diese auf fünf Produkte, Dienstleistungen oder Geschäftsbereiche, so entfallen auf jeden Bereich nur 20 Prozent. Überdurchschnittliche Leistungen, aber auch überdurchschnittliche Erfolge sind bei diesem geringen Energieeinsatz nicht zu erwarten.

Wenn Sie jedoch Ihre gesamte Energie auf ein einziges Produkt oder einen einzigen Geschäftsbereich (bzw. eine einzige Problemlösung) konzentrieren, so ist es sehr viel wahrscheinlicher, dass Sie damit auch den Durchbruch erzielen. Mit 100-prozentigem Energieeinsatz für eine Sache können Sie Spitzenleistungen erbringen und werden von Ihren Kunden sehr viel besser wahrgenommen – was wiederum zu mehr und besseren Aufträgen führt. Diese Konzentration ist es auch, die den Weg zur Marktführerschaft ebnet.

Die Motivation für eine Diversifikation ist im Grunde nur die *Angst* – die Angst, am Markt zu scheitern, als Unternehmer mit dem falschen Angebot zu versagen, in Konkurs zu gehen. Und Angst war schon immer ein schlechter Ratgeber! Mit der Diversifikation versucht man, sich ein »Hintertürchen« offen zu halten, falls es mit dem einen Angebot nicht »klappt«. Doch die Unternehmensgründung kann natürlich trotzdem scheitern: Wenn sich ein Produkt nicht gut genug verkauft, kann dies auch alle anderen, ja das ganze Unternehmen in Mitleidenschaft ziehen, besonders in der kritischen Startphase. Die Diversifikation ist im Grunde nicht nötig, wenn man sich *richtig* spezialisiert.

2. Konzentration auf den wirkungsvollsten Punkt

Mit der Konzentration auf das Wesentliche entgehen Sie automatisch den von vielen Gründern befürchteten negativen Begleiterscheinungen einer Existenzgründung: einem 16-Stunden-Tag, dem weit gehenden Verzicht auf Freizeit und einem stark eingeschränkten oder verkümmernden Privat- und Familienleben. Denn es gilt, sich immer nur auf den *nächstliegenden* Engpass zu konzentrieren, anstatt an zehn Fronten gleichzeitig zu kämpfen.

Häufig ist es so, dass sich die auf einen Gründer einströmende Problemflut wie eine 10-köpfige Hydra gebärdet: Wenn ein Kopf abgeschlagen ist, wachsen zwei neue nach. Doch schaut man genauer hin, so liegt mehreren verschiedenen Problemen meist ein gemeinsames *Zentralproblem* zu Grunde. Dieses Zentralproblem – auch als Kern- oder Schlüsselproblem, als kybernetisch wirkungsvollster Punkt oder Minimumfaktor bezeichnet – ist der so genannte *Engpass*; wird er beseitigt, so verschwinden automatisch alle übrigen daran hängenden Probleme. Es kommt nicht darauf an, viel oder gar mehr als andere zu arbeiten, sondern den wirkungsvollsten Punkt zu treffen – gewissermaßen an der richtigen Stelle den Hebel anzusetzen.

Die Idee des Engpassfaktors stammt aus der Biologie: Justus von Liebig erkannte im letzten Jahrhundert, dass eine Pflanze zu ihrem Wachstum Stickstoff, Kalk, Kali und Phosphorsäure benötigt. Fehlt eines dieser Elemente, so kommt das Pflanzenwachstum zum Stillstand, und zwar selbst dann, wenn die übrigen Elemente im Überfluss vorhanden sind. Das jeweils begrenzende Element ist der Minimumfaktor; wird er der Pflanze zugeführt, wächst sie wieder.

Mit der Konzentration auf den wirkungsvollsten Punkt lässt sich auch unter ungünstigen Verhältnissen ein Erfolg erzielen, wie die Geschichte von David und Goliath veranschaulicht. Der kleine David

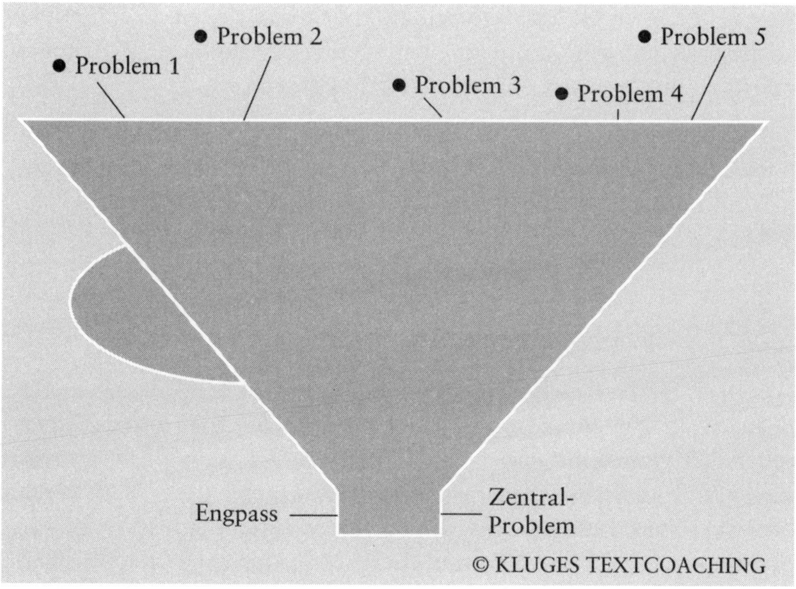

Abbildung 1: Die verdeckte Problemstruktur

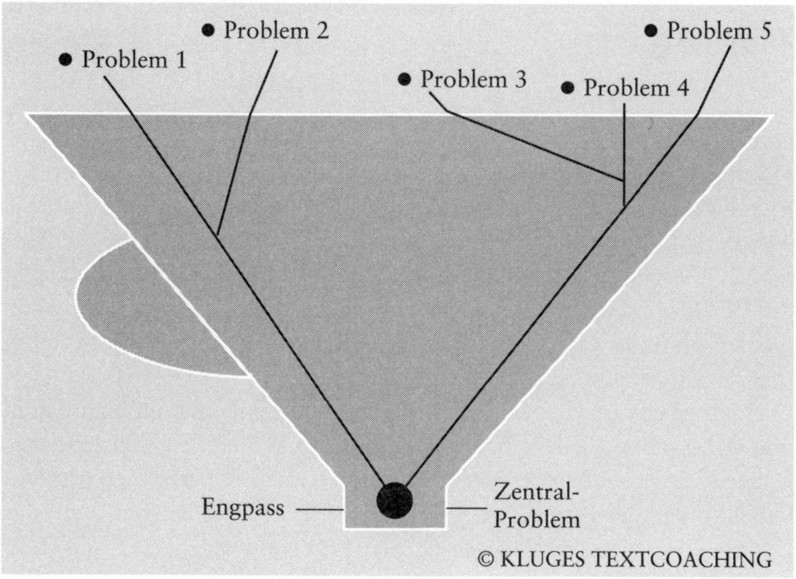

Abbildung 2: Die tatsächliche Problemstruktur

war dem Riesen Goliath kräftemäßig weit unterlegen. Trotzdem besiegte er seinen Feind, indem er mit seiner Schleuder den wirkungsvollsten Punkt seines Gegners, nämlich dessen Stirn, traf.

Insbesondere bei einer Existenzgründung ist der wirkungsvollste Punkt eine Marktlücke oder -nische (mehr dazu im übernächsten Kapitel).

3. Orientierung an einer eng umrissenen Zielgruppe

Wer viele Hasen gleichzeitig jagt, fängt am Ende keinen, wie ein altes Sprichwort sagt. Es kommt darauf an, dass Sie Ihre unternehmerischen Aktivitäten auf *eine klar definierte Ziel- beziehungsweise Kundengruppe* ausrichten, anstatt vielen vieles bieten zu wollen. Genau dies ist es, was die Gründer von Boo.com versäumt haben!

Stimmen die für eine klar umrissene Zielgruppe angebotenen Problemlösungen, so entwickelt sich nach und nach eine enge, fast symbiotische Beziehung zwischen einem Anbieter und dessen Kunden. Mit der zunehmenden Anziehungskraft als Problemlöser für diese eine Zielgruppe wächst dann automatisch auch die Anziehung auf andere Zielgruppen.

4. Entwicklung in die Tiefe und Zusammenhänge der Probleme

Häufig ist zu beobachten, dass Unternehmen nach anfänglichen Erfolgen ihre Produktpalette erweitern und »verwässern«, so dass sie wieder den Vorsprung verlieren, den sie vor Konkurrenten bereits hatten. Es gilt jedoch nicht, sich in die »Breite« zu entwickeln, sondern in die »Tiefe«. Das heißt, es geht nicht darum, immer »mehr« anzubieten, sondern das eigene Angebot den Bedürfnissen der Zielgruppe *immer besser anzupassen.*

Dazu ist es nötig, einen engen Kontakt zu seinen Kunden zu halten und sich immer wieder von neuem an deren Wünschen zu orientieren beziehungsweise diese immer präziser zu treffen. Erweist sich tatsächlich eine Verbreiterung des bestehenden Sortiments aus der Sicht der Zielgruppe als notwendig, so ist dies gegebenenfalls auch mit Hilfe von Kooperationspartnern zu bewerkstelligen, ohne sich zu verzetteln (vgl. dazu das letzte Kapitel).

Die in den beiden folgenden sowie im letzten Kapitel vorgestellten sieben Phasen beziehungsweise strategischen Schritte zur Unternehmensgründung sind die folgenden:

1) Analyse der persönlichen *Stärken* (Kapitel 1)
2) Suche des Erfolg versprechendsten *Geschäfts- und Aufgabenfeldes* (Kapitel 2)
3) Finden der erfolgversprechendsten *Zielgruppe* (Kapitel 2)
4) Analyse der brennendsten *Bedarfslücke* (Kapitel 2)
5) Entwicklung einer *Innovationsstrategie* (Kapitel 10)
6) Finden von *Kooperationspartnern* (Kapitel 10)
7) Konzentration auf ein *konstantes Grundbedürfnis* (Kapitel 10)

In die sieben Phasen »eingebettet« sind in diesem Buch die weiteren notwendigen Schritte zur Unternehmensgründung, die in den übrigen Kapiteln behandelt werden.

Die wichtigsten Homepages zur Strategie

http://www.strategieerfolg.de
Unter der Überschrift »Mit Nischenstrategie zur Marktführerschaft« findet sich hier eine Sammlung von informativen Aufsätzen von Unternehmensberatern, die das strategische Vorgehen in verschiedenen Unternehmensbereichen (Image, Marketing, Franchising, Logistik, Informationsmanagement, Innovation, Finanzmanagement usw.) behandeln.

http://www.strategie.net
Eine Homepage von Unternehmen und Selbstständigen, die auf der Basis der EKS arbeiten – mit nützlichen Hinweisen, Links für Existenzgründer und anderen Infos.

http://www.eks.de
Zentrale Homepage der EKS mit Hinweis auf den EKS-Fernlehrgang. Der Lehrgang ist jedem zu empfehlen, der sich gründlicher in das strategische Denken einarbeiten möchte!

http://www.wolfgangmewes.de
Homepage des Begründers der EKS, Wolfgang Mewes.

Teil 1

Von der Geschäftsidee zum Geschäftskonzept

1

Verschiedene Gründerpersönlichkeiten und ihre Stärken

Schritt 1: Erarbeitung Ihres beruflichen Stärkenprofils

Wenn Sie die im letzten Kapitel empfohlenen Eignungstests absolviert haben, dann wissen Sie inzwischen, ob eine Tätigkeit als Selbstständiger für Sie grundsätzlich in Frage kommt und Sie sich damit identifizieren können.

Über unternehmerisches Können hinaus gilt es, Ihre individuellen Stärken, die Sie im Laufe Ihrer Ausbildung und/oder beruflichen Tätigkeit gewonnen haben, für Ihre Existenzgründung zu nutzen. Prinzipiell ist es zwar möglich, etwas »ganz Neues« anzufangen, womit Sie bisher noch keinerlei Erfahrung haben, allerdings ist dann auch der Arbeits- und Einarbeitungsaufwand in das neue Tätigkeitsfeld extrem hoch.

Strategisch ist es in jedem Falle günstiger, auf dem vorhandenen Know-how und den vorhandenen Fähigkeiten aufzubauen; nicht zuletzt verfügen Sie aufgrund Ihrer bisherigen Erfahrung wahrscheinlich auch schon über eine Reihe von Kontakten zu Ihrer möglichen Zielgruppe – Ihren späteren Kunden –, die Sie jetzt für Ihre Existenzgründung nutzen können.

Sind Ihnen Ihre beruflichen Stärken bereits voll bewusst und haben Sie schon eine klare Vorstellung davon, in welcher Branche und in welchem Arbeitsgebiet Sie in etwa tätig werden wollen, so können Sie den Rest dieses Kapitels überspringen und mit dem nächsten Kapitel weitermachen. Ansonsten empfehlen wir Ihnen – besonders wenn Sie direkt von der Hochschule kommen oder längere Zeit nicht in einem Beruf tätig waren –, sich intensiv und über mehrere Tage hinweg in Form eines Brainstormings mit den in diesem Kapitel gestellten Fragen auseinander zu setzen und Ihre Antworten *schriftlich* zu notieren. Denn erst durch die schriftliche Fixierung wird manches klar und bekommt Kontur, was sonst nur in Form eines unsortierten Durcheinanders im Kopf »herumschwirrt«.

Die eigenen Stärken suchen

Möglicherweise erscheint Ihnen Ihr bisheriger Berufsweg als »durchschnittlich«. Auf die Frage, was Sie von anderen unterscheidet, fällt Ihnen vielleicht spontan nichts ein. In diesem Falle ergeht es Ihnen wie vielen anderen auch. In der Tat ist unser Schul- und Ausbildungssystem so »uniform«, dass es »genormte« Menschen mit »genormten« Qualifikationen ins Berufsleben entlässt. Alle, die eine bestimmte Berufsausbildung absolviert haben, verfügen in der Regel über das gleiche Abschlussdiplom, weil sie dieselben Prüfungsordnungen durchlaufen und über Jahre hinweg die gleichen Seminare oder Lehrveranstaltungen besucht haben. Unterschiede kristallisieren sich häufig erst sehr langsam im Laufe vieler Berufsjahre aufgrund verschiedener Erfahrungen heraus; im gleichen Maße nimmt die Bedeutung der Ausbildung dann ab. Die Gleichmacherei im Ausbildungssystem wie auch ähnliche Anforderungen in vielen Berufen erleichtern es uns nicht gerade, uns einzigartig zu fühlen.

Und doch hat jeder Mensch besondere Stärken, mit denen er sich von anderen abhebt! Möglicherweise haben Sie irgendwelche Stärken, derer Sie sich gar nicht bewusst sind, weil Sie Ihnen persönlich als »selbstverständlich« erscheinen, auch wenn sie das für andere nicht sind.

Als ich (Sonja Klug) mich vor über elf Jahren selbstständig machte, erging es mir ebenso. Meine Fähigkeit sah ich zunächst lediglich im Formulieren und Redigieren von Texten aller Art. Das hielt ich jedoch für nichts Außergewöhnliches, denn schließlich hatte doch jeder mal Deutschunterricht in der Schule, oder? Bis ich merkte, dass das Formulieren von Texten für manche Menschen eine regelrechte Qual ist, bei der nach stundenlangem Bleistiftkauen und etlichen Kannen Kaffee noch immer nichts inhaltlich Brauchbares oder grammatikalisch Akzeptables herausgekommen ist. Schließlich stellte ich fest, dass es einen regelrechten »Bedarf« an guten Texten aller Art gibt; meine Fähigkeit, die mir vorher so selbstverständlich erschienen war, sah ich nun in einem neuen Licht. Sie hatte sich als besondere und außerdem noch vermarktbare Stärke erwiesen; damit hatte ich mein Aufgabenfeld in erster Annäherung schon gefunden! Doch greifen wir hier etwas vor, da das Festlegen des Geschäftsfeldes erst im zweiten strategischen Schritt von Bedeutung ist.

Jeder Mensch hat besondere Fähigkeiten und Stärken, die sich für eine Existenzgründung vermarkten lassen.

Vernachlässigen von Schwächen

Ein weiterer Punkt, der uns daran hindert, unsere Stärken gebührend wahrzunehmen, ist die Fixierung auf unsere Schwächen, wie wir es vom Schul- und Ausbildungssystem her gewohnt sind. Misserfolge und Mängel werden negativ bewertet und sind Anlass zur Aufforderung, angeblich Versäumtes nachzuholen oder Fehler zu korrigieren. Bei Schülern und Studenten mag das noch funktionieren – aber für Erwachsene, die bereits im Berufsleben stehen, ist diese Sichtweise nicht mehr akzeptabel. Schließlich ist es menschenunmöglich, alles gleichermaßen gut zu beherrschen, denn »nobody is perfect«. Wer sich auf seine Schwächen konzentriert, fühlt sich unweigerlich demotiviert; selbst bei hohem Arbeits- und Zeiteinsatz wird er es außerdem bestenfalls zu durchschnittlichen Leistungen bringen.

Die EKS kennt da einen erfolgreicheren Weg: Sie empfiehlt, sich konsequent nur auf die eigenen Stärken zu konzentrieren (vgl. strategisches Prinzip Nr. 1 in der Einführung) und die Schwächen zu vernachlässigen. Erweist sich eine Schwäche als unter Umständen nachteilig für das Geschäft – das heißt, wird dort eine Fähigkeit benötigt, über die man beim besten Willen nicht verfügt –, so sollte man sich einfach einen Kooperationspartner suchen, bei dem die betreffende Fähigkeit möglichst als Stärke ausgeprägt ist (vgl. dazu das letzte Kapitel).

Konzentrieren Sie sich auf Ihre Stärken und vernachlässigen Sie Ihre Schwächen – oder überlassen Sie letztere geeigneten Kooperationspartnern.

Wenn etwas Wesentliches zu fehlen scheint

Wenn Sie den Eindruck haben, dass Ihnen eine wesentliche Qualifikation für Ihr derzeit angestrebtes Ziel als Selbstständiger fehlt, obwohl Sie eine abgeschlossene Berufsausbildung und/oder Berufserfahrung haben, dann kann es sein, dass Sie sich das falsche Ziel gesetzt oder Alternativen nicht bedacht haben, die weniger gängig sind, aber dennoch ans Ziel führen.

Ein Problem können in dieser Hinsicht zum Beispiel *Handwerksberufe* sein. Nahezu alle Existenzgründer, die sich mit einem Handwerk selbstständig machen wollen, müssen eine Meisterausbildung vorweisen; eine gewisse Lockerung dieser Regelung ist vom Wirtschaftsministerium ab Juli 2001 vorgesehen. Handwerklich begabten Menschen, die nur über eine Gesellenausbildung oder über gar keine Ausbildung verfügen, wird der Weg in die Selbstständigkeit erschwert.

Doch auch hier gibt es ungeahnte Schlupflöcher. Wer sich als Bäcker selbstständig machen will, muss natürlich Bäckermeister sein. Aber für den Beruf des Pizzabäckers beispielsweise ist weder eine Bäckerlehre noch überhaupt eine handwerkliche Ausbildung vonnöten. Ein anderes interessantes Schlupfloch in den Maschen der Handwerksordnung hat Frank Hüsgen entdeckt:

Wenn der Lack ab ist

Auf den Höfen der Autohändler stehen massenhaft Autos herum, die sich nicht verkaufen lassen, weil der Lack kleine Defekte, »Schönheitsfehler«, aufweist. Denn auf dem überfüllten Gebrauchtwagenmarkt von heute hat der kaufwillige Autokunde genügend Auswahl, um sich ein »einwandfreies« Modell auszusuchen. Die Autohändler wiederum haben nicht die Zeit, sich stundenlang mit unwesentlichen Lackschäden zu befassen und diese auszubessern.

Eine Lösung für dieses Problem hat Frank Hüsgen gefunden, nachdem eine Fachzeitschrift ihn auf den vorhandenen Bedarf aufmerksam gemacht hatte. Zusammen mit seinem Partner bietet Hüsgen einen mobilen Lack-Korrekturservice an, der auf dem speziellen Lackiersystem eines Farbenherstellers beruht. Dies hielt die Kosten beim Start in die Selbstständigkeit gering.

»Wir reparieren nicht, sondern bessern nur aus«, erklärt Hüsgen den Unterschied zu herkömmlichen Lackarbeiten. Da er nur ausbessert, braucht er auch keinen Meisterbrief als Autolackierer! Und dies, obwohl die Arbeitsschritte denen beim herkömmlichen Lackieren sehr ähnlich sind.

Das Geschäft lief gut an: In kurzer Zeit wurden 30 Autohändler zu Stammkunden, wobei die Dienstleistung Hüsgens die Händler weniger als 100 Euro pro Auto kostet. Inzwischen haben Hüsgen und sein Partner ihre Angebotspalette erweitert. Sie bessern nun auch größere Steinschlagschäden, Brandlöcher in Autositzen und Handylöcher in den Armaturen aus.

Weitere Angebote zur Car-Top-Aufbereitung werden mittlerweile sogar von Franchisegebern vertrieben *(www.chipsaway.de* und *www.paintfixpro.de)*.

Abgesehen davon, dass der Autoaufbereiter Einfallsreichtum bei der Umgehung von Sachzwängen bewiesen hat, ist er auch strategisch in jeder Hinsicht richtig vorgegangen: im Hinblick auf seine Orientierung an den eigenen Stärken sowie am Bedarf und im Hinblick auf die Entwicklung des Geschäfts aus kleinen Anfängen bei zunächst minimalem Kapitaleinsatz und Risiko.

Erarbeitung des Stärkenprofils

Erarbeiten Sie Ihre Stärken jetzt *schriftlich* (!) anhand des folgenden Fragenkatalogs:

1. Fachwissen

- Über welche Berufsausbildung verfügen Sie?
- Welche Schwerpunkte haben Sie innerhalb Ihrer Ausbildung gelegt (z. B. Aufbau-, Zusatz- und Ergänzungsstudiengänge)?

- Welche Kenntnisse haben Sie besonders gern erworben?
- Haben Sie eine besondere Fächerkombination erlernt?
- Welche Weiterbildungs-Lehrgänge oder -Seminare haben Sie während Ihrer beruflichen Tätigkeit absolviert?
- Welche davon haben Ihnen besonders viel Spaß gemacht?

2. Berufliche Erfahrungen

Denken Sie bei den folgenden Fragen auch an private und ehrenamtliche Tätigkeiten in Vereinen, in der Politik, an Hobbys, an Aushilfsjobs et cetera.

- Welche beruflichen Tätigkeiten haben Sie ausgeübt? Listen Sie alle auf.
- Welche Aufgaben haben Sie im Laufe Ihres beruflichen Werdegangs bearbeitet?
- Welche Probleme haben Sie gelöst, und wie sind Sie dabei vorgegangen?
- Welche Aufgaben und Problemlösungen haben Ihnen besonders viel Freude gemacht?
- In welchen Projekten haben Sie mitgearbeitet?
- Welche Projekte haben Sie geleitet und erfolgreich zum Abschluss geführt?
- Welche Fähigkeiten haben Sie dabei trainiert?
- Welche schwierigen Entscheidungen mussten Sie treffen?
- Über welche ungenutzten Fähigkeiten, Kenntnisse und Erfahrungen verfügen Sie außerdem?

3. Erfolge

Erfolge gehören zu den »Highlights« und sind häufig ein Schlüssel zur beruflichen Weiterentwicklung. Wo die persönlichen Erfolge liegen, da sind zumeist auch die Stärken, die Neigungen und Fähigkeiten angesiedelt. Denken Sie bei den folgenden Fragen auch an ungewohnte und neue Situationen, die Sie bewältigen mussten.

- Welche Erfolge haben Sie erzielt (zum Beispiel Projekte schneller, kostengünstiger oder effizienter als Kollegen abgewickelt)?
- Welche Krisensituationen haben Sie gemeistert, in denen Ihre Lösung den entscheidenden Anstoß gab?

- Welche Fähigkeiten haben Sie in den Krisensituationen entwickelt oder unter Beweis gestellt?
- Listen Sie Ihre drei größten Erfolge auf!
- Was genau hat Ihnen daran am meisten Freude bereitet?

Erfolge sind wie ein Radar: Sie zeigen den direktesten Weg zu den eigenen Stärken und Leistungsspitzen – und sie weisen den Weg zum »Spaßfaktor«: zu dem, was beruflich am meisten Freude bereitet.

4. Schlüsselqualifikationen

Über die beruflichen und fachlichen Qualifikationen hinaus benötigen Sie als Unternehmer auch Schlüsselqualifikationen wie Flexibilität, Verantwortungsbereitschaft, Initiative, Kundenorientierung, Belastbarkeit und Lernbereitschaft. Häufig ist es schwierig, sich selbst im Hinblick auf die Schlüsselqualifikationen realistisch einzuschätzen, da man zur Über- oder Unterschätzung neigt. Es ist daher sinnvoll, wenn Sie die Ausprägung dieser Qualifikationen auch mit Freunden oder Familienmitgliedern besprechen.

5. Balancing statt Workoholism

Einem alten Kalauer zufolge arbeiten Selbstständige »selbst« und »ständig« – deshalb heißen sie so. Doch das Leben besteht bekanntlich nicht nur aus Arbeit, und bei allem Spaß an der Tätigkeit ist der 10- bis 16-Stunden-Tag auf Dauer nicht erstrebenswert.

Heutzutage ist »Balancing« angesagt, also eine Ausgewogenheit von Berufs- und Privatleben, die sowohl gesundheitlich als auch für das Lebensglück unerlässlich ist. Bedenken Sie daher ebenso die privaten Ziele, die Sie in Ihrem Leben haben, und überlegen Sie, welche Bedingungen erfüllt sein müssen, damit Sie diese mit Ihrer Selbstständigkeit in Einklang bringen können.

- Wie lange wollen oder können Sie täglich arbeiten?
- Sind Sie zum Beispiel durch Krankheit, kleine Kinder oder durch pflegebedürftige Familienangehörige zeitlich eingeschränkt?

- Wie schätzen Sie den Zeitaufwand für Ihre privaten Wünsche und Verpflichtungen ein?
- Sind Sie aus irgendwelchen Gründen an einen bestimmten Ort gebunden, an dem Sie Ihre Tätigkeit ausüben können müssten (z. B. die eigene Wohnung)?
- Welche privaten Ziele haben Sie in den nächsten zehn Jahren (zum Beispiel Babypause, Erziehungsurlaub, eine Weltreise)?
- Wie müsste Ihr täglicher Arbeitsablauf und Ihr Arbeitsrhythmus aussehen, damit Sie Beruf und Privatleben optimal »unter einen Hut« bringen können?

Aus der Gesamtheit der Antworten müsste sich für Sie ein Profil herausschälen, das etwa zwei bis vier Stärken als herausragend erkennen lässt – Stärken, die für Sie die Basis Ihrer selbstständigen Tätigkeit bilden sollten.

Frauen als Existenzgründerinnen

»Die Hürde im Kopf«

Den Wunsch, sich eines Tages selbstständig zu machen, hatte die Diplombetriebswirtin Gabriele Symanczyk-Möser aus Hanau bei Frankfurt/Main schon lange. Ins Berufsleben startete sie jedoch zunächst bei einer großen Unternehmensberatung, später arbeitete sie als Leiterin Kommunikation bei einem touristischen Großunternehmen. Als ein beruflicher Wechsel in eine andere Stadt anstand, bot sich alternativ die Chance, den lang gehegten Wunsch in die Tat umzusetzen.

»Die größte Hürde an diesem Wendepunkt war die im Kopf«, berichtet Gabriele Symanczyk-Möser. »Soll ich oder soll ich nicht?« Sie erarbeitete einen Businessplan für die Gründung einer auf Tourismus und Hotellerie spezialisierten PR-Agentur und hatte Glück, denn: »Die konzeptionelle Seite war ebenso wenig ein Problem wie die finanzielle, da eine PR-Agentur kein kapitalintensives Unternehmen ist. Letztlich fiel dann aber doch die Entscheidung, mich mit doppeltem Boden auf die eigenen Füße zu stellen.« Der Aufbau der selbstständigen Existenz erfolgte in der Startphase in Teilzeit. Viel Ermunterung hat sie von Kunden bekommen, die die Jungunternehmerin immer

ernst nahmen, so dass sie sich nach kurzer Zeit voll auf die eigene Existenz konzentrieren konnte.

Heute floriert ihre Agentur und sie empfiehlt anderen Unternehmerinnen: »Wichtig sind die Überzeugung von der eigenen Geschäftsidee, Durchhaltevermögen und Belastbarkeit bei der Realisierung. Frauen – so ist meine persönliche Erfahrung – sollten mehr Risiko eingehen und nicht nur in kleinen Kategorien denken.«

Frauen, die sich selbstständig machen, sind damit erfolgreicher als Männer: Der Anteil der Frauen, deren Gründungsvorhaben scheitert und die eventuell erhaltene öffentliche Fördergelder nicht mehr zurückzahlen können, ist geringer als der Anteil der entsprechenden Männer. Frauen sind als Unternehmerinnen realistisch und risikobewusst, fangen lieber klein an und stecken nicht gleich die ersten Einnahmen in einen repräsentativen überdimensionierten Geschäftswagen. Frauen machen sich nicht selbstständig, weil sie nach einem höheren Einkommen streben, sondern in erster Linie, weil sie unabhängig sein sowie Beruf und Familie unter einen Hut bekommen wollen. In der Unternehmensführung sind Frauen sozial kompetenter als Männer; sie arbeiten besser zusammen, sprechen sich ab, hinterfragen kritisch ihre eigenen Konzepte und entwickeln dabei neue Ideen.

Das hört sich zwar schön an – Tatsache ist jedoch auch, dass die Frauen nur ein Viertel der über 3,6 Millionen Selbstständigen in Deutschland stellen. In den neuen Bundesländern sieht es etwas besser aus, dort machen die Unternehmerinnen immerhin schon 30 Prozent aus.

Besondere *Stärken* von Frauen liegen darin, dass sie realistischer und risikobewusster an eine Unternehmensgründung herangehen als Männer. Als *Schwäche* kann sich ihre Übervorsicht erweisen.

Der Weg zum eigenen Unternehmen gestaltet sich für Gründerinnen besonders steinig, weil sie in vielen Bereichen mit Vorurteilen und konservativen Ansichten zu kämpfen haben.

Banken

Gerade auf Seiten der Banken begegnet man Gründer*innen* mit großer Zurückhaltung: Ihnen wird als Motiv für die Gründung »Selbstverwirklichung« unterstellt; die geplante Geschäftstätigkeit wird als Hobby abgetan oder als Abschreibungsprojekt für die eheliche Steuererklärung. Im Kreditgeschäft werden die Frauen deswegen häufig nicht ernst genommen und haben daher Schwierigkeiten, an Geld zu kommen. Fehlendes Eigenkapital und fehlende Sicherheiten tun ein Übriges. Viele Frauen scheuen gerade am Anfang einer Gründung ein größeres Risiko und beantragen demzufolge Kleinkredite, die für die Banken aber nicht interessant sind, da die Bearbeitungskosten fast genauso hoch sind wie bei großen Krediten.

Hinzu kommt, dass weit mehr als die Hälfte der gründungswilligen Frauen sich im Dienstleistungssektor selbstständig machen will, und zwar oft in Branchen, in denen ein hoher Verdrängungswettbewerb herrscht. Aus diesem Grund lehnen Banken die Unternehmenskonzepte von Frauen sehr oft ab.

Existenzgründerinnen sollten sich nicht, wie es leider noch häufig der Fall ist, an traditionellen Berufsbildern oder konventionellen Produktangeboten orientieren, sondern nach Innovationen und neuen Marktlücken Ausschau halten.

Auch Marlies Grüning aus Berlin blieb eine negative Erfahrung mit Banken nicht erspart. Die Großhandelskauffrau und promovierte Soziologin hat im Sommer 1998 das MOMO-Netzwerk und -Auftragsbüro für Kleinunternehmer gegründet und vermittelt seither erfolgreich Jung- und Kleinunternehmer aus den Bereichen Handwerk, Technik und Kunst an interessierte Kunden. Die Ausweitung des derzeit noch auf Berlin beschränkten Services auf die ganze Bundesrepublik soll demnächst anlaufen. Die Reaktion der Banken auf diese Geschäftsidee war ein lapidares: »Das rechnet sich nicht, weil im Baubereich!« Marlies Grüning zehrte in den ersten Monaten also vom Ersparten, »viel Hoffnung und Selbstvertrauen«.

Eine andere Gründerin, Margit Gut aus Stuttgart, Projektmanagerin und Softwareentwicklerin, wurde dagegen von den Banken schnell ernst genommen, denn sie wollte sich in der zukunftsträchtigen IT-Branche selbstständig machen und konnte zudem ein eigenes Haus als Sicherheit anbieten. Ihre Unterlagen – Finanzierungskonzept und Arbeitsbeschreibung – hat sie von einem Veranstalter von Existenzgründertagungen prüfen lassen. »Das Wichtigste ist in meinen Augen, dass man sich Zeit für die Planung nimmt. Meine Gründung hat bis zur Realisierung fast ein ganzes Jahr benötigt. Vor allem muss das Vorhaben sauber ausformuliert sein. Je öfter man seine Idee ausspricht, erklärt, dokumentiert und vorführt, desto sicherer wird dann eine Präsentation vor der Bank oder anderen Geldgebern.«

Aussagekräftige Unterlagen – die Sie auch im Beratungszentrum der Deutschen Ausgleichsbank ***(http://www.dta.de)*** prüfen lassen können – sind immens wichtig für die Beantragung von Fördermitteln oder Krediten für die Gründung. Üben Sie das Bankgespräch am besten vorher und geben Sie nicht gleich auf, wenn es nicht auf Anhieb klappt! Ohnehin sollten Sie bei mehreren Banken die Konditionen vergleichen. Nehmen Sie bei einer eventuellen Ablehnung die Gründe als Argumente in Ihr Konzept auf.

Weitere Informationen zum Thema Finanzierung und Kapital inklusive spezieller Hinweise auf Finanzierungsmöglichkeiten für Gründerinnen mit einem geringen Finanzierungsbedarf finden Sie in Kapitel 4.

Familie und persönliches Umfeld

Ein weiterer Stein, der sich Frauen auf dem Weg zur Gründung oft in den Weg legt, ist die liebe Familie. Laut einer Studie des Bildungsministeriums haben 46 Prozent der Gründerinnen ein schlechtes Gewissen, weil sie sich nicht mehr genug um die Familie kümmern. Angesichts der Tatsache, dass Frauen sich vor allem auch deswegen selbstständig machen, um Familie und Beruf besser vereinbaren zu können, ist dies eine Zahl, die eher Verwunderung hervorrufen dürfte.

Überholte Rollenbilder finden sich eben nicht nur in den Köpfen der Männer, sondern auch in denen der Frauen! Macht ein Mann sich selbstständig, wird die Akzeptanz dieses Vorhabens sowie die Übernahme von Buchführung und Bürotätigkeit durch die Partnerin als selbstverständlich vorausgesetzt. Klagen seiner Familie – der Vater und Partner sei zeitlich stark eingespannt – werden als Beweis seines Erfolges gesehen. Zieht eine Frau eine selbstständige Existenz auf, wird das schnell als Spleen abgetan, der nur so lange halbwegs akzeptabel ist, wie die Familie nicht darunter »zu leiden« hat. Schlagen die Kinder mal über die Stränge oder tauchen Probleme in der Partnerschaft auf, wird dies unreflektiert der Tatsache angelastet, dass frau sich selbstständig gemacht hat. Wäre sie da geblieben, wo sie hingehört und gesellschaftlich akzeptiert ist – nämlich am heimischen Herd –, wäre so etwas natürlich nicht passiert. Und Frauen lassen sich schnell ein schlechtes Gewissen einreden.

Die Softwareentwicklerin Margit Gut hat nach anfänglichen Schwierigkeiten Mann und drei Kinder »auf Kurs« gebracht: »Es hat einige Monate und zwei bis drei große Kräche gebraucht, bis alle kapiert hatten: Wenn Mutter arbeitet, darf man nicht einfach reinplatzen und permanent Aufmerksamkeit fordern. Auch die Tatsache, dass ich am Wochenende arbeite und in Notzeiten schon mal 14 Stunden am Stück, war gewöhnungsbedürftig. Zwischenzeitlich haben wir uns darauf geeinigt, dass mich niemand mehr stört, wenn meine Tür zu ist. Hundertprozentig akzeptiert hatten sie meine Selbstständigkeit erst, als ich meine ersten Rechnungen schrieb und diese dann auch von den Kunden bezahlt wurden. Da war dann endgültig klar: Das ist jetzt kein Spleen mehr, sondern eine Arbeit, mit der man Geld verdienen kann. Heute habe ich eher das Problem, dass – sobald ich mal einen Tag lang nichts tue – meiner Familie ein großes Fragezeichen ins Gesicht geschrieben steht und sie fragt, ob ich denn keine Arbeit mehr hätte.«

Trennen Sie Ihren privaten vom beruflichen Raum, grenzen Sie sich ab. Finden Sie dafür spezielle Rituale und Regeln, deren Einhaltung Sie von allen Familienmitgliedern verlangen. (Eine selbstständige Unternehmerin stellte einmal die sehr einfache und wirkungsvolle Regel auf: »In meinem Arbeitszimmer darf ich von der Familie nur gestört werden, wenn Blut fließt.«) Beziehen Sie Ihre Familie in Ihre Planung mit ein: Seien Sie offen und ehrlich – sowohl was die Zeit angeht, die Sie mit ihr verbringen können, als auch das Geld, das Sie für Ihr Unternehmen benötigen beziehungsweise das Sie verdienen. Machen Sie sich darauf gefasst, dass man für familiäre Probleme Ihren Status als Unternehmerin verantwortlich machen wird.

Qualifikation und Gründungsvorbereitung

Stein Nummer drei stellt für viele Gründerinnen die unzureichende berufliche Qualifikation dar – sei es, weil sie aus »typischen Frauenberufen« wie Krankenschwester, Arzthelferin, Verkäuferin, Sekretärin, Bürokauffrau kommen; sei es, weil sie die unter Studentinnen sehr beliebten, aber wenig zukunftsträchtigen Geisteswissenschaften studiert haben; oder sei es, weil sie der Kinder wegen auf die Ausübung ihres Berufs verzichtet und jetzt Schwierigkeiten mit dem Wiedereinstieg haben. Abhilfe schafft hier unter anderem der Besuch von Weiterbildungsangeboten zur Auffrischung von Fachkenntnissen, zum Erwerb von Computer-Kenntnissen, der Fähigkeit zur Mitarbeiterführung oder von Präsentationstechniken.

Wenn Sie längere Zeit nicht mehr in Ihrem Beruf tätig waren, versuchen Sie, in einem entsprechenden Betrieb ein 10- bis 14-tägiges Kurzpraktikum zu absolvieren. So finden Sie schnell wieder Anschluss an neue Entwicklungen und erkennen, wo Sie noch Lücken haben, die Sie durch Fortbildungen schließen müssen. Nutzen Sie ein solches Kurzpraktikum auch, um an alte Kontakte anzuknüpfen oder neue aufzubauen.

Versuchen Sie, sich mit Ihrem Gründungsvorhaben an Innovationen und Marktlücken zu orientieren, anstatt den 17. Friseursalon in einer Kleinstadt zu eröffnen. Spezialisieren Sie sich auf einem Gebiet, das Ihnen Spaß macht und das aussichtsreiche Chancen bietet. Wichtig hierfür ist die richtige Strategie.

Der Besuch von Existenzgründungsberatungen oder -seminaren sei in jedem Fall dringend empfohlen. Die folgenden Angebote im Internet können Ihnen auf die Sprünge helfen:

Gründungsvorbereitung und -beratung für Frauen

http://www.bmwi.de/existenzgruendung.html
Das Bundeswirtschaftsministerium hält für angehende Existenzgründerinnen eine Fülle an gründlich recherchiertem und wichtigem Informationsmaterial bereit. Die meist kostenlosen Broschüren können online bestellt werden.

http://www.brigitte.de/job/test/selbstaendig.html
Tipps zur Existenzgründung mit Links und Kontaktadressen vom Frauenmagazin *Brigitte*. Die Tests wie beispielsweise »Sind Sie eine gute Chefin?« arbeiten jedoch leider nur mit klischeehaften Fragen à la »Werden Sie schnell rot?«.

http://www.centra-online.de
Centra geht auf eine Initiative des rheinland-pfälzischen Wirtschaftsministeriums zurück und hat sich zum Ziel gesetzt, Frauen durch kostenlose Veranstaltungen und gezielte Schulungen zur Selbstständigkeit zu mobilisieren. Auch individuelle Beratung wird angeboten. Geschäftsstellen gibt es in Kaiserslautern, Wiesbaden, Mainz und Koblenz.

http://www.deutschland-innovativ.de/index.phtml?p=Existenzgruender
Unter »Beratung für Gründerinnen« finden Sie eine umfassende Linkliste mit Anlauf- und Beratungsstellen speziell für Gründerinnen.

http://www.doloop.de/links.html
Informationen für Unternehmerinnen und Gründerinnen, Links zu Messen und Unternehmerinnen-Tagen, Netzwerken, Frauengewerbezentren, Fördermöglichkeiten, Frauenbranchenbüchern und einer Kooperationsbörse – alles, was frau als Gründerin braucht.

http://www.fbwi.fh-karlsruhe.de/existenzgruendung
Studentinnen der Technischen Redaktion an der TH Karlsruhe haben einen Online-Kurs für Existenzgründerinnen erstellt. In vier Modulen

werden Kenntnisse und Fertigkeiten vermittelt, die zur Gründungsvorbereitung, Firmengründung und Existenzsicherung unerlässlich sind.

http://www.focus.de
Unter dem Titel »Gut, aber Frau« bietet die Online-Version des Magazins *Focus* in bewährt guter Manier Infos zu Förderprogrammen für Gründerinnen und Unternehmerinnen, Kontaktstellen usw.

http://www.frauenbetriebe.de
Die Frauenbetriebe in Frankfurt haben sich unter anderem zum Ziel gesetzt, Frauen auf die berufliche Selbstständigkeit vorzubereiten, und tun dies mit Seminaren, Vorträgen, Workshops und nicht zuletzt mit ihrer umfangreichen Homepage.

http://www.gruenderinnen-consult.de
Gründerinnen-Consult bietet in Niedersachsen Beratung für Existenzgründerinnen, insbesondere für Frauen, die aus der Erwerbslosigkeit kommen.

http://www.inside99.de/kom-stelle.html
Frau&Wirtschaft in Köln.

http://www.mannheim.de/wirtschaft/prisma.html
Prisma ist ein Projekt der Frauenbeauftragten Mannheim und stellt eine Infrastruktur für Existenzgründerinnen und Unternehmerinnen bereit, die Einzelberatung, Qualifizierung und strukturelle Hilfen umfasst.

http://www.sozialnetz-hessen.de/existenzgr
Dieses Angebot will Gründerinnen in Hessen den Start erleichtern, und zwar mit Zugang zu speziellen Beratungsangeboten, erweiterten Informationen und Finanzierungsmöglichkeiten.

http://www.uni-bielefeld.de/Frauengruendungen/index.html
Das Projekt »weiblich – gebildet – selbstständig« ist das erste Programm bundesweit für gründungsinteressierte Studentinnen und (Fach-)Hochschulabsolventinnen. In Workshops und sonstigen Veranstaltungen wird angehenden Gründerinnen das nötige Handwerkszeug vermittelt.

Wenn Weiber wirtschaften – Netzwerke für Existenzgründerinnen

Ein weiterer Stolperstein für Gründerinnen ist ein fehlendes Netzwerk an Kontakten, Unterstützung, Rückhalt von und Austausch mit Menschen, die sich in derselben Situation befinden. Sind Sie noch in der Vor-Gründungsphase, könnten Sie überlegen, ob Sie sich nicht einer Gründerinneninitiative anschließen wollen oder sogar ihre Geschäftsräume in einem *Gründerinnenzentrum* beziehen wollen.

Das größte Gründerinnenzentrum Europas und die erste reine Frauengenossenschaft ist die »Weiberwirtschaft« in Berlin. Dieses genossenschaftliche Projekt besteht aus 45 Einzelunternehmerinnen sowie Firmen und ist aus einer Initiative von Akademikerinnen der FU Berlin hervorgegangen. 1500 Genossenschaftlerinnen hat die »Weiberwirtschaft« mittlerweile; bevor eine neue Mieterin aufgenommen wird, prüft ein Gremium von Vorstandsfrauen und Mieterinnen das jeweilige Konzept auf die Erfolgschancen.

Gründerinnenzentren werden von manchem Kritiker als künstlicher Schonraum abgewertet, doch solange nicht 50 Prozent aller Gründungswilligen weiblich sind, kann man diesen Zentren die Berechtigung nicht absprechen. Frauen finden hier Solidarität und kompetente ideelle und materielle Unterstützung. Letztere ist gerade auch im Hinblick auf die Schwierigkeiten beim Aufbringen des nötigen Startkapitals wichtig. Neben der »Weiberwirtschaft« gibt es noch etliche andere Gründerinnenzentren in der Bundesrepublik, die Adressen finden Sie hier:

Gründerinneninitiativen und -zentren

http://www.frauen-am-werk.de
Der Verein Frauen am Werk bietet Existenzgründerinnen günstige Geschäftsräume in einer ehemaligen Textilfabrik in der Reutlinger Innenstadt an, darüber hinaus kostenlose Erstberatungen und vertiefende Unternehmensberatungen.

http://www.frauenbetriebe.de
Nicht nur Zugang zu einem Handels- und Gewerbezentrum finden Gründerinnen hier, sondern auch Vorbereitung auf die berufliche

Selbstständigkeit, Seminare, Vorträge, Workshops und nicht zuletzt eine umfangreiche Homepage.

http://www.gruenderinnenzentrum.de
Das Gründerinnenzentrum »Sprungbrett« bietet zum einen Existenzgründerinnen aus dem Raum Ravensburg eine Kontakt- und Anlaufstelle sowie Räumlichkeiten und Beratung, zum anderen wird Knowhow rund um die Gründung auf der Homepage allen Interessierten zugänglich gemacht.

http://www.ifex.de/info/gruenderinnen/initiativen/index.html
Links zu regionalen Initiativen für Existenzgründerinnen in Baden-Württemberg – von Albstadt bis Tübingen.

http://www.weiberwirtschaft.de
Berliner Gründerinnenzentrum mit Gewerbehof, mehr dazu im Text siehe oben.

Reine Gründerinnennetzwerke bieten jenseits von Gründerinnenzentren die Möglichkeit zum Austausch von Know-how und Erfahrungen. Nicht nur dieser jederzeit verfügbare immense Wissenspool ist unschlagbar: Netzwerke dienen vor allem zur Anbahnung von geschäftlichen Kontakten, zur Vergabe von Aufträgen oder auch dazu, kompetente Unterstützung einzuholen, wenn ein Auftrag mal nicht allein bewältigt werden kann.

Netzwerke für Gründerinnen

http://www.bfbm.de
Der Bundesverband der Frau im freien Beruf und Management ist ein gemeinnütziger Verein, in dem sich selbstständig tätige Frauen und Frauen in Führungspositionen aus unterschiedlichen Berufen und Branchen zusammengeschlossen haben und an einem bundesweiten Netzwerk »bauen«.

http://www.chefinale.com
Unternehmerinnen-Portal von und für Frauen. Es gibt einen Marktplatz für Unternehmerinnen, ein monatliches Magazin, ein virtuelles Unternehmen von Frauen und Infos zu einer Aktiengesellschaft in Frauenhand.

http://www.dotcomdivas.net
Die Website »Dotcomdivas« bietet Internet-Unternehmerinnen ein offenes Forum, in dem sie nicht nur »netzwerken« können, sondern auch wichtige Informationen beispielsweise zur Erstellung eines Businessplans und zur Beschaffung von Kapital finden.

http://www.frauen-tuebingen.de
Das Frauenwirtschaftswunder Tübingen ist nicht nur ein Frauennetzwerk, sondern berät auch Frauen auf dem Weg in ihre Selbstständigkeit sowie bei der Wiederaufnahme ihrer Berufstätigkeit.

http://www.ifex.de/info/gruenderinnen/forum/bereiche/netzwerk.html
Im Baden-Württembergischen Gründerinnen Forum arbeiten Multiplikatorinnen aus unterschiedlichen Bereichen ehrenamtlich zusammen, unter anderem Fachfrauen aus den Arbeitsämtern, Beratungsstellen, Bildungseinrichtungen, Frauenprojekten, Gründerinnenzentren, Landes- und Kommunalverwaltung und Verbänden.

http://www.inside2001.de
Regelmäßig findet in Köln der Unternehmerinnen-Tag Inside statt. Es ist eine Kontaktbörse für Unternehmerinnen, Freiberuflerinnen und Existenzgründerinnen, die in Seminaren, Podiumsdiskussionen und Workshops erfahren, wie sie ihre Geschäftsideen umsetzen und ihr Unternehmen erfolgreich führen können.

http://www.mediacoaching.de
Mediacoaching ist ein Netzwerk für Existenzgründerinnen, das seit einigen Jahren besteht und über eine Mailingliste funktioniert. Auf der Website finden Sie die Links zu den Mitfrauen und einen Vortrag der Gründerin Brigitte Luedecke zu diesem Thema. Die Liste hat zum Ziel, dass Frauen, die eine Gründung im Multimediabereich anstreben oder bereits betreiben, sich gegenseitig technisch und persönlich unterstützen.

http://www.salli.de/wbn/wbn.html
Das Woman Business Network ist ein 1998 gegründetes virtuelles Netzwerk von »Partnerinnen«. Einsteigen kann jede, die Unternehmerin oder selbstständig ist, sowie Frauen in leitenden Fach- und Führungspositionen. Die Netzwerkpartnerinnen treffen sich zudem viermal im Jahr.

http://www.schoene-aussichten.de
Schöne Aussichten ist der bundesweite Verband selbstständiger Frauen e.V. Branchenübergreifend versteht er sich als ein junges, modernes und zukunftsorientiertes Netzwerk für Existenzgründerinnen, Unternehmerinnen und Freiberuflerinnen.

http://www.u-netz.de
Virtuelles Unternehmerinnen-Forum, das aus den Unternehmerinnen-Tagen Ruhrgebiet hervorgegangen ist. Nunmehr mit überregionalem Anspruch will das U-Netz »Unternehmerinnen und ihre Betriebe« sichtbar machen, deren Austausch und Geschäftsbeziehungen fördern und tut dies unter anderem mit einer Datenbank, Firmenporträts, einer Kooperationsbörse und Links zu Branchenbüchern sowie – für angehende Unternehmerinnen interessant – Messen und Veranstaltungen, speziell für Gründerinnen.

http://www.unternehmerinnenforum-bw.de
Das Unternehmerinnen Forum Baden-Württemberg veranstaltet unter anderem regelmäßig einen Kongress für Unternehmerinnen, der ihnen die Chance bietet, Informationen zu sammeln, Partnerinnen zu suchen und sich mit anderen Gründerinnen auszutauschen.

http://www.unternehmerinnen-stammtisch.de
Ein loser Zusammenschluss von selbstständigen Frauen verschiedenster Branchen im Rhein-Sieg-Kreis (um Bonn herum), der nicht nur virtuell, sondern auch real existiert: Einmal monatlich treffen sich Interessierte aus der Region zum »Stammtisch« in Rheinbach, um Informationen auszutauschen, sich gegenseitig über ihre Angebote zu informieren und zum Beispiel gemeinsam Messeauftritte zu planen.

http://www.vdu.de
Der Verband Deutscher Unternehmerinnen vertritt branchenübergreifend die Interessen mittelständischer Unternehmerinnen und hat bundesweit 1700 Mitglieder.

http://www.web-publishing.com/WyberNetz/hallo.htm
Europäischer Treffpunkt für Frauen im Internet: frau kann sich kostenlos vorstellen und international Kooperationspartnerinnen suchen.

http://www.women.de/frauimnetz/netzwerk.html
Linksammlung des internationalen Netzwerkes für Unternehmerin-

nen, Freiberuflerinnen und Expertinnen. Sie finden Nachrichten, Termine und eine Kontaktdatenbank.

http://www.zfw.de/dgfhome/index.html oder ***http://www.dgfev.de***
Das Deutsche Gründerinnen-Forum ist ein bundesweites Netz von Informationen, Austausch und Zusammenarbeit von Multiplikatorinnen im Bereich der Existenzgründung. Gründerinnen können auf einen Expertinnen-Pool zurückgreifen, Workshops und Fachtagungen besuchen oder die umfangreiche Literaturdatenbank nutzen.

»Bloß nicht aufgeben«

Annette Goldstein aus Berlin ist Steuerberaterin und Wirtschaftsprüferin und heute erfolgreiche Betreiberin ihrer eigenen Wirtschaftsprüfungsgesellschaft. 15 Jahre lang hat sie bei einer großen amerikanischen Wirtschaftsprüfungsgesellschaft gearbeitet, zuletzt als Geschäftsführerin, bevor sie sich mit 40 Jahren in das Abenteuer Selbstständigkeit stürzte. Gründe für diesen Schritt waren unter anderem die internen Strukturen bei ihrem Arbeitgeber, die sie in dieser Form nicht mehr mittragen konnte und wollte. »Ich habe es noch keine Sekunde bereut, dass ich mich selbstständig gemacht habe. Ich fühle mich freier und kann mich auf die Arbeit konzentrieren. Insgesamt ist mein Arbeitsalltag ruhiger und ausgeglichener geworden«, berichtet Annette Goldstein. Da sie auf Eigenkapital zurückgreifen konnte, musste die Steuerberaterin kein Darlehen von einer Bank in Anspruch nehmen. Viel Hilfe und Unterstützung hat sie von ihrem Lebensgefährten, einem ehemaligen Kollegen, bekommen, der seit Beginn immer wieder fachliches Know-how und Rückendeckung einbringt.

Schlechte Erfahrungen hat Annette Goldstein dagegen mit einem Kollegen machen müssen, den sie als Partner in ihre Firma holte, ohne vorher Form, Inhalt, Art und Zeitaufwand der Zusammenarbeit genauestens abzusprechen. Ihren Optimismus hat sie dennoch nicht verloren: »Ich kann Existenzgründerinnen nur einen Tipp geben: Bloß nicht aufgeben! Es lohnt sich in jedem Fall, egal wie tief das Tief auch sein sollte. Man kommt wieder heraus, man darf sich nicht verunsichern lassen und muss unbedingt an sich glauben. Man darf aber auch nicht blauäugig oder zu gutmütig sein. In kritischen Situationen gehe ich heute so vor, dass ich sehr viel im Voraus exakt abspreche und auch schriftlich vereinbare. Immer wenn bei mir der Gedanke auftaucht ›Es wird schon gutgehen‹, ist das für mich ein großes Warnsignal und ich zwinge mich zu dieser Vorgehensweise. Generell kann ich über meine Selbstständigkeit sagen: Es ist schön, es macht Spaß und Freude, und es lohnt sich – und ich hoffe, dass ich das in 20 Jahren auch noch sagen kann.«

Hinweise für Hochschulabsolventen

Das Glück deutscher Hochschulabsolventen scheint gleichbedeutend mit einem festen Angestellten- oder Beamtenverhältnis zu sein, denn nur 2 Prozent sind vier Jahre nach ihrem Examen Unternehmer und nur 5 Prozent arbeiten als Freiberufler. In der Regel liegen zwischen Examen und Gründung zehn Jahre, wie die Deutsche Ausgleichsbank ermittelt hat.

Die deutschen Hochschulen können also keineswegs als Gründerschmieden bezeichnet werden, sondern erscheinen als Hochburgen öffentlicher Bürokratie. Mit ihrem Studienangebot orientieren sie sich nicht an den veränderten Bedürfnissen der Studierenden oder des Arbeitsmarktes, sondern an dem, was die Professoren interessiert. Die Studienziele gerade in den Wirtschaftswissenschaften sind traditionell auf abhängige und abgesicherte Tätigkeiten in Großunternehmen ausgerichtet; kleine und mittelständische Unternehmen hingegen, die gründungswilligen Studierenden als nachahmenswerte Beispiele dienen könnten, werden vernachlässigt. Hochschüler werden zu spät beziehungsweise kaum mit der Möglichkeit zur Gründung vertraut gemacht. Bis zum Ziel, das sich die Hochschulrektorenkonferenz und die Arbeitgeberverbände gesteckt haben – 20 bis 30 Prozent der Studierenden sollen sich in zehn Jahren auf die eigenen Unternehmer-Füße stellen – ist es noch ein weiter Weg.

Ein kleines Stück dieses Wegs haben zumindest einige Unis schon zurückgelegt: Lehrstühle für Existenzgründung wurden eingerichtet, Zusatzveranstaltungen für gründungswillige Studierende angeboten. Bundesweit gibt es 29 Lehrstühle im Bereich Gründermanagement, einige wenige befinden sich noch in der Planung. Die Existenzgründungslehrstühle bieten parallel zum normalen Uni-Betrieb laufende Veranstaltungen rund um Unternehmenskonzepte, Businessplan, Finanzierungsquellen und Marketingstrategien. Dozenten sind oftmals erfolgreiche Unternehmer, die den Teilnehmern dann auch die jeweiligen Kontakte zur Praxis verschaffen können.

Gründungslehrstühle

http://www.fernuni-hagen.de/FBWIWI/
Fernuniversität Hagen: Stiftungslehrstuhl für BWL, insbesondere Unternehmensgründung und Unternehmensnachfolge.

http://www.ebs.de
European Business School Oestrich-Winkel: Lehrstuhl Allgemeine BWL, insbesondere Gründungsmanagement und Entrepreneurship.

http://www.fh-deggendorf.de
Fachhochschule Deggendorf: Lehrstuhl für Gründungsmanagement und Entrepreneurship.

http://www.fh-gelsenkirchen.de/ifinex/start.html
Fachhochschule Gelsenkirchen: Institut zur Förderung von Innovation und Existenzgründung (IFINEX).

http://www.fh-giessen.de
Fachhochschule Gießen-Friedberg: Stiftungsprofessur Allgemeine BWL, insbesondere Existenzgründung.

http://www.bwl.tu-darmstadt.de/bwl10
Technische Universität Darmstadt: Stiftungsprofessur Innovations- und Technologiemanagement für Existenzgründer und junge Unternehmen.

http://www.tu-dresden.de/wwbwlsap
Technische Universität Dresden: SAP-Stiftungslehrstuhl für Technologieorientierte Existenzgründung und Innovationsmanagement.

http://www.inno-tec.bwl.uni-muenchen.de
Technische Universität München: Institut für Innovationsforschung und Technologiemanagement.

http://www.iep.uni-karlsruhe.de
Stiftungslehrstuhl für Entrepreneurship (Interfakultatives Institut für Entrepreneurship).

http://www.bwl.uni-mannheim.de
Universität Mannheim: Stiftungsprofessur für ABWL, Unternehmensgründung und Entrepreneurship.

http://www.wiwi.uni-regensburg.de/dowling/
Universität Regensburg: Innovations- und Technologiemanagement, Veranstaltungen zu Entrepreneurship.

http://www.fhw-berlin.de
Fachhochschule für Wirtschaft Berlin: ABWL, insbesondere Unternehmensgründung und Management von Kleinen und Mittleren Unternehmen (KMU).

http://www.fh-bochum.de/izk
Fachhochschule Bochum: Institut für zukunftsorientierte Kompetenzentwicklung, insbesondere Management und Entrepreneurship.

http://www.whu-koblenz.de
Wissenschaftliche Hochschule für Unternehmensführung Koblenz: BWL, insbesondere Unternehmertum und Existenzgründung.

http://www.pfh-goettingen.de
Private Fachhochschule Göttingen: Existenzgründung.

http://www.fh-ingolstadt.de
Fachhochschule Ingolstadt: Existenzgründung und Innovationsmanagement.

http://www.uni-konstanz.de/verwaltungswissenschaft
Universität Konstanz: Herbert-Quandt-Stiftungsprofessur Existenzgründung und Innovationsförderung.

http://www.uni-koeln.de/wiso-fak
Universität Köln: Allgemeine BWL, Unternehmensgründung und Unternehmensentwicklung.

http://www.uni-wuppertal.de
Universität Wuppertal: Lehrstuhl für Wirtschaftswissenschaft, insbesondere Unternehmensgründung und Wirtschaftsentwicklung.

http://www.uni-erfurt.de
Universität für Erfurt: Professur für Innovationsökonomie; European School of Governance; Ludwig-Erhard-Institut für Innovation in Handel und Dienstleistung.

http://www.i-u.de
Internationale Hochschule Bruchsal: Lehrstuhl Entrepreneurial Leadership.

http://www.hu-berlin.de
Humboldt-Universität Berlin: Lehrstuhl Entrepreneurship und Innovationsmanagement.

http://www.tu-chemnitz.de/wirtschaft/gruender
Technische Universität Chemnitz: Lehrstuhl Unternehmensgründung, insbesondere innovative Produkte und Dienstleistungen.

http://www.uni-magdeburg.de
Universität Magdeburg: Stiftungslehrstuhl für Entrepreneurship.

http://www.uni-hohenheim.de
Universität Hohenheim: Stiftungslehrstuhl Unternehmertum und Unternehmensgründung.

http://www.umwelt-campus.de
Umwelt-Campus Birkenfeld: Stiftungsprofessur für BWL, insbesondere Unternehmensgründung und Unternehmensentwicklung.

http://www.uni-muenster.de/wiwi
Universität Münster: Stiftungsprofessur für Unternehmensgründung und Unternehmensentwicklung.

http://www.fh-rhein-sieg.de
Fachhochschule Rhein-Sieg: Umweltorientierte Unternehmensführung und Unternehmensgründung.

http://www.rheinahrcampus.de
Fachhochschule Koblenz/Remagen: Unternehmensgründung, Technologiemanagement und -transfer.

Sonstige Hochschul-Angebote zur Vorbereitung auf eine Existenzgründung

http://www.uni-duisburg.de/SBM
Vorträge, Seminare und Workshops, in denen Existenzgründer ihr betriebswirtschaftliches und juristisches Verständnis schulen und unter-

nehmerische Fähigkeiten trainieren können. Die Veranstaltungen finden meist abends und am Wochenende statt.

http://www.uni-siegen.de/dept/fb05/prokmu/akademframe.html
Gründerakademie an der Universität in Siegen, die Existenzgründer auf die erfolgreiche Gründung und Führung ihres Unternehmens vorbereiten will.

http://www.zww.uni-ausgburg.de
Das Aktionsprogramm »Hochsprung« bei der Transferstelle des Zentrums für Weiterbildung und Wissenstransfer der Uni Augsburg berät und betreut Existenzgründer und gründungsrelevante Unterstützungsangebote. Es will die Kontakte zur Wirtschaft intensivieren sowie ein entsprechendes Netzwerk aufbauen.

http://www.uni-kl.de/extra/main_n.htm
Extra – kostenfreies Existenzgründertraining an der Uni Kaiserslautern, das zwei Semester dauert und als Abschluss ein selbstständig zu erarbeitendes Unternehmenskonzept vorsieht.

http://www.arbeitsamt.de/hast/services/studierende/bbhst1m.html
Die Hochschulteams der Arbeitsämter sind besondere Serviceeinrichtungen für Beratung, Information und Vermittlung, die auch für alle Fragen rund um die Existenzgründung zur Verfügung stehen. In den Teams arbeiten Berufs- und Arbeitsberater zusammen. Das Team ist Ansprechpartner für alle berufsbezogenen Anliegen von Studierenden und Hochschulabsolventen, aber auch für die Partner aus Hochschule und Wirtschaft. Für Sprechzeiten und Veranstaltungstermine gibt es ein Semesterprogramm.

Aus dem Hörsaal in den Chefsessel

Gründer, die direkt aus der Hochschule kommen, haben mit ganz spezifischen Problemen zu kämpfen.

- Wer seinen Hochschulabschluss in der Tasche hat, verfügt in der Regel über ein großes Fachwissen. Was fehlt, sind jedoch kaufmännische Kenntnisse. Das Fachwissen allein reicht keinesfalls aus, erfolgreicher Unternehmer zu werden. Defizite im kaufmännischen Bereich gehören zu den häufigsten Pleiteursachen in jungen Unternehmen. Legen Sie also großen Wert darauf, sich diese Kenntnisse anzueignen, oder tun Sie sich mit geeigneten Partnern zusammen.

- Selbst die beste Gründungsidee nützt nichts, wenn die entsprechenden Marktkenntnisse fehlen: Viele Absolventen haben zwar gerade im technologieorientierten Bereich bahnbrechende Geschäftsideen, kennen sich jedoch überhaupt nicht damit aus, welche Produkte oder Dienstleistungen am Markt bestehen können und welche Konkurrenten es gibt. Das Thema Marktanalyse wird in Kapitel 2 ausführlich behandelt.
- Kenntnisse über Fördermittel sind für Gründer aus dem Hochschulbereich besonders wichtig. Oft machen sich die Absolventen im technologieorientierten Bereich selbstständig, in dem ein hoher Kapitalbedarf, zum Beispiel für Forschung und Entwicklung von Prototypen, besteht. Dafür bedarf es eines ausgeklügelten und passenden Finanzplans. Mehr dazu in Kapitel 4.
- Gute Geschäftsideen bringen keinen wirtschaftlichen Erfolg, sofern ein funktionierendes Vertriebsnetz fehlt. Sie müssen nicht nur wissen, welche Kunden für Ihr Produkt oder Ihre Dienstleistung infrage kommen, sondern auch, wie Sie diese Kunden erreichen. Kontakte – beispielsweise auf Fachmessen – müssen geknüpft und gepflegt werden. Manche Unternehmen lassen den Vertrieb von externen Partnern abwickeln, auch das ist eine Möglichkeit, wie Sie mit diesem Problem umgehen könnten (vgl. dazu auch die Hinweise in Kapitel 7).
- Gerade für Jungunternehmer ist es wichtig, schlagkräftige Kooperationspartner zu haben. So können fachliche oder kaufmännische Defizite ausgeglichen werden. Wenn Sie die finanzielle Belastung auf mehrere Schultern verteilen, ist auch das Risiko breiter gestreut. Siedeln Sie sich mit Ihrem Unternehmen in einem Gründer- und/oder Technologiezentrum an, erhalten Sie dort gute Hilfestellung von kundigen Fachleuten (vgl. Kapitel 2). Auch Business Angels leisten Gründern wertvolle Unterstützung. Mehr dazu in Kapitel 5.

Lassen Sie sich beraten! Nehmen Sie Hilfe und Unterstützung in Anspruch, sowohl bei der Vorbereitung Ihrer Gründung als auch in der Anfangsphase. Gerade zu Beginn werden Sie oft das Gefühl haben, dass Ihnen alles über den Kopf wächst. Ein unabhängiger und außenstehender Berater bewahrt Sie vor manchem Fehler.

Gegenüber diesen möglichen Schwächen besteht eine besondere *Stärke* von Hochschulabsolventen darin, dass sie »unvorbelastet« und ohne die übliche Betriebsblindheit an eine Gründung herangehen können. »Alte Hasen« haben dagegen durch langjährige Erfahrung häufig auch eine Menge Vorurteile darüber entwickelt, was in einer Branche »geht« und was »nicht geht«. Als Absolvent haben Sie den Vorteil, dass Sie die Dinge unvoreingenommen sehen können.

Spezielle Angebote für Gründer aus dem Hochschulbereich

http://www.asi-online.de
Existenzgründung für Ingenieure: Infoveranstaltungen zu Umsatz, Kosten- und Gewinnplanung, Finanzierung, Rechtsform, Absicherung betrieblicher Risiken.

http://www.bifego.org
Betriebswirtschaftliches Institut für empirische Gründungs- und Organisationsforschung.

http://www.bizeps.de
Das Netzwerk Bizeps ist ein Verbundprojekt von 21 Partnern in der Bergisch-Märkischen Region und richtet sich an existenzgründungswillige Studierende, Hochschulabsolventen und wissenschaftliche Mitarbeiter. Ziel des Projekts ist die frühzeitige und intensive Förderung innovativer und technologieorientierter Gründungsvorhaben.

http://www.bmwi.de/infomaterial/existenzgruendung/veroeffentlichungen.html
Softwarepaket für Gründer und Jungunternehmer, Lernprogramme des BMWIs (Existenzgründungsberatung, Früherkennung von Chancen und Risiken), Anwenderprogramme (Gründungsplaner), Workshop-Paket und Bibliothek mit Broschüren.

http://www.exist.de
EXIST (Existenzgründer aus Hochschulen) fördert Geschäftsideen von Hochschulabsolventen, Studierenden und Absolventen bis fünf Jahre nach Abschluss. Teilnehmer bekommen für maximal ein Jahr die finanzielle Absicherung des Lebensunterhalts und Unterstützung für die Gründungsvorbereitung. Voraussetzung dafür ist die Betreuung durch einen Mentor an der Hochschule.

http://www.existenzgruender-institut.de
Das Existenzgründer-Institut begleitet studentische Existenzgründer auf dem Weg von der guten Idee bis zum vollständigen Geschäftskonzept. Den Gründern steht ein Netzwerk, bestehend aus Kammern, Verbänden, Wirtschaftsexperten und Gründungsförderern, zur Verfügung.

http://www.g-forum.de
Förderkreis Gründungsforschung. Unter »Lehre« wird eine Übersicht der Aus- und Weiterbildungsangebote für Unternehmensgründer und selbstständige Unternehmer an deutschen Hochschulen angeboten.

http://www.gruenderbuero-ruhr.de
Die kostenlose Broschüre »Existenzgründung aus Hochschulen« informiert Gründer über die Leistungen und Aktivitäten dieses Netzwerkes der Ruhr-Region und bietet beispielhaften jungen Firmen die Möglichkeit, sich zu präsentieren.

http://www.gruenderzeit.de
Initiative der Uni Köln zur Förderung von Unternehmensgründungen aus der Hochschule heraus. Leider sind einige der Informationen veraltet.

http://www.his.de
Informationen und Publikationen des Hochschulinformationssystems, unter anderem auch zu Gründungen aus der Hochschule. Die Publikationen stehen zum Teil als Download zur Verfügung.

http://www.money-study-go.de oder ***http://www-go-online.de***
In Nordrhein-Westfalen gibt es das Programm »Pfau« (Programm zur finanziellen Absicherung von Unternehmensgründern aus dem Hochschulbereich): Für zwei Jahre erhalten potenzielle Gründer eine finanzielle Grundsicherung und Beratungsleistungen bis zu einem Wert von 5 000 Euro.

http://www.start.ch
Studentenschaft der Uni St. Gallen, die den unternehmerischen Aufbruch an den europäischen Hochschulen voranbringen will.

http://www.studienwahl.de
Hier finden Sie Tipps zur Selbstständigkeit: »Vom Hörsaal in den Chefsessel«.

http://www.stw.de und
http://www.steinbeis-europa.de/entrepreneurship.htm
Homepage der Steinbeis-Stiftung für Wirtschaftsförderung. Bundesweit gibt es 390 Steinbeis-Transferzentren, die überwiegend an Hochschulen angesiedelt sind. Auf der Site der Steinbeis Europa finden Sie Thesenpapiere des Kongresses »Unternehmerische Selbstständigkeit – ein Bildungsziel für Europa«.

Gründung aus der Arbeitslosigkeit

Gute Chancen für Arbeitslose

Die Arbeitslosigkeit in der Bundesrepublik liegt seit mehr als zehn Jahren relativ konstant bei ungefähr 10 Prozent. Daran konnten bisher weder der Boom im Dienstleistungssektor noch die Internet-Stellenbörsen etwas ändern. Quer durch alle Branchen und Positionen sind Menschen davon betroffen; gerade Arbeitnehmer jenseits der 40 werden Schwierigkeiten haben, eine neue Stelle zu finden. Von der Vorstellung einer Vollbeschäftigung – wohlgemerkt in abhängigen Beschäftigungsverhältnissen – und damit von der Wiedereingliederung der vielen arbeitslosen Menschen in diesen Bereich des Arbeitsmarkts können wir uns getrost verabschieden. Die Unterstützung derjenigen Arbeitslosen, die sich durch den Aufbau eines Unternehmens eine eigene Existenz aufbauen wollen, ist daher sinnvoll und nötig.

Ehemals arbeitslose Gründer sind dabei recht erfolgreich: Nur 11 Prozent von ihnen melden sich innerhalb der ersten drei Jahre wieder arbeitslos, und sieben von zehn der durch Überbrückungsgeld geförderten Unternehmen existieren nach zwei Jahren immer noch.

> Die Überlebenschancen für Unternehmen, die aus der Arbeitslosigkeit gegründet wurden, sind sehr hoch.

Eine gewisse Vorsicht ist jedoch geboten: Arbeitslosigkeit beziehungsweise drohende Arbeitslosigkeit ist als alleinige Motivation für eine Gründung absolut nicht ausreichend! Wenn der Schritt in die Selbstständigkeit der einzige Ausweg aus der Langzeitarbeitslosigkeit sein sollte, müssen Geschäftskonzept, Finanzierung und Eignung des Gründers um so gründlicher geprüft werden; mit der richtigen Strategie bestehen jedoch gute Chancen. Wer sich seine eigene Existenz aufbauen möchte, sollte Bereitschaft zu Kreativität und Eigenverantwortung mitbringen. Die persönlichen Voraussetzungen müssen ebenfalls stimmen.

Lassen Sie sich durch eine längere Arbeitslosigkeit nicht entmutigen! Solche »Leerzeiten« fallen bei einer Existenzgründung viel weniger ins Gewicht als bei der Suche nach einer neuen Anstellung. Denn Ihre Kunden werden in der Regel nicht wie potenzielle Arbeitgeber danach fragen, was Sie »vorher« gemacht haben. Konzentrieren Sie sich bei einer Existenzgründung auf Ihre Fähigkeiten und Kenntnisse, die Sie im Laufe Ihres Berufslebens schon erworben haben.

Die Arbeitslosigkeit hat sogar einen ganz besonderen *Vorteil*, den Sie anderen Existenzgründern voraus haben: Während andere die Zeit für eine Unternehmensgründung neben ihrer beruflichen Tätigkeit erübrigen müssen, können Sie sich voll auf Ihre neue Aufgabe konzentrieren und sich wirklich gründlich vorbereiten. »Zeit« ist also für Sie kein Thema.

Beratung und Unterstützung

Wer sich aus der Arbeitslosigkeit heraus selbstständig machen will, sollte besonderen Wert auf eine kompetente Beratung legen. Die Gründungsphase ist mitunter durch große Belastungen geprägt, da viele Gespräche mit Ämtern und Banken zu führen sind, in denen die jeweilige Geschäftsidee präsentiert werden muss. Wer da nicht überzeugend und selbstbewusst auftritt, muss mit einem Misserfolg rechnen. Doch gerade das Selbstbewusstsein hat bei vielen Arbeitslosen aufgrund der vielen erfolglos verschickten Bewerbungen gelitten. Unterstützende Beratung ist also enorm wichtig. Das Angebot an Existenzgründungsberatern ist vielfältig, wie Sie Kapitel 5 entnehmen können.

Margit Gut, Projektmanagerin und Softwareentwicklerin aus Stuttgart, hat auf dem Weg von der Arbeitslosigkeit in die Selbstständigkeit professionelle Unterstützung in Anspruch genommen. Arbeitslos wurde sie, nachdem sie aufgrund einer Mobbing-Situation ihre Stelle als Projektleiterin bei einem großen Konzern gekündigt hatte. Sie holte zuerst ihr Abitur nach, musste dann jedoch feststellen, dass man mit 50 »zum alten Eisen« gehört: Keiner wollte die hochqualifizierte Frau einstellen.

Hilfe bekam sie bei EXZET, dem Existenzgründerzentrum Stuttgart, das unter anderem vom Arbeitsamt gefördert wird und umfassende Hilfestellung für Menschen bietet, die sich beruflich selbstständig machen wollen, insbesondere für arbeitslose oder von Arbeitslosigkeit bedrohte Personen. Im EXZET nahm Margit Gut an Kursen teil und konnte sich mit Gleichgesinnten austauschen. Rückblickend berichtet sie: »Am schlimmsten war es, die eigene ›Traute‹ zu bekommen. Durch die Arbeitslosigkeit war ich sehr frustriert und hatte ziemlich viel Selbstvertrauen verloren. Ich habe mein Leben lang meine Familie ernährt (fünf Personen) und war an ein sicheres Einkommen gewöhnt. Das Sicherheitsdenken ist sehr stark in mir.

In Zusammenarbeit mit EXZET habe ich eine sehr professionelle Mappe erstellt mit einem Finanzierungsplan und einer Konzeption meines eigenen Unternehmens. Mit diesen Unterlagen war es dann relativ einfach, von Banken und Ämtern ernst genommen zu werden.« Heute ist Margit Gut als Unternehmerin im Bereich der Softwareentwicklung und Programmierung erfolgreich.

Ähnliche, vom Arbeitsamt unterstützte und/oder gänzlich finanzierte Gründungs- und Beratungszentren gibt es auch in anderen Städten, Auskunft darüber erhalten Sie bei Ihrem zuständigen Arbeitsamt.

Gründungs- und Beratungszentren – vom Arbeitsamt unterstützt

http://www.bfe-muenchen.de

Das Büro für Existenzgründungen im Arbeitsamt München hilft während der Neugründung sowie während der Start- und Aufbauphase mit Schulungen, Beratungen und Coaching.

http://www.eba-berlin.de
Das Existenzgründerbüro der Berliner Arbeitsämter bietet Information und Beratung vor, während und nach der Gründung.

http://www.exis.de
Existenzgründerzentrum Sachsen – Anlaufstelle für arbeitslose und von Arbeitslosigkeit bedrohte Gründungswillige.

http://www.exzet.de
Das Existenzgründerzentrum Stuttgart wird ebenfalls vom Arbeitsamt gefördert und bietet umfassende Hilfe für Menschen, die sich beruflich selbstständig machen wollen, insbesondere für arbeitslose oder von Arbeitslosigkeit bedrohte Personen.

http://www.idee-ev.de/wir_c.html
Der Verein IDEE e.V. bietet praxisorientierte Wissensvermittlung, insbesondere für Existenzgründer. Sowohl die Vereinsmitglieder wie auch alle Mitstreiter sind selbstständige Unternehmer und Unternehmerinnen, die Know-how und Tipps an die angehenden Gründer weitergeben. In Zusammenarbeit mit dem Arbeitsamt Aschaffenburg werden Trainingsprogramme für existenzgründungswillige Arbeitslose angeboten, und zwar zum Teil auf EKS-Basis.

http://www.vebf.de
Der Verein zur Erschließung neuer Beschäftigungsformen richtet sich mit seinem Beratungsangebot vor allem an Menschen, die sich in einer beruflichen Umbruchphase befinden und sich selbstständig machen wollen. Besonders Arbeitslose werden hier bei der Realisierung ihrer Ideen unterstützt.

http://www.wasistgarage.de
».garage« ist ein vom Arbeitsamt finanziertes Projekt, das jungen Arbeitslosen oder von Arbeitslosigkeit bedrohten Menschen bis 29 Jahren den Start in die Selbstständigkeit ermöglicht. Innerhalb von sieben Monaten bekommen sie die Chance, ihre eigene Firma zum Laufen zu bringen. ».garage« begleitet und unterstützt den Start in Form von Unterhalt, kostenlosem Arbeitsraum, Telefon, Computer, Fax et cetera auf 400 Quadratmetern. Experten und Berater begleiten die Jungunternehmer.

Überbrückungsgeld vom Arbeitsamt

Gründer, die aus der Arbeitslosigkeit kommen, verfügen oftmals über wenig Eigenkapital beziehungsweise Sicherheiten. Viele Banken sind daher bei Verhandlungen über Gründungskredite sehr zurückhaltend oder ablehnend. In Kapitel 4 finden Sie Informationen darüber, wie Sie mit Hilfe von Fördergeldern Eigenkapital aufbauen beziehungsweise welche Förderkredite Sie von der Deutschen Ausgleichsbank in Anspruch nehmen können. Bürgschaftsbanken können einspringen, sofern die eigenen Sicherheiten für die Beantragung von Fördermitteln nicht ausreichen.

Zusätzlich zu den Fördermitteln bekommen Sie auf Antrag *Überbrückungsgeld* vom Arbeitsamt. Dies kann zur Sicherung des Lebensunterhalts für die Dauer von sechs Monaten beantragt werden. Gefördert werden diejenigen, die vor der Existenzgründung mindestens vier Wochen Arbeitslosengeld, Arbeitslosenhilfe oder Kurzarbeitergeld in einer betriebsorganisatorisch eigenständigen Einheit bezogen haben. Berücksichtigt werden kann auch die Teilnahme an einer Arbeitsbeschaffungs- oder Strukturanpassungsmaßnahme.

Die Höhe des Überbrückungsgeldes richtet sich nach dem zuletzt bezogenen Arbeitslosengeld beziehungsweise der -hilfe. Hinzu kommen die jeweils anfallenden Sozialversicherungsbeiträge auf das Arbeitslosengeld oder die -hilfe. Vorliegen muss eine fachkundige Stellungnahme – zum Beispiel der IHK, der HWK, eines Steuerberaters, eines Wirtschaftsprüfers, eines Kreditinstituts oder Fachverbands – über die finanzielle und wirtschaftliche Tragfähigkeit der Neugründung.

Die Förderung durch Überbrückungsgeld muss *vor* der eigentlichen Gründung beim zuständigen Arbeitsamt beantragt werden.

Die Übernahme von Betrieben oder der Eintritt in bestehende Betriebe wird in der Regel nicht gefördert. Die Gründer müssen mindestens 15 Stunden in der Woche im eigenen Betrieb arbeiten. Vor der Gründung dürfen maximal 15 Wochenstunden für die Firma gearbeitet werden, egal ob Geld hereinkommt oder nicht; alle Einkünfte müssen dem Arbeitsamt gemeldet werden.

Wenn Sie zu einem Erstgespräch bei Ihrem zuständigen Arbeitsamt erscheinen, sollten Sie folgende Unterlagen mitbringen: die ausgearbeitete Gründungsidee sowie ein Gutachten von einer fachkundigen Stelle (s.o.). Letzteres ist unerlässliche Voraussetzung für die Gewährung von Überbrückungsgeld.

Fordern Sie die Formblätter für Existenzgründer an. Klären Sie gemeinsam mit Ihrem zuständigen Berater, was Sie an weiterführender Beratung vom Arbeitsamt zu erwarten haben, wie viel Überbrückungsgeld Sie bekommen, welche Existenzgründungsseminare Sie besuchen können, ob Sie Anspruch auf Coaching und spezielle Schulungen haben. Oft gibt es örtliche Sonderleistungen, die das Arbeitsamt übernimmt; fragen Sie auch danach.

Sollte die selbstständige Tätigkeit aufgegeben werden und tritt erneut Arbeitslosigkeit ein, kann der Restanspruch auf Arbeitslosenleistungen wieder geltend gemacht werden.

Achtung: Erfragen Sie den genannten Zeitraum für die Rückmeldung bitte vor Ihrer Gründung bei Ihrem Berater, da es unterschiedliche Fristen in Abhängigkeit zur Leistung gibt.

http://www.arbeitsamt.de/hst/geldleistung/uebersicht/4.html
Arbeitsamtzahlungen für arbeitslose Existenzgründer.

2

Eine solide Basis schaffen

Schritt 2: Finden Sie das erfolgversprechendste Geschäfts- oder Aufgabenfeld (Markt- und Konkurrenzanalyse)

Das zu ermittelnde Geschäftsfeld für Ihre zukünftige Tätigkeit sollte idealerweise zu Ihren Stärken in einem *Schlüssel-Schloss-Verhältnis* stehen. Das heißt, Ihre herausragende Qualifikation sollte wie ein Schlüssel auf ein bestimmtes Schloss (= Problem) passen, denn:

> Kunden kaufen prinzipiell *keine* Produkte oder Dienstleistungen, sondern *Problemlösungen*, die ihr Leben angenehmer, besser, leichter oder schöner gestalten. Die Fähigkeit, dass Sie ein bestimmtes Problem besser lösen können als andere, lässt Sie zum Spezialisten werden – und eröffnet Ihnen einen Markt für Ihr eigenes Unternehmen.

Um ein geeignetes Geschäftsfeld zu finden, sollten Sie zunächst überall – auch im privaten Umfeld – Informationen sammeln, die mit Ihren besonderen Stärken in Verbindung stehen. Zeitschriften und Zeitungen, Verbände und Vereine, private Klubs und Treffen können hier hilfreich sein, außerdem Industrie- und Handelskammern, Handwerkskammern, Berufs- und Branchenfachverbände, Wirtschaftsförderungsgesellschaften, Kreditinstitute, die Deutsche Ausgleichsbank und die Kreditanstalt für Wiederaufbau.

Ideal ist es, wenn Sie in Ihrem bisherigen Arbeitsbereich oder Umfeld *systematisch* nach ungelösten Problemen oder unbefriedigten Bedürfnissen Ausschau halten können. Gehen Sie folgendermaßen vor:

- Sammeln Sie alle Probleme beziehungsweise Bedürfnisse, die Ihnen in Ihrer Umgebung auffallen, und zwar wiederum schriftlich.
- Leiten Sie daraus möglichst viele Geschäftsfelder oder Aufgabengebiete ab.
- Welche Probleme könnten Sie mit Ihren speziellen Fähigkeiten besonders gut – vielleicht sogar besser als andere – lösen?
- Über welche besondere Kombination von Fähigkeiten verfügen Sie? (Häufig liegt die Einzigartigkeit nicht in einer einzelnen Fähigkeit, sondern in der *Kombination* verschiedener Fähigkeiten.)
- Halten Sie besonders Ausschau nach Marktlücken, also nach Problemen, die bisherige Anbieter nicht lösen können oder noch nicht gelöst haben.

Zeit für Mütter

Trish Kasey ist eine junge Mutter mit einem Kleinkind. Als Mutter, so fand sie heraus, kannte sie sehr gut die Bedürfnisse anderer Mütter und konnte diese auch beraten. So brachte sie unter dem Titel »Mommytimes« einen Newsletter für Mütter heraus, den sie zu Hause am Computer schrieb und ins Internet stellte. Ganz nebenbei konnte sie damit auch das Problem ihres beschränkten Zeitbudgets und ihrer Ortsgebundenheit als junge Mutter lösen.

Der Newsletter ist kostenlos, und ihr Einkommen bestreitet Kasey inzwischen ausschließlich über Werbeeinnahmen von Inserenten auf ihrer Homepage. Mittlerweile verzeichnet das Ein-Frau-Unternehmen 16 000 registrierte Leser von Australien bis Thailand. Der nächste Unternehmensschritt besteht in der Einrichtung einer Shopping-Mall für Kinderbedarf und Umstandskleidung auf den Webseiten von Mommytimes.

Trish Kasey hat es richtig gemacht: Ihr Geschäftsfeld ergab sich mühelos aus ihren vorhandenen Qualifikationen und Stärken. Die Existenzgründerin brauchte nicht »in die Ferne zu schweifen«, denn die Problemlösung lag geradezu auf der Hand. Es ist jedoch nicht immer so einfach, das richtige Geschäftsfeld oder in dem Geschäftsfeld ungelöste Probleme aufzuspüren. Dazu bedarf es häufig einer Marktanalyse.

Marktanalyse

Früher waren Marktanalysen sehr aufwändig, teuer und beinahe nur mit Hilfe von Marktforschungsinstituten möglich, deren Dienstleistungen für Existenzgründer aber oft unbezahlbar sind. Dank des Internets gibt es jedoch heute eine einfachere und kostengünstigere Variante. Wir empfehlen Ihnen ein ausgedehntes Surfen in den vielen Webangeboten Ihrer Branche.

> Hilfreich bei einer Marktanalyse kann vor allem das Internet sein, denn nirgendwo sonst können Sie so schnell und kostengünstig so viele Informationen abrufen!

Die meisten Kreditinstitute erarbeiten eigene *Brancheninformationen*, und Kunden von Sparkassen erhalten gegen eine Gebühr von 15 Euro Branchenberichte.

Außerdem gibt es wertvolle Literatur, wobei Sie neben Büchern und Fachzeitschriften auch Diplom- und Doktorarbeiten nicht vergessen sollten. Diplomarbeitsbörsen im Internet bieten solche wissenschaftlichen Arbeiten gegen Entgelt an. Weiterhin sind alle Verbände und Behörden (Statistische IHKs, Patentamt) wertvoll sowie kommerzielle Datenbanken (Genios, Reuters Business Briefing usw.). Interviews mit potenziellen Kunden sind ebenfalls nicht zu vergessen, um den Bedarf auch im persönlichen Gespräch zu ermitteln.

> Eine umfassende Kenntnis der Kundenbedürfnisse ist die Basis jedes Geschäftserfolges.

Allgemeine Informationen für Existenzgründer

http://axis-online.net/http://www.shtml
Alphabetisch geordnete Suche nach Stichworten zu allen wirtschaftlichen Themen.

http://www.allesklar.de
Alles über Markt und Wirtschaft, Firmen und Organisationen.

http://www.bellnet.com
Katalog mit diversen Wirtschaftsthemen.

http://www.busiweb.de
Suchmaschine für die tägliche Berufs- und Unternehmenspraxis.

http://www.deutschland-innovativ.de
Der Informationsdienst des Instituts der Deutschen Wirtschaft Köln bietet Informationen über innovative Dienstleistungen, Existenzgründung, Märkte usw. – viele Suchmöglichkeiten.

http://www.dino-online.de
Über diesen Katalog finden Sie viele wirtschaftliche Themen.

http://www.seefelder.de/internetverzeichnis/wirtschaft/index.htm
Links zu Websites rund um das Thema Wirtschaft.

http://www.webtip.de
Alles über Wirtschaft und Finanzen – mit vielen Links.

http://www.existenzgruender-netzwerk.de
Themen rund um Gründungsberatung, Starthilfe, Innovationen, Kooperationen et cetera.

http://www.focus.de/existenzgruendung
Viele nützliche Informationen und Links zu allen möglichen Themen – immer aktuell!

http://www.newscan-online.de
Hier können Sie Suchanfragen zu Wirtschafts- und Finanzthemen starten und erhalten aktuelle Presseartikel.

http://www.vnr.de
Der VNR Verlag (ehemals Verlag Norman Rentrop) bietet zahlreiche Loseblattwerke zu Themen der Unternehmensführung an.

http://www.geschaeftsidee.de
Die Zeitschrift *Geschäftsidee* des VNR Verlags, zu der es auch eine Print-Ausgabe gibt, veröffentlicht regelmäßig neue Geschäftsideen mit vielen Hintergrundinformationen. Sehr empfehlenswert für alle, die auf der Suche nach einer Unternehmensidee sind, die zwar schon erprobt, aber noch neu genug ist, um nicht auf einen gesättigten Markt zu stoßen.

http://www.internetidee.de
Hier finden sich ebenfalls neue Existenzgründungsideen, nach Branchen sortiert. Empfehlenswert!

Marktanalysen, Marktforschung und Statistik

http://www.acnielsen.de
Veröffentlichungen von Marktforschungsinstituten.

http://www.dsidata.com
Internationale Statistik mit umfangreicher Link-Sammlung zu statistischen Fragen (auf Englisch).

http://www.genios.de, http://www.gbi.de
Hosts mit wirtschaftsrelevanten Datenbanken.

http://www.gfk.de
Die Gesellschaft für Konsumforschung stellt Informationen zur Verfügung.

http://www.prognos.de
Das bekannte Marktforschungsinstitut Prognos bietet seine Dienstleistungen an.

http://www.zukunftsinstitut.de
Beim Trendforscher Matthias Horx können diverse Berichte mit Trends über zukünftige Marktentwicklungen bestellt werden.

http://www.statistik-bund.de
Das Statistische Bundesamt Deutschland, der wichtigste Ansprechpartner für alle statistischen Fragen.

http://www.inputplus.de
Wissensdatenbank für Existenzgründung, Unternehmensführung und Werbung.

http://www.paperboy.de
Crossrecherchen in über 30 Tageszeitungen.

http://www.dees-verlag.de, www.diplom.de
Hier erhalten Sie Zugang zu Diplomarbeiten, mit zahlreichen Links zu diversen Vermittlungsstellen.

http://www.amazon.de, http://www.bol.de, http://www.buecher.de, http://www.buchkatalog.de, http://www.booxtra.de
Bequeme Suche nach und Bestellung von Fachliteratur über Stichworteingabe.

http://www.rheingold-online.de
Rheingold, das Institut für qualitative Markt- und Medienanalysen, stellt aktuelle Informationen und Studienergebnisse zur Verfügung.

http://www.marktforscher.de
Auf diesem Marktforschungsserver werden Unternehmensdarstellungen von Forschungsinstituten, Marketingberatern und anderen Dienstleistern angeboten.

http://www.cyberatlas.com, http://www.w3b.com, http://www.survey.net, http://www.commerce.net
Aktuelle soziodemografische Daten zur Internetnutzung.

Branchenspezifische Informationen

http://www.wifak.uni-wuerzburg.de/elwis
Die Uni Würzburg bietet eine elektronische Fachinformation Wirtschaftsstatistik, regional geordnet.

http://medialine.focus.de
Focus bietet umfangreiche Informationen und Statistiken zu vielen Branchen – mit der Möglichkeit, aktuelle Marktanalysen kostenlos herunterzuladen. Sehr empfehlenswert, da ungeheuer zeit- und arbeitssparend!

http://www.flix.de
Deutscher Internet-Branchenindex mit guter Branchenübersicht.

http://www.guj.com
Gruner und Jahr bietet gut recherchierte Branchenbilder und Unternehmensprofile an.

http://www.vrnet.de
Die Volks- und Raiffeisenbanken informieren in dem halbjährlich aktualisierten Informationsblatt *Branchen spezial* über die 100 wichtigsten Branchen.

http://www.bfai.de
Die Bundesstelle für Außenhandelsinformationen BfAI verkauft Informationen über Marktchancen und Branchenentwicklungen.

Verbände, Vereine, Behörden und Institutionen

http://www.verbaende.com
Links zu über 260 Verbänden im Internet.

http://www.ihk.de
Die Industrie- und Handelskammern machen häufig Marktuntersuchungen in ihren Kammerbezirken und bieten zahlreiche nützliche Dienstleistungen an.

http://www.dpma.de
Das Deutsche Patent- und Markenamt.

http://www.bds-dgv.de
Homepage des Bundes der Selbstständigen und des Deutschen Gewerbeverbandes.

http://www.bvd-cedi.de
Homepage des Europaverbandes der Selbstständigen (CEDI) und seines Deutschen Bundesverbandes (BVD), der 400 000 Selbstständige aller Branchen vertritt.

http://www.igu.de
Interessengemeinschaft kleiner und mittlerer Unternehmen.

http://www.wjd.de
Die Wirtschaftsjunioren Deutschland e.V.

http://www.bundesregierung.de
Von hier aus gibt es Links zu allen Ministerien, von denen viele kostenlose Informationen für Existenzgründer zu zahlreichen Themen bereithalten.

http://www.bmwi.de
Das Bundeswirtschaftsministerium stellt kostenlos viele für Gründer nützliche Informationen zur Verfügung – zum Herunterladen und/oder Bestellen. Diese Seite ist ein Muss für alle Existenzgründer!

http://www.bmbf.de
Das Bundesministerium für Bildung und Forschung gibt zahlreiche Publikationen, darunter die »Forschungslandkarte Deutschland« heraus, die forschungsrelevante Daten enthält.

http://www.bfai.com
Die Servicestelle des Bundesministeriums für Wirtschaft und Technologie hilft kleinen und mittleren Unternehmen auf dem Weg ins Auslandsgeschäft.

http://www.diht.de
Der Deutsche Industrie- und Handelstag bietet umfangreiches Informationsmaterial zum Bestellen von Infos; viele Möglichkeiten zum Herunterladen und Links zu den örtlichen Industrie- und Handelskammern.

http://www.vbv.de
Die Vereinigung Beratender Betriebs- und Volkswirte e.V. bietet Hilfe bei Existenzgründung, Betriebsübernahme usw. an.

http://www.bdi-online.de
Der Bundesverband der Deutschen Industrie gibt unter anderem Wirtschaftsdaten heraus.

http://www.zdh.de
Zentralverband des Deutschen Handwerks mit zahlreichen Links zu allen handwerklichen Verbänden und Handwerkskammern.

http://www.bdb.de
Bundesverband deutscher Banken.

http://www.gdv.de
Gesamtverband Deutscher Versicherungswirtschaft.

http://www.bfbm.de
Der Bundesverband der Frau im freien Beruf und Management e.V.

http://www.bdu.de
Der Bundesverband Deutscher Unternehmensberater e.V.

http://www.bju.de
Der Bundesverband Junger Unternehmer der AUS e.V. bietet eine Gründerwerkstatt.

http://www.v-s-g.org
Der Bundesverband mittelständische Wirtschaft, Unternehmerverband Deutschlands e.V. (BVMW) organisiert die Kommunikation zwischen Unternehmern und verfügt über 160 Geschäftsstellen vor Ort.

http://www.dta.de
Die Deutsche Ausgleichsbank führt Seminare und Beratungen für Existenzgründer durch.

http://www.djv.de
Der Deutsche Journalisten-Verband e.V. (DJV), Berufsverband der hauptberuflichen Journalisten.

http://www.umw.org
Der Unternehmerverband mittelständische Wirtschaft e.V. vertritt die Interessen von Selbstständigen und mittelständischen Unternehmen aus Handel, Handwerk und Gewerbe sowie die Freien Berufe.

Beachten Sie auch die in der Einführung genannten Suchmaschinen sowie Internet-Adressen.

Konzentration auf Marktlücken

Warum sollten Sie ausschließlich nach *ungelösten Problemen* Ausschau halten? Die Antwort ist einfach: Strategisch ist es wichtig, dass Sie sich auf *Marktlücken* konzentrieren. Denn es ist wenig aussichtsreich, in einen Markt einzutreten, in dem es bereits viele Konkurrenten gibt. Da wären Sie nur »eine(r) unter vielen«, und Ihre Chance, Aufträge zu bekommen, wäre gering oder mit einem sehr hohen Einsatz an Werbung und Kapital verbunden. Märkte, in denen ein harter Verdrängungswettbewerb herrscht, sind unattraktiv für Existenzgründer! Häufig ist zu beobachten, dass in solchen Märkten eine Differenzierung des Angebotes nur noch über den Preis erfolgt. Jeder Anbieter versucht, seinem Konkurrenten Kunden abzujagen, indem er seine Ware billiger als die anderen verkauft.

Über kurz oder lang enden solche permanenten Preisunterschreitungen dann im Konkurs einiger Unternehmen, denn die Preisschraube lässt sich immer nur bis zu einem gewissen Grad nach unten drehen. Unter einem bestimmten Limit ist ein Unternehmen nicht mehr überlebensfähig, weil es nicht mehr kostendeckend arbeiten kann. Am Ende dieses Prozesses bleibt dann häufig nur ein Anbieter übrig; oft ist das der Marktführer, der im Zuge des Preiskampfes alle Konkurrenten »geschluckt« hat. Also Vorsicht vor Märkten, in denen ein heftiger Preiskampf tobt!

Diese Warnung gilt auch für Märkte, in denen sehr viele gleiche oder ähnliche Anbieter auf engem Raum (zum Beispiel in einer Stadt oder einem Stadtviertel) zu finden sind, selbst wenn dort kein Preiskampf stattfindet. So gibt es beispielsweise in Märkten, die mit medizinischen Dienstleistungen zu tun haben (Krankenpflege, ärztliche Leistungen), aufgrund gesetzlicher Bestimmungen keine freie Preisgestaltung. Es handelt sich dann um so genannte *reglementierte* Märkte, auf denen alle Anbieter nach derselben gesetzlich festgelegten Gebührenordnung abrechnen.

Die Gebührenordnung allein garantiert jedoch, selbst bei großzügigen Honorarsätzen, noch kein gutes Einkommen oder genügend Kunden beziehungsweise Patienten. Denn wenn es in der gleichen Region sehr viele Anbieter mit demselben Profil gibt, hat es ein neu hinzukommendes Unternehmen schwer, Fuß zu fassen. So ist zu beobachten, dass viele Arztpraxen und Anwaltskanzleien aufgrund des mittlerweile enorm dichten Angebotes ärztlicher und juristischer Dienstleistungen vor dem Aus stehen oder am Rande des Existenzminimums wirtschaften müssen. In diesem Falle besteht die einzige Möglichkeit zur Existenzgründung darin, sich eine Marktlücke zu suchen – das heißt, in eine Region zu ziehen, in der es noch wenige Konkurrenten gibt, zum Beispiel aufs Land.

Unter dem Begriff »*Marktlücke*« oder »*Marktnische*« kann dreierlei verstanden werden:

1) ein *neues* Produkt oder eine neue Dienstleistung, das oder die bisher noch nicht oder in ungenügendem Maße angeboten wird,
2) eine *Region*, in der ein etabliertes, bekanntes Produkt oder eine solche Dienstleistung nicht oder nicht ausreichend vorhanden ist,
3) ein etabliertes Produkt, das sich durch einen *Zusatznutzen*

(= Mehrwert), zum Beispiel besseren Service, deutlich von anderen Produkten abhebt.

Ein Produkt oder eine Dienstleistung, das oder die in eine Marktlücke trifft, nennt man eine »*Innovation*«. Das »Erobern« einer Marktnische ist Voraussetzung zur Erlangung einer Marktführerschaft.

Die Suche nach Marktlücken empfinden manche Gründer als schwierig und entnervend. Die Märkte der heutigen Zeit scheinen überall gesättigt zu sein; wir werden in allen Branchen sowohl beruflich als auch privat mit Dutzenden gleicher oder ähnlicher Produkte (sog. »Me-too-Produkte«) überhäuft, häufig ohne noch irgendwelche Qualitätsunterschiede wahrnehmen zu können. Man sieht buchstäblich vor lauter Bäumen den Wald nicht mehr.

Oft entsteht auch der Eindruck, man könne als kleines oder neu gegründetes Unternehmen nicht mit den großen Firmen Schritt halten und sei von daher schon unterlegen. Strategisch gedacht ist jedoch die Sättigung eines Marktes oder die Größe eines Unternehmens kein Nachteil – man denke an die Geschichte von David und Goliath –, sondern bedeutet im Gegenteil sogar neue Chancen. Gerade in den Bedürfnissen, die Großunternehmen mit ihren »genormten« Produkten nicht befriedigen können, liegen die Chancen für kleine Unternehmen mit »individuellen« Lösungen. *Zwischen* den Großen tun sich viele Marktlücken auf, die kleine Unternehmen besser bedienen können.

Sind die materiellen Bedürfnisse an Konsumgütern in unserer Gesellschaft heute weitgehend befriedigt, so gibt es vor allem im Bereich der *Dienstleistungen* neue Chancen.

Ordnung ist das halbe Leben

Viele Menschen versinken geschäftlich und privat in einem Chaos von Papierbergen: Rechnungen, Briefe, Dokumente und Aktenvorgänge sind unauffindbar und bei Bedarf nicht greifbar. In der Unordnung anderer erkannte Joachim Tielitz eine Marktlücke, als er die Unterlagen seiner Freundin sortierte und sich überlegte, dass auch andere einen entsprechenden Bedarf haben könnten.

Seine umfassende Markt- und Konkurrenzanalyse führte zu dem Ergebnis, dass es in seiner Heimatstadt Bremen bereits einen Sortierdienst gab, seine angebotene Dienstleistung also dort keine Marktlücke mehr darstellte.

Tielitz ging strategisch richtig vor: Der Bremer Sortierdienst bot ein Seminar an, das er zunächst belegte, um sich das nötige Knowhow anzueignen. Anschließend ging Tielitz, um dem Konkurrenten auszuweichen, in eine andere Stadt, und zwar nach Köln, um dort seinen eigenen Sortierdienst anzubieten. Er kam mit einem minimalen Startkapital von nur 2 500 Euro aus, da er lediglich eine Büro-Grundausstattung benötigte.

Bereits nach einer ersten Pressemitteilung über seine Geschäftseröffnung in den örtlichen Zeitungen rannten ihm die Kunden buchstäblich »die Bude« ein – er brauchte in der Anfangsphase überhaupt keine Werbung zu machen, da der Bedarf am Sortieren von Papierdokumenten und dem Erstellen von Ablagesystemen immens ist! Mundpropaganda und Weiterempfehlung ist eben besser als jedes andere Marketing.

Für Joachim Tielitz war der Sprung in die Selbstständigkeit der Start in das zweite Berufsleben. Denn aufgrund eines Rückenleidens hatte der 46-Jährige seinen angestammten Beruf nicht mehr ausüben können. Das Beispiel zeigt, dass es selbst für Berufsunfähige Chancen und Möglichkeiten zur Existenzgründung gibt.

Sortierdienste finden sich im Internet unter: *http://www.koelner-sortierdienst.de* und *http://www.bueroordnung.de.*

Konkurrenzanalyse

Mit der Marktanalyse untrennbar verbunden ist die Konkurrenzanalyse: Sie müssen genau feststellen, inwieweit die von Ihnen ermittelten Bedürfnisse bereits von anderen Unternehmen befriedigt werden und welche Problemlösungen es schon auf dem Markt gibt. Dazu können Sie die oben aufgeführten Internet-Adressen, insbesondere branchenspezifische Informationen, verwenden.

Empfehlenswert ist außerdem, dass Sie in die in der Einführung genannten Suchmaschinen Suchbegriffe (z. B. Produkt- oder Dienstleistungsbezeichnungen) eingeben und sich die »Treffer« genau anschauen. Darüber hinaus kann es wichtig sein, dass Sie sich die Webseiten etlicher Firmen direkt ansehen.

Eine ganze Reihe von großen Unternehmen lassen sich finden, indem Sie an die drei Ws einfach den Firmennamen und dann die Länderkennung anhängen, also: *www.firmenname.de*. Es gibt unter anderem folgende Kennungen:

- .at für Österreich,
- .be für Belgien,
- .ca für Kanada,
- .ch für Schweiz,
- .com für »commercial«; dahinter verbergen sich viele, z.T. internationale, mehr und mehr aber auch deutsche Firmen,
- .de für Deutschland,
- .es für Spanien,
- .fr für Frankreich,
- .it für Italien,
- .nl für die Niederlande,
- .uk für Großbritannien,
- .us für US-amerikanische Organisationen.

Im Internet existieren eine Reihe von Firmen- und Branchenverzeichnissen, mit denen Sie gezielt suchen können. Einige der allgemeinen Suchkataloge bieten die Möglichkeit, Firmen nach Branchen geordnet zu ermitteln, so zum Beispiel *http://www.fireball.de* unter »Wirtschaft & Arbeit« und *http://www.yahoo.de*.

Firmen- und Produktverzeichnisse

http://www.abconline.de
Informations- und Kommunikationsdienst mit ca. 71 000 Firmenporträts deutscher Industrieunternehmen inklusive produzierendem Handwerk.

http://www.aladin.de/index3.htm
Erstklassige Suche nach Firmen in diversen Branchen.

http://www.allesklar.de
Links zu diversen nationalen und internationalen Branchenverzeichnissen.

http://www.bigyellow.com
Gelbe Seiten der USA und Kanada.

http://www.goldeneseiten.co.at
Branchentelefonbuch für Österreich.

http://www.branchenbuch.com
Enthält drei Millionen Firmenadressen und 135 000 Firmenprofile.

http://www.branchenbuch.de
Verbindung zu diversen Branchenverzeichnissen.

http://www.branchendino.de
Drei Millionen Firmen und Produktadressen.

http://www.ch111.ch
Branchenführer der Schweiz.

http://compnet.at
Österreichische Branchenadressen mit 170 000 Firmen und 23 000 Produkten.

http://www.compuweb.de
Hier können Sie nach beliebigen Firmennamen suchen.

http://dasi.de
Adressensuche nach diversen Kriterien.

http://www.e-business.iao.fhg.de
Website des Fraunhofer Instituts für Arbeitswirtschaft und Organisation, das sehr gute Suchoptionen für Firmenadressen enthält. Eine getrennte Suche nach Branchen, Postleitzahlen und Stichworten (z. B. Produkten) ist möglich.

http://www.eurobase.com
Europa-Firmendatenbank mit 2,5 Millionen Einträgen aus 30 Ländern Europas.

http://www.europages.com
Datenbank mit mehr als 500 000 Firmen aus 30 europäischen Ländern.

http://www.firmendatenbank.de
Umfangreiche Informationen über Unternehmen, Konzerne, Verbände aus dem Hause Hoppenstedt. Die Basisinfos sind kostenlos, ei-

nen Testzugang für weiterreichende Hintergrunddaten gibt es für 14 Tage kostenlos.

http://www.firmindex.ch
Suche nach Unternehmen in der Schweiz.

http://www.gelbe-seiten.de
Die Gelben Seiten der Telekom.

http://www.german-industries.de
Bundesweite Suche nach Produkten und Herstellern.

http://www.hoppenstedt.de
Viele Datenbanken, sortiert nach Großunternehmen, Mittelständlern und Konzernen, 152 000 Firmenprofile.

http://www.fuxfax.de/protal/suche.htm
Firmen- und Produktsuchmaschine.

http://www.info.co.at
Im Internet vertretene österreichische Firmen.

http://www.klug-suchen.de
Links zu Branchenbüchern und Internet-Adressenverzeichnissen aus diversen Branchen.

http://www.eco-world.de
Hersteller umweltfreundlicher Produkte.

http://www.seibt.com
Hier können Sie Infos aus 50 000 Industrieunternehmen und ihre Produkte recherchieren.

http://sharelook.de/wirtschaft/Unternehmen.html
Nach Branchen gegliedertes Firmenverzeichnis.

http://worldemail.com
Links zu 18 Millionen E-Mail-Adressen und 140 Millionen Geschäftsadressen.

Lassen Sie sich bei Ihrer Konkurrenzanalyse von folgenden Fragen leiten:

- Wie präsentiert sich die Branche, in der Sie tätig werden wollen (Umsatz, Produkte, Probleme usw.)?

- Wer sind Ihre möglichen Konkurrenten, und welche Produkte oder Dienstleistungen bieten sie an?
- Wie viele Konkurrenten haben Sie überhaupt?
- Welche Preise nehmen Ihre Konkurrenten?
- Welche Kunden sprechen Ihre Konkurrenten an?
- In welchen Regionen sitzen Ihre Konkurrenten (Standortanalyse)?
- Mit welchen Produkten, Produktvarianten oder Dienstleistungen wurde das Problem, das Sie lösen wollen, bisher gelöst (Produktvergleich)?

Für die Markt- und Konkurrenzanalyse sollten Sie sich viel Zeit nehmen; normalerweise werden Sie mindestens vier bis sechs Wochen dafür brauchen, selbst wenn Sie vieles im Internet recherchieren können.

Ziel der Konkurrenzanalyse ist es nicht zuletzt, dass Sie Ihr Geschäftsfeld noch genauer als bisher definieren. Überlegen Sie, mit welchen Produktmerkmalen Sie sich von möglichen oder tatsächlichen Konkurrenten abheben können. (*Vorsicht:* Eine Unterscheidung allein im Preis reicht nicht aus!)

Wenn Sie sich einen Marktüberblick verschafft, ein Geschäftsfeld gefunden und etliche Marktlücken notiert haben, die Sie mit Ihren speziellen Stärken bedienen könnten, geht es in die nächste Phase.

Schritt 3: Filtern Sie die ergiebigste Zielgruppe heraus

Hinter den Bedürfnissen, die Sie ermittelt haben, stehen Menschen; strategisch sprechen wir von Zielgruppen.

Zielgruppen sind Menschen mit *gleichen* Wünschen, Bedürfnissen und Problemen.

Menschen, die einer Zielgruppe angehören, müssen also wenigstens *ein* übereinstimmendes Merkmal beziehungsweise einen bestimmten Bedarf haben. Manchmal lässt sich dieser Bedarf auf eine bestimmte Region eingrenzen, manchmal auch nicht.

- Für Frank Hüsgen sind die Zielgruppe Autohändler, die Gebrauchtwagen verkaufen.
- Für Trish Kasey sind die Zielgruppe junge und werdende Mütter, und zwar auf der ganzen Welt, da das Bedürfnis, sein Kind optimal zu betreuen, auf allen Kontinenten dasselbe ist.
- Für Joachim Tielitz sind die Zielgruppe »unordentliche« Menschen mit hohem Papieraufkommen im Raum Köln.

Der direkte Dialog mit verschiedenen Zielgruppen, die so genannte *Primärforschung*, ist noch wichtiger als die Marktforschung via Internet, die so genannte Sekundärforschung. Denn wie könnte sich besser als im Gespräch mit Menschen ermitteln lassen, wo sie »der Schuh drückt«? Ideal ist es, wenn Sie aus Ihrem bisherigen beruflichen oder privaten Umfeld bereits engen Kontakt zu einer Zielgruppe haben, wenn Sie sozusagen selbst Teil Ihrer Zielgruppe sind.

Die Veränderung der Konsumenten und ihrer Wünsche

Die Menschen und ihre Bedürfnisse haben sich im Laufe der Zeit gewandelt; gerade darin liegt die Chance, Marktlücken aufzuspüren. In der Urzeit der industriellen Produktion kannte man noch keine »Zielgruppen«, denn es ging darum, mit Massenprodukten die gesamte Bevölkerung zu erreichen. Dies ist inzwischen geschehen, und wir bewegen uns heute von der Industriegesellschaft zur »Informations- oder Dienstleistungsgesellschaft«, manche meinen auch zur »Bewusstseinsgesellschaft«.

Forschungsinstitute haben Trends ausgemacht, wohin die Bedürfnisse der Menschen sich bewegen. Viele dieser Trends, die das Lebensgefühl und die Selbstdefinition der Menschen widerspiegeln, sind in Ansätzen bereits heute erkennbar und werden sich noch weiter verstärken. Die im Folgenden vorgestellten sechs Trends geben Ihnen Hinweise, falls Sie sich noch nicht über Ihre Zielgruppe und mögliche Bedürfnisse im Klaren sind. Haben Sie bereits eine klare Vorstellung, können Sie überprüfen, inwieweit Sie sich mit Ihrem Angebot in einem Trend mit Zukunftscharakter bewegen; gegebenenfalls können Sie Ihr Angebot genauer dem Bedarf anpassen.

1. Individualisierung der Produkte

Der moderne Mensch findet sich in den Massenprodukten nur noch bedingt wieder und hat den Wunsch, sich von der Masse abzuheben durch persönliche Betreuung, durch Service oder durch individuelle »Veredelung« von Produkten. Gerade hierin liegt eine Chance für Newcomer und kleine Unternehmen, die im Gegensatz zu Großunternehmen und Konzernen Individualität bieten können. Fachleute bezeichnen diese Art der individuellen Kundenorientierung als »Customization«.

Zwei Beispiele: Die amerikanische Firma getCUSTOM.com (im Internet unter *http://www.getcustom.com)* bietet zahlreiche maßgeschneiderte Produkte und die Möglichkeit, sich einen individuellen Katalog zusammenzustellen. Unter *http://www.officeshop.de* können sich Kunden ihre Büromöbel individuell zusammenstellen.

> In den Bereichen Mode, Gesundheit, Möbel und Finanzdienstleistungen ist der Trend zur *Individualisierung von Produkten* bereits klar erkennbar; weitere Branchen werden folgen.

2. Das Wegsterben der Mitte

In früheren Zeiten war es üblich, dass Produkte sich in drei Preiskategorien einordneten: teuer, billig und »mittel«. Seit Anfang der siebziger Jahre ist jedoch zu beobachten, dass das mittlere Marktsegment mehr und mehr ausstirbt. Machte es früher fast 50 Prozent aus, so schrumpft es derzeit auf 10 bis 20 Prozent zusammen – mit steigender Tendenz. In dieser Polarisierung der Märkte wird zwischen »Luxus« und »Schnäppchen« beinahe nichts mehr übrig bleiben. Das bedeutet, die frühere Tendenz, Produkte entsprechend seiner sozialen Schicht oder seinem Einkommen auszuwählen, löst sich vollkommen auf.

Zwei Drittel aller Deutschen rechnen sich selbst mittlerweile zu den Schnäppchenjägern; gleichzeitig sind sie jedoch laut einer Untersuchung des Agamus Research Instituts der Ansicht, dass Luxus ein Stück Lebensfreude sei. Es gibt also keine ausgesprochenen »Luxuskäufer« oder »Armutskäufer«; vielmehr spricht die Marktforschung vom »fraktalen« Konsumenten mit »gebrochenen, widersprüchlichen« Verhaltensweisen. Bezieher höherer Einkommen kaufen heute ebenso bei Aldi, wie Sozialhilfeempfänger im Factory-Outlet einer Luxusmarke zu finden sind. Wer heute auf Schnäppchenjagd geht, leistet sich vom Ersparten morgen den Beitritt zum exklusiven Golfklub.

Große Unternehmen haben bereits auf diesen Trend reagiert: Es gibt sowohl eine steigende Zahl von Schwindel erregend teuren Luxusgütern – zum Beispiel Autos, die bis zu 750 000 Euro kosten – als auch eine wachsende Anzahl von Billiganbietern. Was die Schnäppchen angeht, so wird dem Internet hier in Zukunft eine besondere Schlüsselstellung zukommen. Denn nirgendwo sonst lassen sich so mühelos und schnell Preisvergleiche anstellen. Es gibt bereits eine ganze Reihe von Preisagenturen, die das Netz ständig auf den niedrigsten Preis für bestimmte Produkte hin absuchen.

Folgende Websites dokumentieren das gestiegene Interesse an billigen Produkten: *http://www.geizkragen.de, http://kostenlos.de, http://kostnixx.de, http://www.schnaeppchenliste.de, http://www.schnaeppchentraum.de, http://www.schnaeppchenjagd.de, http://www.schnaeppchen-preisagentur.de, http://www.sparmaschine.de.*

Die Tendenz, Waren »billig« einzukaufen, führen Experten auch auf eine gestiegene Konsum-Kompetenz zurück: Die Käufer wissen, dass der Preis längst nicht mehr unbedingt Ausdruck der Qualität von Produkten ist; sie lassen sich von der Werbung weniger vormachen als frühere Generationen. Das gleiche Produkt, das sich in dem einen Geschäft als teuer angebotener Markenartikel findet, gibt es auch beim Discounter als *No-Name*-Artikel zum Niedrigpreis; häufig stammen beide Artikel sogar aus derselben Produktion desselben Herstellers, der mit der Discountware seine Überproduktion abzubauen versucht.

Das Internet wird in Zukunft noch mehr als heute zum »Gleichmacher« von Preisen bei weitestgehender Ausschaltung des klassischen Handels.

3. Formierung von Frauenmärkten

Die Gleichberechtigung der Frauen als Konsumentinnen dauert entschieden länger als ihre politische Gleichberechtigung. Erst langsam beginnt man wahrzunehmen, dass sich das Einkaufsverhalten der Frauen ebenso wie ihre Konsumwünsche grundlegend von den Bedürfnissen der Männer unterscheiden.

Noch immer sind wir umgeben von männlich orientierten Produkten, die an weiblichen Bedürfnissen vorbeiproduziert worden sind. Das fängt bei Autos an und endet mit Hightech-Artikeln; auch der Service, beispielsweise in Autohäusern, ist eher auf männliche Käufer als auf weibliche abgestimmt. Gerade hierin besteht eine ungeheure Chance zur weiteren Ausdifferenzierung und »Entzerrung« vordergründig gesättigter Märkte. – Beim Einkaufsverhalten erweisen sich Männer als pragmatische Gebrauchskäufer, die im Eiltempo durch die Geschäfte rasen, während Frauen »Lustkäuferinnen« sind, die den Einkauf als Erlebnis gestalten.

Frauen verfügen heute und in Zukunft über einen steigenden Anteil am Erwerbseinkommen und bestimmen in wachsendem Maße die Kaufentscheidungen – Grund genug, sich auch auf ihre Bedürfnisse einzulassen.

Nichts für Männer

Mitten in Berlin wurde vor kurzem das erste Frauenhotel eingeweiht. Binnen eines Jahres nach Eröffnung hat das Hotel bereits monatlich 600 Besucherinnen aus über 30 Ländern. Beim Start waren den drei Gründerinnen von den Herren hinter den Bankschaltern tüchtig Steine in den Weg geworfen worden mit der Begründung, Frauen würden doch nicht alleine verreisen ... Nach eigener Aussage schätzen Frauen an dem Hotel mit den schlicht eingerichteten und preisgünstigen Zimmern die lockere Atmosphäre und die Tatsache, dass sie nicht von angetrunkenen Kegelbrüdern angemacht werden sowie leicht Anschluss finden (http://www.hotelintermezzo.de).

In Nürnberg wurde das erste Kaufhaus speziell für Frauen eröffnet. Vom Start weg ein Erfolg, wurde das Konzept auch in Köln und Karlsruhe verwirklicht; derzeit plant die Kaufhof AG weitere 30 bis 40 Standorte (http://www.emotions.de).

Besonders in der Tourismus- und Reisebranche, in der Unterhaltungselektronik und sogar im Baubereich besteht ein wachsender Bedarf an Produkten und Dienstleistungen für Frauen.

Frauen sind schon heute eine erfolgversprechende und kaufkräftige Zielgruppe, die bisher weitgehend vernachlässigt wurde und daher viele Chancen mit interessanten Marktlücken für Existenzgründer in sich birgt.

4. Konsum als Erlebnis

Im Handel ist ebenso wie bei den Preisen eine Art Polarisierung festzustellen. Einkaufen im 21. Jahrhundert heißt entweder: der schnelle Klick am PC ins Internet oder Erlebnis mit allen fünf Sinnen. Die »Mitte« – der klassische Händler, der nichts anderes tut, als seine Ware in einem Laden zu präsentieren – wird aussterben.

Der Trend, Einkaufen zum sinnlichen Erlebnis zu machen, lässt sich noch weiter nach Art des Erlebnisses differenzieren:

- Das »Aha-Erlebnis« bietet etwas Überwältigendes und Neues.
- Das »exzellente Erlebnis« bietet etwas Besonderes und Individuelles, das sich vom Durchschnitt abhebt.
- Das »Abwesenheit-von«-Erlebnis bedeutet: kein Stress, keine Hektik, kein Gedränge, keine Schadstoffe usw.
- Das »Wachstums-Erlebnis« bezieht sich auf Dienstleistungen, die den Menschen in seinem geistigen Wachstum weiterbringen (vgl. dazu den nächsten Trend).
- Das »Sensual-Erlebnis« ist etwas, das alle Sinne anspricht.

Konkret heißt dieser Trend: Kunden sind bereit, für das *Erlebnis* beim Kauf oder Konsum mehr zu bezahlen als für das »reine« Produkt, das ohne Erlebnis feilgeboten wird. Das Erlebnis selbst hat also einen Anteil an der Mehrwertschöpfung.

Erste Einkaufs-Themenparks weisen in diese Richtung. In den Bereichen Mode, Gastronomie, Sport, Tourismus und Kunst werden weitere erlebnisorientierte Ladenkonzepte folgen.

5. Unterstützung bei der Bewusstseinsentwicklung

Während frühere Generationen vor allem das Ziel materieller Besserstellung verfolgten, stellt die gegenwärtige Generation immer häufiger die Sinnfrage. Angesichts der Tatsachen, dass wir materiell über alles Lebensnotwendige verfügen können – oder sogar vielfach des Materiellen überdrüssig sind – und dass die Kirchen heutzutage keine überzeugenden Konzepte mehr anbieten, stellen sich viele Menschen die Frage nach dem Sinn ihres Lebens. Sie wollen nicht mehr materiell wachsen, sondern geistig, in ihrem Bewusstsein. Spiritualität, Meditation, eine gesunde Umwelt, Schonung der Ressourcen und Abschied vom profitorientierten Denken sind einige Merkmale bewusstseinsorientierter Menschen.

Nach einem Bericht der American Dow Jones Inc. in ihrer Zeitschrift *American Demographies* (1997) hat eine zehnjährige wissenschaftliche Studie gezeigt, dass derzeit in Amerika und Europa eine brandneue Kultur im Entstehen begriffen ist, die sich an den genannten Merkmalen orientiert. Obwohl sich allein in den USA bereits jeder Vierte dieser Kultur zurechnet (insgesamt 44 Millionen Menschen), wird sie von Zeitungen und vom Fernsehen vollkommen ignoriert oder sogar diffamiert.

Dennoch hat sich in den letzten 15 Jahren in Europa und den USA ein eigener Wirtschaftszweig etabliert, der die Bedürfnisse sinnsuchender Menschen erfüllt; hierzulande wird diese Branche immer noch abfällig als »Esoterik« bezeichnet und oft in die Kategorie »Gurus und sonstige Spinner« eingeordnet. Doch die Klischeevorstellung, dass es sich dabei ausschließlich um guruhörige Sektenmitglieder handelt, ist vollkommen falsch; diese dürften bestenfalls eine kleine Minderheit ausmachen.

Von Coachings und Seminaren über Bücher und Zeitschriften, Nahrungsmittel und Nahrungsmittelergänzungen bis zu alternativen Therapien und Heilverfahren hat der Bewusstseinsmarkt bereits ein beachtliches Volumen erreicht und wird auch in Zukunft weiter wachsen. Die amerikanische Studie geht davon aus, dass dieser Markt *alle* Lebensbereiche – vom Inhalt von Film- und Fernsehsendungen bis zur Nutzung von Energie und Nahrungsmitteln – berühren und verändern wird. Bereits heute gibt es beispielsweise auf dem Sektor der Finanzdienstleistungen zahlreiche Angebote für ethisch-ökologische Geldanlagen.

Alles, was der evolutionären Weiterentwicklung des menschlichen Bewusstseins und der Erhaltung der Umwelt dient, verspricht ein großes und ständig wachsendes Marktpotenzial.

6. Menschennahe Dienstleistungen

Die Fülle unserer materiellen Güter wirft neue Probleme auf: Gegenstände müssen repariert werden, Essen wird zum Diätproblem, Hightech-Geräte sind bedienungsunfreundlich und Konsumgüter werden bald wieder zu Gerümpel. So wird der Besitz allmählich zur *Belastung*, und wir brauchen immer mehr Berater und Dienstleister, die uns helfen, mit allem klarzukommen.

Dies führt dazu, dass Produkte bald nur noch mit dem dazugehörigen Service verkauft werden können oder dass man ganz vom Konzept des Besitzenwollens abrückt und sich stattdessen auf *Mieten, Leihen* und *Leasen* inklusive Wartung und Pflege verlegt. Außerdem benötigen wir in einem ungeahnten Ausmaß Dienstleistungen, wie es sie früher nicht gegeben hat. Der Sortierdienst von Joachim Tielitz ist ein Beispiel dafür. Im Trend liegt auch das Delegieren von typischen Haushaltsarbeiten – wie Kinderbetreuung, Einkaufen, Kochen und Organisieren von Freizeitaktivitäten – an externe Dienstleister.

Geschirr zum Mieten

Konstantin Brovot hat sich mit einer Geschirrvermietung selbstständig gemacht: Für Veranstaltungen liefert er das komplette Geschirr, das er nachher auch wieder einsammelt und in einer firmeneigenen Waschstraße säubert.

Für seine originelle Geschäftsidee hatten die Banken nur wenig Verständnis übrig und verweigerten Brovot daher einen Kredit über das benötigte Startkapital von 75 000 Euro. So sammelte der Existenzgründer das erforderliche Geld in seinem Familien- und Bekanntenkreis; außerdem holte er sich mit dem Geschirrproduzenten und Hutschenreuther-Nachfolger BHS Tabletop einen starken Partner ins Boot. Das große Geschirrlager von BHS ermöglicht es Brovot nun, auch auf Massenveranstaltungen präsent zu sein. Sein Unternehmen, *mit dem er inzwischen vier Millionen Euro jährlich umsetzt, hat Brovot in »Profimiet« umbenannt (**http://www.profimiet.de**).*

Der Dienstleistungstrend wird außerdem voll die *Handwerksberufe* erfassen. Jetzt schon gibt es einige Unternehmen, die gewerbeübergreifende Komplettleistungen oder integrierte Dienstleistungspakete anbieten. Hausbesitzer erhalten zum Beispiel durch »Gebäudemanagement« in einer Rundumbetreuung handwerkliche Leistungen sämtlicher Innungen. Verschiedene Gründungskonzepte in dieser Richtung werden bereits von Franchisegebern angeboten, beispielsweise *http://www.handwerksboerse.de* und *http://www.hfm-ag.de*.

Des Weiteren entstehen immer mehr *Vermittlungsagenturen* wie Mitwohn-, Mitfahr- und Mitflugzentralen, die bei der Organisation beruflicher und privater Mobilität helfen, zum Beispiel *http://www.mitflugzentrale.de*, *http://www.zeitwohnagentur.de* und *http://www.homecompany.de*.

Dienstleistungen aller Art, die das Leben erleichtern oder helfen, Zeit zu sparen, sind einer der größten Wachstumsmärkte der Zukunft. Zudem erfordern sie häufig nur wenig Startkapital bei der Existenzgründung.

Die erfolgversprechendste Zielgruppe

Idealerweise sollten Sie mittlerweile mehrere Geschäftsfelder und eine Reihe verschiedener Zielgruppen ermittelt haben. Jetzt geht es darum, unter allen Zielgruppen die erfolgversprechendste zu ermitteln.

Das Denken von der Zielgruppe her – statt vom Produkt her – mag Ihnen ungewohnt erscheinen. Es ist jedoch sicherer als die Orientierung an Produkten, da diese schnell veralten können – heute durch Hightech rascher denn je.

Wer sich an der Zielgruppe und ihrem Bedarf orientiert, hat das Ohr am Puls der Zeit und bleibt flexibel: Er kann sein Produkt oder seine Dienstleistung, wenn erforderlich, rechtzeitig verändern oder verbessern, ohne zuvor in eine Absatzkrise zu stürzen.

Stellen Sie in der folgenden Tabelle alle von Ihnen ermittelten Geschäftsfelder und Marktlücken sowie mögliche Zielgruppen zusammen. Bedenken Sie, dass manche Marktlücken mehrere Zielgruppen betreffen können und dass umgekehrt auch ein und dieselbe Zielgruppe mehrere unerfüllte Bedürfnisse haben könnte. Füllen Sie die Tabelle daher vollständig aus, damit Sie einen Gesamtüberblick haben.

Für Sie interessante Geschäfts- bzw. Aufgabenfelder	Vielversprechende Marktlücken	Zielgruppen

Nun gilt es, eine erste sinnvolle Auswahl zu treffen: Sie können nicht alle Bedürfnisse mit Ihren Stärken beziehungsweise Ihrem Angebot erfüllen, ebenso wenig wie Sie alle Zielgruppen gleichzeitig bedienen können. Streichen Sie daher jetzt schon einmal diejenigen Bereiche, die für Ihre Existenzgründung nicht in Frage kommen, die Sie auf den ersten Blick für »unsympathisch« oder »nicht viel versprechend genug« halten. Nun sollte sich Ihre Liste bereits um ca. 50 bis 70 Prozent reduziert haben.

Nehmen Sie jetzt einmal die Zielgruppen genauer ins Visier, um die erfolgversprechendste herauszukristallisieren. Ignorieren Sie dabei bitte zunächst die *Größe* der Zielgruppe, auf die es im Moment gar nicht ankommt. Viele Existenzgründer neigen dazu, sich möglichst große Zielgruppen auszusuchen, weil sie glauben, mit kleinen Gruppen nicht genügend Umsatz machen zu können. Dies widerspricht jedoch dem strategischen Denken, spitz und konzentriert vorzugehen, und führt leicht dazu, sich zu verzetteln und zu »diversifizieren«.

Geglückte Unternehmensgründungen zeigen immer wieder, dass dieses Vorgehen erfolgversprechender ist als die zu frühe »Ausweitung« des Geschäfts. Bereits Cäsar sagte: »Lieber in einem kleinen Dorf der Erste sein als in einer großen Stadt der Zweite.«

Reisen nur für Gruppen

Ein Beispiel unter vielen für diese Art des Vorgehens ist ein Reisebüro in Münster. Als ehemaliger Angestellter eines Reisebüros wusste H. Müller, dass die gängigen Pauschalangebote der großen Reiseveranstalter an den Bedürfnissen von Kegelklubs völlig vorbeigingen. Als Müller sich selbstständig machte, konzentrierte er sich daher zunächst ausschließlich auf die Wünsche von Kegelklubs, anstatt – wie so viele andere Reisebüros auch – das 0815-Sortiment für »alle« anzubieten. Seine speziellen Reiseangebote für Kegelklubs sprachen sich durch Weiterempfehlung schnell herum, und bald schaffte er den Durchbruch. Danach weitete er sein Angebot auf Gruppenreisen allgemein aus, wo er schließlich als Nummer eins auf dem Markt galt.

Ursache des Erfolges von Müller war seine genaue Konzentration auf eine Marktlücke und die Zuschneidung seines Angebots auf eine eng umrissene Zielgruppe.

Suchen Sie aus Ihrer Liste diejenige Zielgruppe heraus, deren Bedarf mit Ihren Problemlösungsfähigkeiten am stärksten übereinstimmt. Stellt sich heraus, dass Ihre Zielgruppe besonders groß ist, so empfiehlt es sich, diese in mehrere Teilzielgruppen zu unterteilen und sich zunächst auf eine Teilgruppe zu konzentrieren, nach dem Prinzip: *Divide et impera* – teile und herrsche. Denn auch in diesem Fall ist es wiederum strategisch am sichersten, zunächst in einer Teilzielgruppe den Durchbruch anzustreben.

Je genauer Sie Ihre Zielgruppe festlegen, je »spitzer« Sie sich auf eine Gruppe konzentrieren, desto leichter können Sie Ihre Leistungen auf deren spezielle Bedürfnisse zuschneiden.

Schritt 4: Analysieren Sie den brennendsten Bedarf

Idealerweise sollte sich Phase 4, die Ermittlung der brennendsten Bedarfslücke, bereits aus Ihren bisherigen Analysen ergeben. Ist dies noch nicht der Fall, so empfiehlt sich das mehrfache »kreisförmige« Durchlaufen der Phasen 2 und 3, gegebenenfalls mit weiter gehenden Marktanalysen via Internet, bis sich eine besonders viel versprechende Marktlücke und eine (Teil-)Zielgruppe herausgeschält hat.

Die brennendste Bedarfslücke oder das brennendste Problem ist derjenige Engpass, der eine Zielgruppe am stärksten an ihrer Weiterentwicklung hindert, ja schlimmstenfalls sogar existenzbedrohend sein kann. Wer seiner Zielgruppe durch Lösung ihres *Kernproblems* den maximalen Nutzen bietet, hat automatisch den größten Erfolg.

Sie sollten in dieser Phase keineswegs »schlampig« vorgehen, denn je genauer Sie auf ein brennendes Problem zielen, desto größer und müheloser wird Ihr Erfolg in der Gründungsphase sein!

Dabei ist es wichtig, dass Sie das brennendste Problem mit den »Augen Ihrer Zielgruppe« sehen anstatt mit Ihren eigenen. Denn nicht, was *Sie* für dringend halten, sondern was *Ihre Zielgruppe* für dringend hält, ist der Maßstab; mit anderen Worten: Es kommt auf die *Nutzenorientierung* Ihres Angebotes an. Fehlt diese, kann es passieren, dass Sie ein Produkt auf den Markt bringen, das am Bedarf vorbeiproduziert ist – zum Beispiel seiner Zeit voraus ist – und daher keine Abnehmer findet.

Durchführung eines Tests

Wichtig ist es, dass Sie in dieser Phase nicht nur »am grünen Tisch« arbeiten, sondern auch intensiven Kontakt zu Ihrer Zielgruppe pflegen und diese befragen. Wenn möglich, sollten Sie jetzt einen kleinen *Test* veranstalten, um zu überprüfen, wie Ihre Zielgruppe auf Ihr Angebot reagiert.

Je nach Art des von Ihnen angebotenen Produkts oder Ihrer Dienstleistung verlangt ein Test ein hohes Maß an Vorbereitung, die sich jedoch in jedem Falle rentiert – selbst dann, wenn der Test ein negatives Ergebnis hat. Denn Sie haben dadurch hohe Kosten und sich vielleicht ein Scheitern nach der Gründung erspart. Jedes Testergebnis ist wertvoll, auch ein negatives Resultat! Letzteres sollte Sie nicht dazu verführen, leichtfertig aufzugeben, sondern Ihr Konzept noch einmal gründlich zu prüfen. Unter Umständen müssen Sie nur Ihr Angebot noch ein wenig verbessern oder »zuspitzen«, oder Sie sollten eine vielversprechendere (Teil-)Zielgruppe auswählen.

Strategisch empfehlenswert ist es, nach dem Auffinden der vielversprechendsten Marktlücke und dem Festlegen der Zielgruppe einen *preisgünstigen Test* durchzuführen, um Ihr Angebot zu prüfen.

Dies hat mehrere Vorteile:

1) Der Test verringert Ihr unternehmerisches Risiko bei der Gründung.
2) Die Kosten dafür können Sie im Rahmen der so genannten »Vorlaufphase« vor der Unternehmensgründung steuerlich geltend machen, und zwar auch dann, wenn die nachfolgende Gründung scheitern sollte oder wenn sie verschoben werden muss. (Besprechen Sie die Details mit Ihrem Steuerberater.)
3) Ist der Test erfolgreich, so haben Sie es leichter, Kapitalgeber (und sich selbst!) von Ihrem Konzept zu überzeugen.

Nachdem Sie nun die ersten vier strategischen Phasen durchlaufen haben, sollten Sie ein solides Fundament für Ihre Unternehmensgründung gelegt haben. In groben Umrissen haben Sie bereits ein Gründungskonzept entwickelt, das es nun zu verfeinern und professionell auszuarbeiten gilt. (Die restlichen drei strategischen Phasen werden im letzten Kapitel vorgestellt.)

Die Standortwahl

Die Standortanalyse kann bereits Teil der Markt- und Konkurrenzanalyse sein, wenn Sie festgestellt haben sollten, dass Ihre Marktlücke regional bedingt ist. Möglicherweise ist der Standort für Ihre Art des Betriebs aber auch völlig gleichgültig, da Sie wie viele moderne Telearbeiter via PC und E-Mail, Telefon und Fax praktisch rund um den Globus mit weit verstreuten Kunden in »Echtzeit« kommunizieren können. In diesem Falle können Sie die Standortanalyse vernachlässigen und zum nächsten Kapitel übergehen.

Sollten Sie jedoch zu denjenigen Gründern gehören, die ihr Angebot aufgrund gesetzlicher Zwänge inhaltlich nicht oder nur wenig gegenüber Konkurrenten differenzieren können (wie etwa bei medizinischen Dienstleistungen), kommt Ihrer Standortwahl eine *Schlüsselstellung* zu. Das heißt: Der Standort kann der Engpass sein, der über Erfolg oder Misserfolg Ihres Unternehmens entscheidet! Aber auch dann, wenn Sie in keinem reglementierten Markt tätig sind, kann der Standort eine wichtiger Erfolgsfaktor sein.

Die einfachste Art der Standortanalyse

Die simpelste Form einer Standortanalyse besteht darin, dass Sie sich für den Ort oder das regionale Umfeld, in dem Sie tätig werden wollen, einen Stadtplan besorgen und sich mit einer großen Dose Stecknadeln bewaffnen. Ermitteln Sie via Branchenbuch und/oder Internet jetzt die Standorte Ihrer Mitbewerber und markieren Sie sie auf dem Plan mit *roten* Stecknadeln.

Dann überlegen Sie sich, wer für Sie Kooperationspartner oder Multiplikator sein und Ihnen gegebenenfalls Kunden, Patienten oder Mandanten »bringen« könnte; für Massagepraxen sind zum Beispiel Ärzte, Ärztehäuser, Therapiezentren und Apotheken nützliche Partner. Markieren Sie die wiederum via Branchenbuch oder Internet ermittelten Partner mit Stecknadeln auf dem Plan, diesmal in *blau*.

Ideal wäre es weiterhin, wenn Sie nun auch noch die Standorte Ihrer Kunden (Patienten, Mandanten) oder größerer »Kunden-Cluster« mit *grünen* Stecknadeln markieren könnten. Wenn Sie sich beispielsweise auf die medizinische Betreuung älterer Menschen spezialisieren wollen, ermitteln Sie die Standorte von Altenheimen und Seniorenwohnsiedlungen.

Das Resultat grenzt nun auf sehr anschauliche Weise Ihre möglichen Standorte ein. Die räumliche Nähe von Konkurrenten sollten Sie natürlich meiden, die Nähe von Kooperationspartnern und Kunden hingegen suchen. Nehmen Sie nun die für Sie infrage kommenden Standorte persönlich in Augenschein und prüfen Sie die weiteren Gegebenheiten unmittelbar vor Ort: anmietbare Räume, Miethöhe, Parkplätze, Anbindung an öffentliche Verkehrsmittel, Möglichkeit der bequemen Anlieferbarkeit von Waren, Gewerbesteuer-Hebesatz (vgl. Kapitel 6) et cetera; auch für diese Faktoren können Sie auf Ihrem Plan Stecknadeln in verschiedenen Farben vergeben.

Beobachten Sie ebenfalls, ob und wie häufig potenzielle Kunden an diesen Standorten anzutreffen sind; dazu kann es nützlich sein, sich über mehrere Tage hinweg vor Ort aufzuhalten, von einem Café oder Restaurant aus die Straße zu beobachten und eine Strichliste der vorbeigehenden Passanten zu führen.

Standorte lassen sich qualifizieren in die Lagen: 1a, 1b, 1c und 2. Die Nummern und Buchstaben markieren den unterschiedlichen Wert. 1a-Lagen haben die größte Kundenfrequenz und das dichteste Netz an Einzelhändlern; andererseits sind aber auch die Gewerbemieten am höchsten. Mittelgroße Fachgeschäfte begnügen sich mit 1b-Lagen, und wer mit einer treuen Stammkundschaft rechnen kann, dem reicht eine 1c-Lage. 2-Lagen sind die Mischgebiete in den Vororten, wo sich vor allem die Grundversorger, also Lebensmittelgeschäfte, aufhalten.

Wägen Sie die Vor- und Nachteile verschiedener Standorte gegeneinander ab und sehen Sie dann zu, dass Sie in dem regionalen Bereich und der Lage, die für Sie infrage kommen, passende Räume suchen.

Konkurrent oder Kundenzuträger?

Ein Elektrohandwerksbetrieb verfügte über ein eigene Lagerhalle in einem Gewerbegebiet. In unmittelbarer Nähe gab es einen großen Baumarkt, der für Heimwerker rundum alles anbot, darunter auch Lampen und Elektrozubehör. Der Handwerksbetrieb plante, die Lagerhalle zu einem Geschäft für Elektrobedarf auszubauen – die Frage war nur: Stellte der nahe gelegene Baumarkt einen mächtigen Konkurrenten dar, der den eigenen Geschäftserfolg durch sein größeres Angebot verhindern würde? Oder konnte sich der Baumarkt womöglich als Kooperationspartner erweisen, wenn eine genügend große Anzahl von Heimwerkern das nahe gelegene Angebot des Elektromarktes »auf dem Weg« nutzte?

Eine genaue Standortbeobachtung mit Zählung der Besucher des Baumarktes über eine gewisse Zeit hinweg führte zu dem Ergebnis, dass täglich im Durchschnitt 1500 Heimwerker den Baumarkt aufsuchten – für das Elektrogeschäft waren dies 1500 potenzielle Kunden, die automatisch und ohne jede Werbeanstrengung an der Lagerhalle vorbeikamen!

Man entschloss sich zu einem risikolosen Test. Die Lagerhalle wurde mit bescheidenen Mitteln – im Wesentlichen einer Kundentheke – ausgebaut; angeboten wurde anfangs nur solches Elektrozubehör, das es im Baumarkt nicht gab. Die anvisierte Teilzielgruppe waren also zunächst »unzufriedene Baumarkt-Kunden«, die im Heimwerkermarkt nicht fündig geworden waren.

Schon in der Testphase erwies sich das Elektroangebot als großer Erfolg. Nachdem die Teilzielgruppe der unzufriedenen Baumarkt-Besucher »erobert« worden war, konnte man das Angebot ausbauen und die Zielgruppe erweitern. Binnen weniger Jahre wurde das Elektrogeschäft zu einem der größten in der Region, bei dem nicht nur Heimwerker, sondern auch Handwerker einkauften. Man erwirtschaftete Umsätze in Höhe von mehreren Millionen Euro und errichtete an einem weiteren Ort nach demselben Konzept einen zweiten Elektrohandel. Mittlerweile wird bereits über eine Multiplizierung des Konzeptes in Form einer Franchisekette nachgedacht (http://www.eltpointknies.de).

Das Beispiel veranschaulicht, wie sich Standortunsicherheiten strategisch bewältigen lassen, indem man sich zunächst »spitzer« konzentriert, also eine *kleine* Teilzielgruppe mit einem *eng* begrenzten Sortiment anpeilt.

Bei strategischem Vorgehen können sich anfänglich als übermächtig eingestufte Konkurrenten ungewollt als nützliche Kooperationspartner und Zuträger von Kunden erweisen.

Die schwierigere Variante

Wenn Sie sich nicht in Ihrem unmittelbaren heimatlichen Umfeld niederlassen wollen oder können, sondern weiträumiger suchen müssen, kann Ihnen wiederum das Internet wertvolle Dienste leisten. Das Kölner Forschungsinstitut Empirica Delasasse hat im Auftrag der Zeitschrift *Focus* vor einiger Zeit in einem Städtetest die besten Standorte für Gründer ermittelt. 83 Städte in Deutschland wurden auf ihre Gründerfreundlichkeit hin überprüft, und zwar mit Hilfe von Kriterien wie: Verwaltung (Steuern, Bürokratie, Unterstützung), Umfeld (Gewerbemieten, Personal), Gründerklima (Neugründungen, Insolvenzen, Wachstum) und Marktpotenzial (Kaufkraft, Verkehrsanbindung). Das Ergebnis können Sie in Form einer Datenbank im Internet abrufen unter *http://www.focus.de*, Rubrik Beruf & Karriere, Existenzgründung, Städtetest.

Darüber hinaus haben die meisten Städte und Kommunen heute eigene Homepages im Internet. Probieren Sie einfach Eingaben wie *www.Städtename.de*. Im Folgenden nur eine kleine Auswahl an Städten und Städteverzeichnissen.

Städteverzeichnisse und einige Städte

http://www.deutsche-staedte.de
Umfangreiche Suchfunktion nach Städten.

http://www.staedteseiten.de
Ein im Aufbau befindliches Datenbank- und Informationssystem inklusive Branchenbuch sowie Presse- und Informationssystem.

http://www.allesklar.de
Unter der Rubrik Länder, Städte und Regionen ist hier nicht nur ei-

ne nationale, sondern sogar eine weltweite Suche nach Städten möglich.

http://www.berlin-info.de
Umfangreiche Informationen über Berlin mit Suchfunktionen in allen Bereichen und Branchen.

http://www.boomtown-frankfurt.de
Aktuelle Informationen über die Stadtentwicklung in Frankfurt inklusive Suchmaschine, die alles rund um und in Frankfurt erfasst.

http://www.hamburg-newmedia.net
Informationen über Hamburg.

http://www.city-guide.de
Der City-Guide umfasst Köln sowie die gesamte Region darum herum: Leverkusen, Bonn, Rhein-Sieg-Kreis.

http://www.do-line.de
Alle in Dortmund vertretenen Branchen, übersichtlich sortiert.

http://www.revier.de
Von hier aus gelangen Sie ins gesamte Ruhrgebiet.

Wenn Sie dann im Groben Ihren Standort gefunden haben, sollten Sie wieder nach der oben beschriebenen »Stadtplan+Stecknadel-Methode« innerhalb des gewählten Ortes den für Sie infrage kommenden Bereich genauer eingrenzen.

Gründer- und Technologiezentren

Als Existenzgründer können Sie in Technologie- und Gründerzentren preisgünstig Büro- und Gewerbeflächen anmieten und dabei auf Dienstleistungen wie zum Beispiel Telefon- und Sekretariatsservice, Konferenzräume, Marketing- und PR-Leistungen zurückgreifen, und zwar zu sehr geringen Kosten. Außerdem vermitteln Gründerzentren interessante Kontakte zu anderen Unternehmern, Unternehmensberatern, Branchenorganisationen, Politikern und Bankern.

Die selbstlose Preispolitik der Zentren liegt an der Zusammensetzung der Betreibergesellschaften. Häufig handelt es sich um GmbHs, die von der Stadt, dem Landkreis, der Wirtschaftsförderung, ortsansässigen Banken und manchmal auch von der zuständigen Handwerkskammer getragen werden.

Dass diese Art von Zentren offenbar eine besonders vorteilhafte »Brutstätte« für Gründer ist, beweist die extrem niedrige Insolvenzrate, die bei unter 6 Prozent liegt, während der bundesdeutsche Durchschnitt 20 Prozent beträgt. Besonders, wo es um Patente und Informationstechnologie geht, lässt sich das dort versammelte technische Know-how gut für die Gründung nutzen.

Gründerzentren stehen in der Regel allen neu gegründeten Unternehmen und Handwerkern offen. Der Nachteil besteht darin, dass die Gründer nach circa fünf Jahren das Zentrum verlassen müssen, um nachkommenden Jungunternehmen Platz zu machen. Es gilt also, sich rechtzeitig nach einem anderen Standort umzusehen. Als nachteilig wird auch empfunden, dass der Zugang zu manchen Zentren nur über Wartelisten möglich ist und der angemietete Raum nur um die Mindestraumgröße erweiterbar ist.

Über die mittlerweile unüberschaubar große Anzahl an Technologie- und Gründerzentren erhalten Sie bei der Arbeitsgemeinschaft Deutscher Technologie- und Gründerzentren einen Überblick.

Gründer- und Technologiezentren

http://www.adt-online.de
Arbeitsgemeinschaft Deutscher Technologie- und Gründerzentren; unter »Standorte« finden Sie eine Liste vieler Zentren.

http://www.tecworld.de
300 Standorte von Technologiezentren in Deutschland, übersichtlich gegliedert und schnell auffindbar.

http://www.gruendernetzwerk.de
Von hier aus gelangen Sie zu allen Gründernetzwerken im gesamten Bundesgebiet. Eine weitere Differenzierung nach einzelnen Orten ist möglich. Empfehlenswert!

http://www.centra-online.de
Centra bietet ein Existenzgründerzentrum speziell für *Frauen*!

http://www.bfz.de
Das Berufliche Fortbildungszentrum der Bayerischen Wirtschaft ver-

fügt über fünf Existenzgründerinnen-Zentren, und zwar speziell für *arbeitslose Frauen.*

http://www.frauenbetriebe.de
Frauenbetriebe e.V. bietet Frauen in Frankfurt eine Reihe von verschiedenen Dienstleistungen und nützlichen Kontakten bei der Unternehmensgründung. Unter anderem wird auch ein eigenes Gewerbezentrum speziell für Frauen unterhalten.

Die Wahl der Rechtsform

Kriterien der Wahl

Jedes Unternehmen bedarf zu seiner Gründung eines rechtlichen Rahmens, der durch die Rechtsform gegeben wird. Die Wahl der Rechtsform hat einen erheblichen Einfluss auf verschiedene Bereiche Ihres Unternehmens, so etwa im Hinblick auf die Mitspracherechte Dritter an Entscheidungen und die Höhe der Haftung. Im Einzelnen sind folgende Kriterien zu berücksichtigen:

- *Leitungs- und Vertretungsbefugnis:* Wer von mehreren Gesellschaftern soll berechtigt sein, das Unternehmen zu führen und Entscheidungen zu treffen? Wer darf wen vertreten?
- *Gründungskosten:* Sollen die Kosten eher niedrig gehalten werden, oder kommt es darauf nicht an?
- *Image:* Soll das Unternehmen nach außen hin »groß« und »respektabel« erscheinen?
- *Kreditwürdigkeit und Finanzierungsmöglichkeiten:* Soll das Unternehmen Zugang zu Kapitalmärkten wie der Börse haben oder auf die Eigenkapitalbeschaffung größeren Wert legen? Welche Sicherheiten verlangen die Banken bei Krediten?
- *Haftung:* Soll die Haftung grundsätzlich auf die Einlagen im Unternehmen beschränkt bleiben oder darf sie risikolos das gesamte Privatvermögen miteinbeziehen?
- *Gewinn- und Verlustbeteiligung:* Wer von den Gesellschaftern trägt welchen Anteil an den Gewinnen und Risiken?
- *Steuerbelastung:* Ist eine Steuerersparnis in Anbetracht hoher Umsätze wünschenswert?

- *Publizitätsvorschriften:* Ist die Bekanntgabe von Unternehmensinformationen (Jahresabschluss, Eintritt neuer Gesellschafter usw.) sinnvoll?

Nicht jede Rechtsform vereinigt nur Vorteile auf sich. Die Wahl ist deshalb genau zu bedenken, auch im Hinblick darauf, dass eine nachträgliche Änderung bei manchen Formen (wie GmbH und AG) nur schwer und unter großem Kostenaufwand möglich ist.

Wählen Sie daher eine Rechtsform, die nicht zu »eng«, aber auch nicht zu »weit« dimensioniert ist, sondern einen angemessenen Spielraum zum Wachsen ermöglicht. Lassen Sie sich gegebenenfalls von Ihrem Steuerberater und Rechtsanwalt beraten.

Die Rechtsformen im Einzelnen

Man unterscheidet zwischen Einzelunternehmen, Personen- und Kapitalgesellschaften.

- Zu den *Einzelunternehmen* gehören das Kleingewerbe, freie Berufe und der Einzelkaufmann (HGB);
- zu den *Personengesellschaften* gehören die BGB-Gesellschaft (GbR), die Offene Handelsgesellschaft (OHG), die Kommanditgesellschaft (KG), die Partnerschaftsgesellschaft (PartG) und die Stille Gesellschaft;
- zu die *Kapitalgesellschaften* zählen die Gesellschaft mit beschränkter Haftung (GmbH), die Kommanditgesellschaft auf Aktien (KGaA), die Aktiengesellschaft (AG) und die Kleine Aktiengesellschaft;
- *Misch- und Sonderformen* sind die GmbH & Co KG und die Europäische Wirtschaftliche Interessenvereinigung (EWIV).

Das Einzelunternehmen

Das Einzelunternehmen ist in Deutschland die gebräuchlichste Rechtsform. Sie eignet sich für jeden, der keine Partner aufnehmen kann oder will und der kein Mindestkapital benötigt. Das Einzelunternehmen ist charakterisiert dadurch, dass der Unternehmer eigenverantwortlich nach innen und außen handelt. Er trägt das volle Risiko, ihm steht dafür aber auch allein der Ertrag zu.

Vorteile:

- Das Einzelunternehmen eignet sich für den unkomplizierten Einstieg, beispielsweise als Handwerker, Kleingewerbetreibender, Dienstleister oder bei einer nebenberuflichen Tätigkeit.
- Es entsteht automatisch bei Geschäftseröffnung und bedarf keiner Anmeldung bei Behörden wie dem Ordnungsamt oder dem Handelsregister.
- Da es nur einen Betriebsinhaber gibt, treten keine Konflikte und Meinungsverschiedenheiten mit Partnern auf.
- Es bestehen keine Publizitätspflichten.
- Es ist kein Mindestkapital erforderlich, so dass die Gründungskosten gering sind.

Nachteile:

- Der Einzelunternehmer haftet mit seinem gesamten Vermögen und geht damit ein möglicherweise hohes Risiko ein.
- Der Erfolg des Unternehmens ist allein abhängig von der Qualifikation und den unternehmerischen Fähigkeiten des Inhabers.
- Das Kapital ist ebenso begrenzt wie die Kreditwürdigkeit bei Banken.
- Bei der Nachfolge beziehungsweise Weiterführung des Unternehmens kann es zu Problemen kommen.
- Laut Statistik sind es die Einzelunternehmen, die recht häufig Konkurs anmelden.

Wer ein *Kleingewerbe* anmeldet, braucht nach dem neuen Handelsrecht keinen in kaufmännischer Weise eingerichteten Betrieb mit Buchführungspflicht und Jahresabschluss. Falls er sich ins Handelsregister eintragen lässt, wird er zum Einzelkaufmann. Dann muss er als Zusatz hinter seinem Firmennamen »e.K.«, »e.Kfm.« (eingetragener Kaufmann) oder »e.Kfr.« (eingetragene Kauffrau) führen. Das Kaufmanns- und Firmenrecht erlegt dem Kaufmann strengere Pflichten auf, bringt aber auch Vorteile.

Die Gesellschaft bürgerlichen Rechts (GbR) (BGB-Gesellschaft)

Mit dem Luxmeter ermitteln sie überdimensionierte Beleuchtungskörper, mit Stromlastprofilen finden sie Energiefresser unter den Elektrogeräten und mit Infrarotfotos entlarven sie mangelhafte Gebäudeisolierungen und Heizungsanlagen mit zu niedrigem Wirkungsgrad. Als sich Ulrich Schmithüsen und Silke Hertrich direkt nach ihrem Studium als Energieberater selbstständig machten, kamen Auftraggeber – wie Kinderheime, Unternehmen und Tagungshäuser – beinahe schneller, als sich die Unternehmensgründung bewältigen ließ. Die beiden mussten unverzüglich ein Gewerbe anmelden.

Um eine GmbH zu gründen, hätten sie Kredite aufnehmen müssen, was Zeit gekostet hätte und mit einem größeren Risiko verbunden gewesen wäre. So entschieden sich Schmithüsen und Hertrich für die Gründung einer Gesellschaft bürgerlichen Rechts. Beide sind von ihrem Unternehmenskonzept überzeugt, denn Energieberatung ist ein Wachstumsmarkt. Sobald ihr Unternehmen »auf festeren Füßen« steht, wollen sie ihre GbR in eine GmbH umwandeln (http://www.delta-e.de).

Die beiden Energieberater haben es richtig gemacht. Die Gesellschaft bürgerlichen Rechts, auch BGB-Gesellschaft genannt, eignet sich aufgrund ihrer Voraussetzungslosigkeit für eine schnelle Gründung mehrerer Partner ohne Mindestkapital. Die Gesellschaft wird nicht ins Handelsregister eingetragen und ist nicht rechtsfähig; das heißt, es können nur Erklärungen im Namen der Partner, aber nicht im Namen der Gesellschaft abgegeben werden. Gewinne und Verluste werden gleichmäßig auf die Partner verteilt, sofern diese keine abweichende Regelung vertraglich vereinbaren.

Jeder Gesellschafter leistet eine Einlage in Form von Geld, Sachwerten oder Arbeitskraft; die Summe der Einlagen bildet das Gesellschaftsvermögen, das den Gesellschaftern gemeinsam gehört.

Alle Gesellschafter sind Mitunternehmer, haften persönlich, unbeschränkt und gesamtschuldnerisch. Im Zweifelsfall muss also Partner A komplett für die von Partner B verursachten Schulden haften, und zwar auch mit seinem Privatvermögen.

Vorteile:

- Die GbR eignet sich für Kleingewerbetreibende, Freiberufler (Sozietät) und Landwirte.

- Der Gründungsaufwand ist gering und verlangt keine schriftliche Fixierung.
- Es ist kein Mindestkapital erforderlich.

Nachteile:

- Die Kapitalbeschaffung ist schwierig, da Banken sich zugeknöpft zeigen.
- Da Beschlüsse der GbR, wenn nicht anders vereinbart, einstimmig zu fassen sind und alle Gesellschafter gesamtschuldnerisch haften, ist eine hohe Übereinstimmung zwischen den Geschäftspartnern erforderlich, um Konflikte zu vermeiden.
- Kündigt oder stirbt ein Partner, so muss die GbR nach der gesetzlichen Regelung aufgelöst werden.
- Von allen Rechtsformen machen BGB-Gesellschaften mit 44 Prozent innerhalb der ersten vier Jahre am häufigsten Pleite.

Die Offene Handelsgesellschaft (OHG)

In der Offenen Handelsgesellschaft schließen sich mindestens zwei Gesellschafter zusammen zu dem Zweck, ein vollkaufmännisches Handelsgewerbe zu betreiben. Der Eintrag ins Handelsregister ist verpflichtend, und es fällt Gewerbesteuer an.

Beide Gesellschafter haben den Status eines Kaufmanns und haften wiederum unbeschränkt und gesamtschuldnerisch. Bei gewöhnlichen Geschäften hat jeder Gesellschafter eine Einzelvertretungsbefugnis, während für außergewöhnliche Geschäfte ein Gesamtbeschluss aller Gesellschafter notwendig ist.

Vorteile:

- Die OHG eignet sich für kleine und mittlere Unternehmen mit überschaubarem Risiko.
- Diese Rechtsform genießt im Geschäftsleben ein hohes Ansehen und gilt bei Banken als kreditwürdig.
- Ein Mindestkapital ist nicht erforderlich.
- Durch geeignete Wahl der Gesellschafter kann sich eine für den Markt optimale »Kombination« unternehmerischer Fähigkeiten ergeben, zum Beispiel, wenn in einer technisch orientierten OHG einer Techniker und der andere Diplomkaufmann ist.

Nachteile:

- Formvorschriften (Kaufmannsrecht, Steuern) sind penibel einzuhalten.
- Die volle Haftung der Gesellschafter mit dem Gesellschafts- und dem Privatvermögen birgt eventuell ein Risiko.
- Die Gesellschafter müssen sich aufgrund der Einzelvertretungsbefugnis untereinander vertrauen.
- Die OHG eignet sich nicht für Kleingewerbe oder Freiberufler.

Die Kommanditgesellschaft (KG)

Bei der Kommanditgesellschaft schließen sich zwei Arten von Gesellschaftern zusammen: *Kommanditisten*, die mit der im Handelsregister eingetragenen Kapitaleinlage haften, und *Komplementäre*, die unbeschränkt mit ihrem Vermögen haften. Die Gesellschafter können auch juristische Personen, also andere Unternehmen, sein. Wie bei der OHG ist der Eintrag ins Handelsregister vorgeschrieben, ein Mindestkapital aber nicht erforderlich.

Der Komplementär steht in der KG im Geschäftsverkehr im Vordergrund: Ihm obliegt die alleinige Geschäftsführung. Die Kommanditisten sind vom Handelsgesetz als reine Kapitalgeber vorgesehen.

Vorteile:

- Die KG eignet sich vor allem für Familienunternehmen, wenn zum Beispiel der Ehepartner oder andere Verwandte des Gründers eigenes Vermögen einbringen können, aber die Geschäftsführung nicht mitgestalten wollen oder können.
- Die Verbreiterung der Eigenkapitalbasis durch Hinzunahme weiterer Gesellschafter ist unkompliziert, zumal diese nicht für Managementfehler mit ihrem Privatvermögen haften müssen.
- Die KG bietet differenzierte Lösungsmöglichkeiten für Nachfolgeprobleme.

Nachteile:

- Als Geschäftsführer haftet der Komplementär voll, auch mit seinem Privatvermögen.
- Ein gegenseitiges Vertrauen der Gesellschafter untereinander ist unabdingbar.

Die Stille Gesellschaft

Die Stille Gesellschaft entsteht durch die Beteiligung eines oder mehrerer so genannter *Stiller Gesellschafter* am Handelsgewerbe eines anderen. Diese Rechtsform ist für Außenstehende nicht als solche erkennbar, daher ihr Name.

Der Stille Gesellschafter hat keine Befugnis, die Geschäfte zu führen, kein Mitspracherecht und wenig Kontrollmöglichkeiten. Es ist allerdings möglich, ihn per Vertrag mit Geschäftsführungs- und Vertretungsbefugnis auszustatten.

Wie die Kommanditisten bei der KG, so haftet auch der Stille Gesellschafter nur bis zur Höhe seiner Einlage, es sei denn, es wird vertraglich etwas anderes vereinbart.

Vorteile:

- Der Name des Stillen Gesellschafters bleibt ungenannt, so dass der Unternehmer alleine nach außen die Geschäfte führt.
- Die Stille Gesellschaft ist ideal, um die Eigenkapitalbasis anonym zu vergrößern und die Unabhängigkeit von Banken zu bewahren.

Die Gesellschaft mit beschränkter Haftung (GmbH)

Die GmbH ist vor allem aufgrund ihres beschränkten Haftungsrisikos sehr beliebt: Sämtliche Gesellschafter haften nur mit ihrer Einlage. Ein Rückgriff auf das Privatvermögen ist bei Haftungsfällen ausgeschlossen.

> Allerdings muss darauf hingewiesen werden, dass die Einschränkung der Haftung nicht für jede Art von Risiko gilt. Begrenzt ist zwar die Haftung, wenn es darum geht, die vertraglichen Pflichten des Unternehmens zu erfüllen, aber beispielsweise nicht die Produkthaftung.

Die GmbH entsteht durch einen entsprechenden notariellen Gesellschaftsvertrag mit der Eintragung ins Handelsregister. Gründungsvoraussetzung ist ein Stammkapital von 25 000 Euro, wobei die Hälfte direkt eingezahlt werden muss und die andere Hälfte in Form von Sacheinlagen erbracht werden kann. Für jeden Gesellschafter ist vertraglich zu bestimmen, wie hoch die Stammeinlage ist; sie muss mindestens 100 Euro betragen und durch 50 Euro teilbar sein.

Die Geschäftsführung erfolgt ebenso wie die Vertretung durch einen oder mehrere Geschäftsführer, die an die Weisungen der Gesellschafterversammlung gebunden sind.

Vorteile:

- Die GmbH eignet sich, wenn das Unternehmen von Anfang an mit einer hohen Kapitaleinlage gegründet werden soll.
- Die Haftungsbeschränkung der Gesellschafter ist der häufigste Grund für die Gründung einer GmbH.

Nachteile:

- Zum risikolosen und kleinen, eventuell nebenberuflichen Start eines Unternehmens eignet sich die GmbH nicht.
- Die GmbH verlangt die genaue Einhaltung formeller Vorschriften, zum Beispiel der gerichtlichen und notariellen Beurkundung des Gesellschaftsvertrags sowie einer ordentlichen Buchführung.
- Das Einkommen der GmbH unterliegt außer der Gewerbesteuer auch noch der Körperschaftsteuer.
- Bei Banken sind GmbHs im Hinblick auf Kredite weniger beliebt; häufig verlangen sie von den Gesellschaftern zusätzliche private Sicherheiten.

Die Gesellschafter-Geschäftsführer-GmbH (Ein-Personen-GmbH)

Eine Sonderform der GmbH ist die Ein-Personen-GmbH: Eine einzelne Person gründet eine GmbH, ernennt sich selbst zum Geschäftsführer und bezahlt sich ein Gehalt. Auf diese Weise kann sowohl die Haftung verringert als auch die Besteuerung bei geschicktem Vorgehen minimiert werden. Eine Kontrolle des Geschäftsführers durch Gesellschafter entfällt.

Vorteile:

- Die Gesellschafter-Geschäftsführer-GmbH ist die ideale Rechtsform für Einzelunternehmer, die sich vor Haftungsrisiken schützen wollen.
- Ein Einzelunternehmen kann in eine GmbH umgewandelt werden, was sich besonders bei stark steigenden Umsätzen steuerlich und haftungstechnisch rentieren kann.

- Es besteht die Möglichkeit, eine betriebliche Altersversorgung für den Unternehmer einzurichten, so dass private Sozialausgaben zu Betriebsausgaben gemacht werden können.

Nachteile:

- Die Gründungsformalitäten und die Buchführung sind aufwändig.
- Der Geschäftsführer muss alleine das Stammkapital von 25 000 Euro aufbringen.
- Bei Krediten haftet der Gesellschafter meist mit zusätzlichen privaten Sicherheiten.

GmbH & Co KG

Die GmbH & Co KG ist eine Kommanditgesellschaft, bei der der Komplementär – also derjenige, der das Geschäft leitet und haftet –, eine GmbH ist. Auf diese Weise lässt sich geschickt die Haftung beschränken. Die KG und die GmbH haften mit ihrem eigenen Vermögen, für die Kommanditisten entfällt die Haftung nach Entrichtung ihrer Einlage. Eine Variante dieser Rechtsform ist die Ein-Personen-GmbH & Co KG.

Vorteile:

- Die zusammengesetzte Rechtsform ist ideal, wenn Sie eine KG führen, aber das Haftungsrisiko beschränken möchten.
- Die GmbH & Co KG bietet vielfältige Gestaltungsmöglichkeiten, zum Beispiel im Bereich der Nachfolgeregelung.

Nachteile:

- Der formale Aufwand ist erheblich: Es sind zwei Buchhaltungen zu führen und zwei Jahresabschlüsse zu fertigen.
- Für kleine Unternehmen lohnt sich die Konstruktion nicht.

Die Aktiengesellschaft (AG) und die Kleine AG

Die AG gehört zu den Kapitalgesellschaften und besitzt eine eigene Rechtspersönlichkeit. Die Tätigkeit des Betriebes ist unabhängig von der Person der Gesellschafter, weil diese zwar als Kapitalgeber das Risiko tragen, aber nicht die Führung des Betriebs wahrnehmen.

Die Aktiengesellschaft wird von einer oder mehreren Personen gegründet, die den Gesellschaftsvertrag notariell feststellen und die Aktien gegen Einlagen übernehmen. Nachdem die Einlagen zu mindestens einem Viertel in bar geleistet worden sind, erfolgt die Eintragung ins Handelsregister. Das Grundkapital beträgt mindestens 50 000 Euro.

In Hauptversammlungen beschließen die Aktionäre über die Bestellung des Aufsichtsrates, die Entlastung des Vorstandes und des Aufsichtsrates sowie die Verwendung des Bilanzgewinns. Das Stimmrecht der einzelnen Aktionäre bemisst sich nach den Nennbeträgen ihrer Aktien. Die Geschäftsführung und Vertretung der AG erfolgt durch den Vorstand, der vom Aufsichtsrat bestellt, überwacht und entlassen wird.

Eine Variante der AG ist die Kleine AG, die auch von einem Einzelnen ins Leben gerufen werden kann. Das Mindestkapital beträgt hier ebenfalls 50 000 Euro. Für die Hauptversammlung gelten weniger strikte Vorschriften, und es können sogar spontane Versammlungen einberufen werden. Bei neu gegründeteten Kleinen AGs, die weniger als 500 Beschäftigte haben, kann der Aufsichtsrat mitbestimmungsfrei gestaltet werden.

Vorteile:

- Während die AG eher etwas für Großunternehmen ist, ist die Kleine AG in den letzten Jahren bei Mittelständlern und Jungunternehmern sehr beliebt geworden. Bei Existenzgründungen im Internet ist sie heute üblich.
- Bei der AG und der Kleinen AG stehen die Wege zu zusätzlichem Eigenkapital offen; zum Beispiel können Mitarbeiter am Kapital beteiligt werden.
- Bei der Kleinen AG kann auf eine Börsennotierung verzichtet werden.
- Ein Unternehmer kann bei der Kleinen AG alleiniger Aktionär und Vorstand sein.
- Die AG genießt ein hohes Image.

Nachteil:

- Diese Rechtsform eignet sich nur für Unternehmen mit hohen Ertragsaussichten und Wertsteigerungen sowie einem großen Bekanntheitsgrad.

Die Kommanditgesellschaft auf Aktien (KGaA)

Eine weitere Mischform, die ihrer Struktur nach mit der KG vergleichbar ist, stellt die Kommanditgesellschaft auf Aktien dar. Die Befugnis zur Geschäftsführung wie auch die Vertretungsbefugnis steht den Komplementären zu, während die Aktionäre nur wenige Rechte haben. Die Komplementäre haften als Gesamtschuldner, während die Aktionäre nicht haften.

Vorteil:

- Die KGaA bietet sich an, wenn zwar Kapital auf dem Aktienmarkt beschafft, aber verhindert werden soll, dass der Unternehmer wie bei einer gewöhnlichen AG seines Postens enthoben werden kann.

Nachteil:

- Diese Rechtsform ist ein Spezialfall und eignet sich nicht für kleine Unternehmen.

Die Europäische Wirtschaftliche Interessenvereinigung (EWIV)

Die Internationalisierung und Globalisierung macht auch vor den Rechtsformen nicht Halt. Mit der EWIV ist die erste internationale Rechtsform für Unternehmen mit Sitz innerhalb der Europäischen Union (EU) ins Leben gerufen worden; ihre Mitglieder müssen dementsprechend aus mindestens zwei verschiedenen Staaten stammen.

Die EWIV ist mit Personengesellschaften wie der OHG vergleichbar, da ihre Mitglieder gesamtschuldnerisch für die Verbindlichkeiten haften, sofern die Vereinigung selbst nicht die Forderungen erfüllen kann.

Zur Gründung genügt ein einfacher schriftlicher Vertrag und die Registereintragung in dem Mitgliedsstaat, in dem die Vereinigung ihren Sitz hat. Stammkapital ist nicht erforderlich. Wie die Mitglieder ihre Beziehungen regeln, bleibt weitgehend ihnen überlassen. Die Geschäftsführung kann von externen Geschäftsführern wahrgenommen werden.

Vorteil:

- Die EWIV ist nur für Unternehmen geeignet, die von Anfang an international arbeiten; dies wird in steigendem Maße bei Internetfirmen der Fall sein. Obwohl heute noch vielen unbekannt, wächst die Bedeutung dieser Rechtsform stetig.

Nachteil:

- Die unbeschränkte gesamtschuldnerische Haftung wie auch steuerliche Unsicherheiten infolge zwischenstaatlicher Besteuerung sind von Nachteil. Vor allem die Abzugsfähigkeit von Verlusten ist problematisch.

Kaufmanns- und Firmenrecht

Mit der Reformierung des Handelsgesetzbuches zum Juli 1998 ist die alte Unterscheidung zwischen Muss-, Soll- und Minderkaufleuten entfallen. Gewerbetreibende ab einer gewissen Betriebsgröße – wobei Umsatz, Mitarbeiterzahl, Größe der Geschäftsräume, Komplexität der Geschäftsprozesse eine Rolle spielen – gilt nun jeder Betrieb als kaufmännisch und muss ins Handelsregister eingetragen werden.

Daraus ergeben sich bestimmte Pflichten wie

- die Dokumentation der Geschäftsvorfälle,
- die Pflicht, Ware unmittelbar nach ihrem Erhalt zu prüfen (Rügepflicht),
- Sorgfaltspflichten bei Handelsgeschäften
- und Rechte wie günstigere Zinsregelungen als bei Kleingewerbetreibenden.

Kleingewerbetreibende haben die Möglichkeit, sich freiwillig als Kaufmann ins Handelsregister eintragen und auch wieder streichen zu lassen.

Die Kaufmannseigenschaft berechtigt dazu, eine »Firma« zu führen, worunter entgegen der landläufigen Vorstellung handelsgesetzlich der *Name* zu verstehen ist, unter dem der Kaufmann seine Geschäfte betreibt. Bei der Namensgebung bestehen nun größere Freiheiten als früher; sie können werbewirksam gewählt werden. Man kann Sach-, Personen- und seit neuestem auch Fantasienamen wählen, wobei der Name auch eine Nähe zum verkauften Produkt (Marke) aufweisen darf. Davon konnten bisher nur Unternehmen mit Marken von hohem Bekanntheitsgrad profitieren, zum Beispiel »Mercedes«. Den Fantasienamen wird sicher im Zusammenhang mit Existenzgründungen im Internet eine wachsende Bedeutung zukommen (vgl. zum Markenrecht auch Kapitel 10).

Nutzen Sie als Kaufmann die neue Namensfreiheit, um für Ihr Unternehmen einen *zugkräftigen* Namen zu kreieren, der eventuell auch schon einen klaren Hinweis auf Ihr Produkt gibt; denken Sie bei der Wahl auch an Ihren Domainnamen (vgl. Kapitel 8). Lassen Sie Ihren Produktnamen schützen (vgl. dazu das letzte Kapitel).

Sind Sie Freiberufler?

Kriterien der Abgrenzung von einer gewerblichen Tätigkeit

Teures Ende der Freiberuflichkeit

Christian Dahlke sah sich um den Lohn seiner Arbeit gebracht: Er war seit fünf Jahren als freiberuflicher Unternehmensberater tätig, bis das Finanzamt von ihm die Nachzahlung der Gewerbesteuer für den gesamten Zeitraum verlangte. In einem Gerichtsprozess, mit dem Dahlke die Forderung abzuwehren versuchte, wurde dem Finanzamt Recht gegeben.

Auf Dahlkes Argument, dass er studiert habe und darum seine Tätigkeit freiberuflich ausüben dürfe, ließ sich das Gericht nicht ein. Dahlke habe, so hieß es, zwar studiert, aber nicht Betriebs- oder Volkswirtschaft, sondern geisteswissenschaftliche Fächer. Daher hätte er ein Gewerbe anmelden müssen. Um dem Gewerbebetrieb zu entgehen, hätte er alternativ ein Selbststudium der Betriebswirtschaft mit fundierten Kenntnissen in allen Bereichen nachweisen müssen. Dahlkes pauschalen Hinweis auf die Aneignung betriebswirtschaftlichen Wissens durch seine vorherige Angestelltentätigkeit erkannte das Gericht nicht an und verklagte ihn zur Nachzahlung der vollen Gewerbesteuer für fünf Jahre in Höhe von über 50 000 Euro – eine Summe, die die finanziellen Reserven seines kleinen Betriebs weit überstieg und ihn an den Rand des Ruins brachte!

So wie Dahlke ist es schon vielen vermeintlichen Freiberuflern ergangen. Rechtsstreitigkeiten mit Finanzbehörden über die Abgrenzung zum Gewerbebetrieb sind gang und gäbe. Nach § 18 Einkommensteuergesetz zählen folgende *Katalogberufe* zu den freiberuflichen Tätigkeiten:

»... die selbstständig ausgeübte wissenschaftliche, künstlerische, schriftstellerische, unterrichtende oder erzieherische Tätigkeit, die selbstständige Berufstätigkeit der Ärzte, Zahnärzte, Tierärzte, Rechtsanwälte, Notare, Patentanwälte, Vermessungsingenieure, Ingenieure, Architekten, Handelschemiker, Wirtschaftsprüfer, Steuerberater, beratenden Volks- und Betriebswirte, vereidigten Buchprüfer (vereidigten Buchrevisoren), Steuerbevollmächtigten, Heilpraktiker, Dentisten, Krankengymnasten, Journalisten, Bildberichterstatter, Dolmetscher, Übersetzer, Lotsen und ähnlicher Berufe.«

Gerade die »ähnlichen Berufe« sind es, die immer wieder Abgrenzungsprobleme verursachen. Als Maßstab für freiberufliche Tätigkeiten wurden von den Finanzgerichten folgende Kriterien herausgearbeitet: Freiberufler ist, wer

- wirtschaftlich selbstständig,
- aufgrund eigener Fachkenntnisse (in der Regel eines Studiums),
- gestützt auf persönliche Fähigkeiten,
- leitend und eigenverantwortlich,
- auf eigene Rechnung und
- unter Einsatz der eigenen Arbeitskraft tätig ist.

Eine eigenverantwortliche Tätigkeit ist beispielsweise nicht gegeben, wenn Sie wesentliche Anteile Ihrer Arbeit delegieren, zum Beispiel ein Übersetzungsbüro unterhalten, ohne selbst über Kenntnisse der jeweiligen Sprachen zu verfügen, oder eine Fahrschule betreiben, ohne selbst eine Fahrlehrererlaubnis zu besitzen.

Zahlreiche Gerichte haben sich in diversen Urteilen mit den »ähnlichen Berufen« auseinander gesetzt. Grundsätzlich ist davon auszugehen, dass eher zu Ungunsten der vermeintlichen Freiberuflichkeit entschieden wird. Zu einigen Streitfällen lässt sich aufgrund einschlägiger Urteile allgemein feststellen:

- Lehrer sind zwar Freiberufler, aber Managementtrainer sind Gewerbetreibende;
- Astrologen, Fakire, Büttenredner, Briefmarkensachverständige, Fremdenführer, Hellseher, Kartografen, Saucen-Designer, Tages-

mütter, Trauerredner und viele andere gehören nicht zu den Freiberuflern, auch wenn der allgemeinen Vorstellung nach sowohl Fachkenntnisse als auch persönliche Fähigkeiten für diese Berufe erforderlich sind.
- Der Begriff »Berater« ist keine geschützte Berufsbezeichnung, daher gibt es heute Anlageberater, Finanzberater, Personalberater, PR-Berater, EDV-Berater, Werbeberater und so weiter. Diese gehören jedoch *nicht* zu den Freiberuflern, da sich vielfach hinter dem wohlklingenden und imageträchtigen Begriff »Berater« eine vermittelnde Tätigkeit, eine »Agentur«, verbirgt, bei der es darum geht, zwei Parteien zusammenzubringen und dafür eine Provision oder ein Honorar zu erhalten. Demzufolge sind die hier genannten Berater Gewerbetreibende.

Kompliziert ist es bei *Unternehmensberatern*, wie der Fall Dahlke zeigt. Einem BFH-Urteil vom 14.3.1991 (BStBl Teil II, 1991, S. 769) zufolge kommt als freiberuflich beratender Betriebswirt nur infrage, wer ein Studium der Volks- oder Betriebswirtschaft nachweisen kann. Ein kleines Schlupfloch lässt das Urteil jedoch: Statt des Studiums darf es auch ein Selbststudium vergleichbaren Umfangs sein, das aber *sämtliche* Bereiche der Betriebswirtschaft nachweislich abdecken muss; eine Liste der abzudeckenden Bereiche findet sich im genannten BFH-Urteil. Dies gilt auch dann, wenn der Berater nur in einem kleinen Spezialgebiet tätig werden möchte. Nicht ganz einfach ist der Nachweis eines solchen Studiums.

Ein Tipp: Sollten Sie zur Gruppe der *Unternehmensberater* gehören, die nicht Volks- oder Betriebswirtschaft studiert haben, aber freiberuflich tätig werden wollen, so belegen Sie bei Fernlehrgangsinstituten umfassende betriebswirtschaftliche Lehrgänge, deren erfolgreicher Abschluss mit einem Zeugnis oder einem Diplom beurkundet wird. Solche Lehrgänge sollten Sie bereits *vor* Beginn Ihrer selbstständigen Tätigkeit absolviert haben.

Fernlehrgangsinstitute, die betriebswirtschaftliche Lehrgänge mit Zertifikat anbieten

http://www.zfu.de
Die Staatliche Zentralstelle für Fernunterricht (ZFU) bietet einen Überblick über alle Fernlehrgänge und -institute in Deutschland.

http://www.ils.de, http://www.sgd.de, http://www.eks.de, http://www.akad.de, http://fernakademie.klett.de
Fernlehrgangsinstitute, die betriebswirtschaftliche Lehrgänge anbieten

Eine vollständige Liste der »ähnlichen Berufe« inklusive einschlägiger Urteile über eine gegebene oder nicht gegebene Freiberuflichkeit findet sich im *Praxishandbuch Buchführung und Steuern* der VNR Verlages Bonn, Ausgabe Oktober/November 2000, S. 99 bis 106 (*http://www.personalverlag.de, http://www.vnr.de).*

Wenn Sie im Zweifel sind, ob die von Ihnen geplante Tätigkeit als freiberuflich einzustufen ist, sollten Sie sich vor Ihrer Gründung Klarheit darüber verschaffen, gegebenenfalls auch durch einen Anruf beim Finanzamt. Das erspart Ihnen unliebsame Überraschungen wie spätere Nachzahlungen von Gewerbesteuern.

Es kommt gelegentlich vor, dass eine freiberufliche und eine gewerbliche Tätigkeit nebeneinander ausgeübt werden, zum Beispiel, wenn ein Augenarzt Kontaktlinsen, ein Innenarchitekt Möbel oder ein Autor seine eigenen Bücher verkauft. In diesem Falle müssen Sie beide Tätigkeiten *steuerlich getrennt* halten, was bei gewerblichen Tätigkeiten in geringem Umfange buchführungstechnisch einfach ist. Rechnen Sie nicht getrennt ab, kann es Ihnen passieren, dass Ihr *gesamter* Betrieb als gewerbesteuerpflichtig eingestuft wird! Auch in diesem Falle können erhebliche Nachzahlungen von Gewerbesteuern fällig werden.

Rechtsformen für Freiberufler

Der wesentliche *Vorteil* der Freiberuflichkeit liegt darin, dass Sie keine Gewerbesteuer zahlen, nicht buchführungspflichtig sind, also nur eine Einnahmen-Überschuss-Rechnung durchzuführen brauchen, und die Umsatzsteuer erst dann entrichten müssen, nachdem Ihre Kunden auch tatsächlich bezahlt haben (Ist- statt Soll-Besteuerung).

Als einzelner Freiberufler sind Sie Einzelunternehmer. Wollen Sie sich mit einem Partner zusammentun, so haben Sie die Möglichkeit, entweder eine Sozietät oder eine Partnerschaftsgesellschaft (PartG) zu gründen.

Die Rechtsgrundlage für die *Sozietät* entspricht der für die Gesellschaft Bürgerlichen Rechts (GbR). Sie treten gegenüber Ihren Auftraggebern als Gesellschaft auf, und alle Partner haften für die Pflichten der Sozietät gemeinschaftlich mit ihrem gesamten Vermögen. Über das zur Sozietät gehörende Vermögen können nur die Partner zusammen verfügen, und der Gewinn wird nach einem im Gesellschaftsvertrag festgelegten Schlüssel verteilt.

Die *Partnerschaftsgesellschaft* ist eine noch junge Rechtsform, die speziell für freie Berufe geschaffen wurde. Für die PartG ist kein Mindestkapital erforderlich, und es sind auch nur wenig Formvorschriften einzuhalten, da keine Buchführungs- oder Bilanzierungspflicht besteht. Es müssen keine Einkommen-, Körperschaft- oder Gewerbesteuern entrichtet werden; lediglich die Partner zahlen Einkommensteuer. Eine Sozietät kann jederzeit in eine PartG umgewandelt werden.

Das Verhältnis der Parter untereinander regelt zwingend ein schriftlicher Partnerschaftsvertrag, der eine Eintragung ins Partnerschaftsregister beim örtlich zuständigen Amtsgericht erfordert. Zur Geschäftsführung sind alle Partner berechtigt. Der Vorteil gegenüber der GbR besteht vor allem in einer Beschränkung der Haftung: Jeder Partner haftet nur für seinen Anteil an der Bearbeitung eines Auftrags.

Rechtsfragen und Rechtsformen

http://europa.eu.int/eur-lex
Amtsblätter und Rechtsinfos der Europäischen Union.

http://lawcrawler.lp.findlaw.com
Internationale juristische Suchmaschine (auf Englisch).

http://www.anwaltssuche.de
Rechtsanwalt-Suchservice mit 2 500 Anwälten und Infos zur aktuellen Rechtsprechung, viele Links.

http://www.compuserve.de/bc_recht/gesetze
Deutsche Gesetzestexte, übersichtlich nach Stichworten, auch Gesetze speziell für Unternehmer und Infos zur Rechtsform.

http://www.gruenderstadt.de/Infopark/rechtsform.html
Informationen über verschiedene Rechtsformen.

http://www.jura.uni-sb.de
Umfangreiche juristische Datenbank mit Bundesgesetzblatt, Vertragsmustern, Recherchediensten.

http://www.marktplatz-recht.de
Juristische Dienstleister in Deutschland sowie viele weitere Infos und Links rund um Rechtsfragen.

http://www.netbuch.de/r_foren.htm
Übersicht über Rechtsforen im Internet mit Links.

http://ra-lotz.de
Eine Anwaltskanzlei bietet Seminare zu juristischen Fragen der Unternehmensgründung.

http://www.recht.de
Sehr umfangreiche Rechtsdatenbank zu allen Bereichen mit Artikeln und Suchoptionen, Zugriff auf zahlreiche Rechtszeitschriften.

http://www.rechtsberater.de
Der größte und umfangreichste Rechtsindex mit ca. 2 000 Verweisen.

http://www.vrp.de
Aktuelle Infos über die Rechtsprechung mit juristischer Suchmaschine.

http://rsw.beck.de/rsw/default.htm
Datenbank mit Gesetzen und Rechtsprechung sowie juristischer Fachliteratur.

http://www.jurathek.de
Datenbank mit vielen Rechtsthemen, darunter auch Internet-Rechtsfragen.

http://www.online-recht.de
Entscheidungssammlung mit 360 Urteilen zum Online-Recht.

http://www.rechtsfinder.de/ratgeber
Juristische Suchmaschine und Online-Rechtsberatung.

http://www.rechtplus.de
Juristischer Medienservice mit Rechtstipps.

http://www.wdr.de/tv/recht
Newsletter zum ARD-Ratgeber Recht.

http://www.aachen.ihk.de/Down/down_ver.htm
Die IHK Aachen stellt Musterverträge für diverse Rechtsformen zum Herunterladen zur Verfügung.

http://www.anwaltverein.de
Der Deutsche Anwaltverein bietet ein Anwaltsverzeichnis und Anwaltsauskünfte per Telefon.

http://www.mio-verlag.de
Der Mio-Verlag stellt alle Urteile und Beschlüsse des BFH ab 1995 zur Verfügung.

http://www.freiberufler.de
Viele Informationen speziell für Freiberufler, auch zum Thema Recht und Steuern und zur Frage: Freiberuflichkeit – ja oder nein?

http://www.freie-berufe.de
Der Bundesverband der Freien Berufe bietet eine Broschüre zum Thema »Freier Beruf oder Gewerbe« zum kostenlosen Herunterladen.

3

Alternativen zur Neugründung

Die bisher dargestellten Schritte der Gründung liefen in erster Linie auf die Neugründung eines Unternehmens, das so genannte »Start-up«, hinaus, mit dem Sie sozusagen bei Null anfangen: Sie entwickeln Ihr eigenes innovatives Angebotsprofil und bauen sich nach und nach alle Geschäftsbeziehungen und Kundenkontakte auf. Der Vorteil einer Neugründung ist, dass Sie große Gestaltungsfreiräume haben und Ihr Unternehmen mit Ihnen wachsen kann. Auch ein nebenberuflicher Start ist möglich, wobei Sie möglicherweise mit sehr geringem Startkapital auskommen. Der Nachteil besteht darin, dass Ihr Risiko besonders groß ist: Ihr Angebot wurde bisher noch nirgends erprobt, die Vermarktungsfähigkeit Ihrer Geschäftsidee noch nicht erwiesen.

Diesen Nachteil vermeiden Sie weitgehend, wenn Sie eine der drei anderen Gründungsalternativen – Franchising, Betriebsübernahme oder -beteiligung – wählen. Bei diesen Varianten existieren bereits feste Strukturen; Produkte oder Dienstleistungen sind schon am Markt eingeführt, so dass Sie einige Risiken weniger tragen müssen. Sie steigen in ein bereits vorhandenes Unternehmen oder Unternehmenssystem ein.

Franchising – der Weg zur »schlüsselfertigen Existenz«

»Franchising ist immer und überall«

Nach einem 10-jährigen Studium der Elektrotechnik, voll gestopft mit Schaltkreisen und Formeln, war es Ulf-Dirk Lyda leid. Er beendete sein Studium ohne einen Abschluss.

Heute ist der 35-jährige Studienabbrecher erfolgreicher Franchisenehmer von Schülerhilfe, *einem der bekanntesten und größten Anbieter von Nachhilfeunterricht. Lyda hat bereits drei Franchiseniederlassungen in Erkrath, Leverkusen und Remscheid. Während in den heutigen Schulen überfüllte Klassenzimmer an der Tagesordnung sind, werden bei der* Schülerhilfe *die Kinder in Kleingruppen von vier bis fünf Schülern betreut. Zwischen 75 und 150 Euro monatlich zahlen die Eltern im Durchschnitt für die Nachhilfe beim Pauken.*

Der Start als Franchisenehmer wäre Lyda nicht möglich gewesen, wenn er nicht schon während seiner Studentenzeit bei der Schülerhilfe *gejobbt hätte. Die Arbeit mit Kindern machte ihm letztlich mehr Spaß als trockene Formeln, so dass er seinen Nebenberuf schließlich zum Hauptberuf machte.*

Stellen Sie sich vor: Morgens auf dem Weg zur Arbeit gehen Sie beim Augenoptiker vorbei, um Ihre neue Brille abzuholen. Tagsüber arbeiten Sie in einem Büro an Ihrem PC, der von einer speziellen Firma gewartet wird. In der Mittagspause holen Sie sich schnell in der Fußgängerzone ein Fastfood-Menü und kaufen auf dem Rückweg in der Drogerie ein paar Kleinigkeiten ein. Wenn Sie am Nachmittag mit Ihrer Arbeit fertig sind, lassen Sie von einer Preisagentur im Internet recherchieren, wo Sie Ihr neues Auto am preiswertesten kaufen können. Wenn der Händler in Ihrer Nähe ist, fahren Sie gleich hin und schauen sich den Wagen an. Auf der Fahrt zum Händler kommen Sie bei der chemischen Reinigung vorbei, wo Sie ein paar Kleidungsstücke abholen. Auf dem Weg nach Hause halten Sie noch eben beim Baumarkt, um sich neue Gartenmöbel anzusehen ...

Den ganzen Tag über haben Sie es ausschließlich mit Franchisesystemen zu tun gehabt – wahrscheinlich, ohne dass Sie es bemerkt haben. Franchising, die »schlüsselfertige Existenz« mit einem etablierten Produktsortiment und einem erfolgreichen Geschäftskonzept, hat in den letzten zehn Jahren in Deutschland einen wahren Siegeszug durch alle Branchen angetreten. Rund 1 100 deutsche Systeme vertreiben derzeit ihre Geschäftsidee über Lizenznehmer. Hier eine kleine Auswahl der vertretenen Wirtschaftszweige: Bausanierung, Land- und Forstwirtschaft, Bäckereien, Buchhaltungsservice, Multimedia, Foto und Video, Gastronomie, Friseure, Glas und Porzellan, Immobilien, Autopflege, Lebens- und Genussmittel, Leder und Schuhe, Rechtsanwälte, Sonnenstudios, Tiernahrung, Touristik, Umwelt, Unternehmensberatung, Werbung und Zeitarbeit. Jüngste Anwärter auf das Franchising, mit deren Markteintritt in Kürze gerechnet werden kann, sind Energieversorger, das Gesundheitswesen sowie die Banken. Rita Mohr bringt es auf den Punkt, wenn sie schreibt: »Franchising ist immer und überall.«

Die Top Ten des Franchising

	Die 10 besten Franchise-Systeme	Die 10 bekanntesten Franchise-Geber	Die 10 Systeme mit den meisten Franchise-Betrieben	Die 10 beliebtesten Franchise-Branchen
1	McDonald's	McDonald's	Photo Porst	Film, Fotografie
2	Der Teeladen	Burger King	Schülerhilfe	Bildung, Qualifizierung
3	Quick Schuh	Photo Porst	McDonald's	Sonnenstudios
4	OBI	Eismann	First Reisebüro	Gebäude, Fassaden
5	Musikschule Fröhlich	Pizza Hut	Quick Schuh	Reiseveranstalter, Reisebüros
6	Getifix	Der Teeladen	Ad-Auto Dienst	Gastronomie, Hotellerie
7	Studienkreis	GHS Goodyear	Studienkreis	Werkzeug, Bauelemente
8	Foto-Quelle	Ihr Platz	Musikschule Fröhlich	Fahrzeugwäsche, -pflege
9	TUI Reise Center	Body Shop	Sunpoint	Kraftfahrzeuge, -zubehör
10	AYK Sonnenstudios	Isolec	Datac	Schuhe, Lederwaren
Bemerkung	Auszeichnung durch Solidität, Wachstumsrate, Kosten und Unterstützung der Franchise-Nehmer	Befragung von 1000 Bundesbürgern	Erhebung bei rund 600 deutschen Franchise-Gebern mit 400 Rückläufen	aus der Sicht der Franchise-Nehmer
Quelle	DFV, Geschäftsidee und Chef, 2000	Emnid, 2000	U. Kessler Verlag, ADVISA, 1999	U. Kessler Verlag, ADVISA, 1997

Einige Definitionen und Merkmale

Was genau ist Franchising? Eine allgemein akzeptierte Definition des Deutschen Franchise-Verbandes lautet: Franchising (zu Deutsch etwa »Konzessionsvergabe«) ist ein vertikal-kooperativ organisiertes Absatzsystem rechtlich selbstständiger Unternehmer auf der Basis eines vertraglichen Dauerschuldverhältnisses. Das System tritt auf dem Markt an allen Standorten einheitlich auf und ist geprägt durch das arbeitsteilige Leistungsprogramm der Systempartner sowie durch ein Weisungs- und Kontrollsystem, das ein systemkonformes Verhalten sicherstellt.

Im Klartext: Ein Unternehmer hat ein erfolgreiches Geschäftskonzept entwickelt und über mehrere Jahre erprobt. Um das Konzept zu multiplizieren und den Markt zu erweitern, vergibt er als *Franchisegeber* Lizenzen an andere, nämlich die Franchisenehmer, die die betreffenden Produkte oder Dienstleistungen an verschiedenen Standorten als Selbstständige in eigener Regie verkaufen. Demgegenüber ist der *Franchisenehmer* auf eigene Rechnung und im eigenen Namen tätig, er nutzt das Konzept gegen Entgelt (Lizenz) und leistet einen Beitrag in Form von Arbeit, Kapital und Information. Seine speziellen Kenntnisse gibt er nicht an Dritte weiter.

In dem Leistungspaket eines Franchisegebers sollte Folgendes enthalten sein:

- Das Nutzungsrecht an Schutzrechten, wie z. B. Markennamen,
- ein Konzept für Beschaffung, Absatz und Organisation,
- die Ausbildung des Franchisenehmers und
- seine laufende Unterstützung, z. B. bei der Existenzgründung, der Finanzierung und dem Marketing,
- ein Gebietsschutz für jeden einzelnen Systempartner.

In einem Franchisesystem finden sich rechtlich selbstständige Unternehmen zusammen, um ein vom Franchisegeber erprobtes und vertriebenes Geschäftskonzept mit Hilfe von Franchisenehmern markterweiternd zu vervielfachen.

Vor- und Nachteile des Franchisings

Zu den *Vorteilen* eines Franchisings gehören für Sie als Franchisenehmer neben der Nutzung eines erprobten Geschäftskonzeptes folgende: Sie profitieren vom Bekanntheitsgrad und Image des Franchisegebers, ohne sich erst selbst mühselig einen eigenen Ruf aufbauen zu müssen. Das System und sein Image verleihen Ihnen von Anfang an Sicherheit. Sie erhalten Unterstützung bei der Aufstellung Ihres Businessplans, so dass Sie Einnahmen und Ausgaben auf der Basis des Zahlenmaterials des Franchisegebers bereits realistisch kalkulieren können. Auch bei der Finanzierung sollten Sie mit Hilfe rechnen können, da viele Franchisegeber mit bestimmten Banken zusammenarbeiten oder Fördermittel in Anspruch nehmen können.

Das Franchisesystem verkürzt Ihre eigene Einarbeitungszeit, weil Sie auf vorhandenes Know-how zurückgreifen können. Das betrifft auch die Nutzung bewährter Werbemittel und -wege. Zudem können Sie Waren oder nützliche Dienstleistungspakete als Systempartner günstiger einkaufen denn als selbstständiger »Einzelkämpfer«. Im laufenden Geschäft gibt es eine klare Arbeitsteilung mit dem Franchisegeber, der zum Beispiel das Marketing oder auch eine Vertretung im Krankheitsfalle regelt.

Zu den *Nachteilen* gehört, dass das festgelegte System nur einen begrenzten Spielraum für eigene unternehmerische Ideen lässt, also sicher nichts für rebellische Naturen mit großem Kreativitätsdrang und »Neuerungswut« ist. Auch sind Sie von der Qualität des Systems abhängig; lässt seine Anziehungskraft im Markt nach, so wird auch Ihr Geschäft davon in Mitleidenschaft gezogen. Als Franchisenehmer wird von Ihnen erwartet, dass Sie die Vorgaben des Franchisegebers akzeptieren und sich an den einheitlichen Marktauftritt halten.

Nachteilig ist weiterhin, dass Sie neben der Einstiegsgebühr von vornherein einkalkulieren müssen, einen bestimmten Anteil Ihres Umsatzes – in der Regel zwischen 5 und 11 Prozent – an den Franchisegeber abtreten zu müssen.

Das strategische Vorgehen

Mittlerweile eröffnen in Deutschland täglich 35 neue Franchiseläden ihre Pforten; 24 davon überleben langfristig. Mit anderen Worten: 25 Prozent aller Franchisegründungen scheitern, was in etwa dem Durchschnitt der gescheiterten Start-ups entspricht.

Untersuchungen haben ermittelt, woran es liegt: Manche hoffen, mit Franchise ihre Finanzierungsprobleme zu lösen, was jedoch nicht realistisch ist, da der durchschnittliche Franchisenehmer in der Startphase zwischen 15 000 und 50 000 Euro investiert, ein Drittel sogar mehr als 100 000 Euro.

Gravierender ist jedoch, dass viele Existenzgründer Franchising mit einer Instant-Lösung verwechseln: schnell, problem- und risikolos. Daher bereiten sie die Schritte in ihre Selbstständigkeit nur ungenügend vor, ja manche haben nicht einmal eine Ahnung von der Branche und den kaufmännischen Grundlagen der Betriebsführung! Daran zeigt sich einmal mehr:

Auch bei der Existenzgründung als Franchisenehmer kommt es auf das strategische Vorgehen an.

Wer Franchising mit einer Instant-Lösung verwechselt, hat mehrere der in den beiden letzten Kapiteln vorgestellten strategischen Phasen ignoriert, nämlich

1. die Orientierung an den eigenen *Stärken*, die von vornherein eine Gründung ohne Know-how oder in der falschen Branche ausschließt;
2. die Konzentration auf eine bestimmte *Zielgruppe*, vor allem in der Anfangsphase, um im Markt Fuß zu fassen.

Auch wenn Sie sich für ein Franchising entschließen sollten, müssen Sie die strategischen Prinzipien und Phasen bei der Geschäftsgründung beachten! Gehen Sie dabei vor, wie in Kapitel 1 und 2 beschrieben.

Die Analyse Ihrer Stärken sollte Ihnen zunächst klar sagen, in welcher Branche, in welchem Umfeld Sie tätig werden können. Der nächste Schritt besteht darin, sich einen *Überblick* über die in Ihrer Branche vorhandenen Franchiseangebote zu verschaffen. Es gibt heute zahlreiche Franchisebörsen, auch im Internet, bei denen Sie sich über die derzeit circa 1 100 Franchise-Systeme in Deutschland informieren können.

In 400 Systemen können Sie zum Beispiel bei *http://www.focus.de* (Rubrik Beruf & Karriere, Existenzgründung, Franchisebörse) recherchieren. Darüber hinaus können Sie unter *http://www.franchise-net.de* einen E-Mail-Newsletter mit regelmäßigen aktuellen Informationen bestellen. Umfangreiche Angebotslisten finden sich unter *http://www.dfv-franchise.de*.

Darüber hinaus gibt es weitere Publikationen, so das jährlich erscheinende Franchise-Handbuch und die Zeitschrift *franchise international* des VNR-Verlages *(http://www.vnr.de)*. Empfehlenswert ist auch der Besuch der Franchise-Messe, wo Sie persönlichen Kontakt mit Franchisegebern aufnehmen können *(http://www.franchise-*

messe.de). Weitere Internet-Adressen finden Sie am Ende dieses Unterkapitels.

Informieren Sie sich über einen längeren Zeitraum so umfassend wie möglich über verschiedene Franchisesysteme, die für Sie in Frage kommen.

Wenn Sie eine Auswahl von drei bis fünf Systemen getroffen haben, geht es an die Markt- und Konkurrenzanalyse. Stellen Sie fest, ob die infrage kommenden Franchisesysteme eine Marktlücke bedienen und ob ihr Image wirklich so gut ist, wie die Franchisegeber behaupten. Wie viele Konkurrenzsysteme oder sonstige, nicht in ein Franchising eingebundene Konkurrenten gibt es schon auf dem Markt? Welche Zielgruppen bedient das Franchisesystem? Wird der Bedarf der Zielgruppen durch die im Franchising vertriebenen Produkte oder Dienstleistungen optimal abgedeckt oder könnten Sie sich bessere Problemlösungen vorstellen? (Letzteres wäre eine Chance für eine eigene Innovation, die Sie in einer Neugründung statt durch die Lizenznahme als Franchisepartner verwirklichen könnten.)

Wenn Sie schließlich die Wahl für ein Konzept getroffen und erste Gespräche mit dem Franchisegeber geführt haben, erwartet dieser häufig von Ihnen, dass Sie eine qualifizierte Standortanalyse vorlegen. Sie müssen also belegen können, dass das System an dem von Ihnen bevorzugten Standort auch tatsächlich realisierbar ist, dass – mit anderen Worten – dort potenzielle Kunden mit entsprechendem Bedarf anzutreffen sind.

Auch unter den Franchisegebern gibt es *schwarze Schafe*. Um auf solche nicht hereinzufallen, empfiehlt es sich, einen Franchisegeber zu wählen, der schon einige Jahre auf dem Markt etabliert ist und mit mehreren Franchisenehmern zusammenarbeitet. Ist dies noch nicht der Fall, sollte der Franchisegeber Ihnen zumindest einen soliden und überprüfbaren Businessplan vorlegen können und Ihnen als Einsteiger eine niedrige Lizenzgebühr gewähren.

Lassen Sie sich Namen und Adressen von Franchisepartnern Ihres Franchisegebers nennen und suchen Sie mehrere auf, um sich vor Ort ein Bild zu machen. Holen Sie über den Franchisegeber eine Wirtschaftsauskunft ein, zum Beispiel bei Wirtschaftsauskunfteien wie Bürgel oder Creditreform. Im Internet finden Sie Hilfe unter *http://www.ewoma.de.*

Vorsicht ist angebracht, wenn

- der Franchisegeber weder Geschäftsräume noch Mitarbeiter hat und nur über einen Anrufbeantworter oder Handy zu erreichen ist,
- der Franchisegeber bei der zuständigen Kammer oder beim Deutschen Franchise-Verband unbekannt ist,
- das System keine speziellen Kenntnisse und keine Einarbeitungszeit erfordert,
- keine Investitionen erforderlich sind und Sie »nur« regelmäßig Waren abnehmen sollen,
- der Franchisegeber Ihnen die Preise für Ihr Produkt vorschreiben will (wettbewerbsrechtlich nicht zulässig!),
- man Ihnen keine Franchisenehmer nennen will,
- es kein Franchise-Handbuch gibt, das alle Informationen rund um die angebotenen Produkte, das Vertriebs- und Verkaufskonzept usw. enthält,
- Sie unter Druck gesetzt werden, sich schnell zu entscheiden und den Vertrag sofort zu unterzeichnen.

Worauf es beim Vertrag mit einem Franchisegeber ankommt

Das Franchisesystem wird durch zweierlei zusammengehalten, zum einen durch das als *Marke* geschützte Produkt beziehungsweise die Dienstleistung und zum anderen durch den *Vertrag.*

Da es derzeit noch kein Franchise-Gesetz gibt, muss in *Franchiseverträgen* eine Vielzahl von dazu gehörigen Einzelverträgen fest gehalten werden, so dass die Verträge nicht selten 30 Seiten umfassen. Zu Unrecht macht der Umfang des Vertrags manche Franchisenehmer misstrauisch; sind Sie nicht sicher, so sollten Sie in jedem Falle den Vertrag einer anwaltlichen Prüfung unterziehen.

Im Vertrag sollte genau stehen, wofür sich der Franchisegeber die Gebühren bezahlen lässt. Seine *Leistungen* müssen also exakt und detailliert beschrieben und aufgelistet sein. Ein Kernbestandteil des Vertrages ist die Lizenzierung von Schutzrechten, wie zum Beispiel Marken und besonderem Know-how. Außerdem können auch Patente,

Gebrauchs- und Geschmacksmuster sowie Urheberrechte Bestandteil des Franchisings sein.

Das *Franchise-Handbuch* garantiert die Seriosität des Systems. Darin ist das gesamte Know-how des Franchisegebers über die Produkte, das äußere Erscheinungsbild des Unternehmens oder das Marketing dokumentiert und anwendungsgerecht aufbereitet; das Handbuch ist gewissermaßen die »Bibel des Erfolgs«.

Zum Vertrag gehört weiterhin eine *Konkurrenzklausel*, die dem Franchisenehmer untersagt, nach seinem Ausscheiden unmittelbar in Konkurrenz zum Franchisesystem zu treten. Der Gebietsschutz stellt sicher, dass Sie an Ihrem Standort keine Konkurrenz von einem anderen Partner desselben Systems erhalten.

Zu den Pflichten des Franchisegebers gehört die Entwicklung von Marketing-Strategien, um einen einheitlichen Werbeauftritt an allen Standorten zu gewährleisten. Der Vertrag sollte die regionale und überregionale Werbung sowie deren Kosten regeln. Zudem sollte sich der Franchisegeber für eine stetige Verbesserung seiner Produkte oder Dienstleistungen engagieren, um langfristig konkurrenzfähig zu bleiben.

Es gibt sowohl befristete als auch unbefristete Verträge. Die Mindestlaufzeit sollte fünf, besser sogar zehn Jahre betragen, damit sich die Investitionen des Franchisenehmers in die Gründung auch amortisieren. Verträge von nur zwei Jahren Laufzeit sind unseriös.

Interview mit dem Franchise-Experten Günter Reimers

Klug: Herr Reimers, Sie sind seit 1976 für Franchisegeber als Berater für die Entwicklung von Franchisekonzepten tätig. Welche Informationsquellen kann ein Franchisenehmer nutzen, um einen geeigneten Franchisegeber zu finden?

Reimers: Zunächst sollte er sich an den Deutschen Franchise-Verband e.V. (DFV) in München wenden *(http://www.dfv-franchise.de)*. Empfehlenswert ist weiterhin das jährlich aktualisierte Buch *Franchise-Chancen* des VNR Verlages Bonn *(http://www.vnr.de)* sowie die vom selben Verlag herausgegebene Zeitschrift *franchise international*. Auch die deutsche Franchise-Messe, die einmal jährlich in Frankfurt am Main stattfindet, ist ein wichtiger Informationsknotenpunkt.

Klug: Welche Quaifikationen sollte man als Franchisenehmer in jedem Falle mitbringen?

Reimers: Wichtig ist ein ausgeprägtes Durchhaltevermögen und Erfahrungen in speziellen Bereichen, die mit der Branche und den angebotenen Produkten des Franchisegebers in Einklang stehen. Förderlich sind darüber hinaus Beziehungen zu bestimmten Zielgruppen und die Kenntnis von deren Wünschen und Problemen. Ein Franchisenehmer sollte sich in ein vorgegebenes Konzept integrieren können und von seiner Familie unterstützt werden.

Klug: Welche Kriterien müssen »gute« Franchisegeber erfüllen?

Reimers: Die wesentlichen Kriterien hat der Deutsche Franchise-Verband in einem Leitfaden zusammengefasst. Dazu gehören:

- Ein für mindestens zehn Jahre gesichertes Marktpotenzial, das sich am Bedarf der Zielgruppen bemisst.
- Eine hohe Wettbewerbskraft, die auch vom Marktanteil abhängig ist. Denn entscheidend ist der Wettbewerbsvorteil, der Franchisenehmern – in Form eines Produktes oder einer Dienstleistung, eines Marktauftrittes oder des Images – geboten wird.
- Die Unternehmensziele müssen festgelegt und mit Daten abgesichert werden (Controlling), um die Franchisenehmer auch betriebswirtschaftlich beraten zu können.
- Die Erfolgselemente des Franchisesystems müssen standardisiert und genau definiert werden, damit die Multiplikation des Konzeptes gelingt. Die Komponenten müssen also klar beschrieben sein und sich problemlos übertragen lassen. Auch die Produktqualität muss reproduzierbar sein.
- Der Franchisegeber muss selbst über fundierte Erfahrungen in sämtlichen Bereichen des Systems verfügen.
- Es müssen ausreichende finanzielle Reserven und eine gesunde Kapitalbasis vorhanden sein.
- Der Franchisegeber muss gegenüber seinen Franchisenehmern eine starke Bindungskraft entwickeln, um diese im System zu halten.

Klug: Woran erkennt man unseriöse Franchisegeber?

Reimers: Sie legen wenig Wert auf Strategie, Marke und Marketing. In aller Regel sind sie auch nicht Mitglied im Deutschen Franchise-

Verband, so dass der europäische Ehrenkodex für sie nicht verbindlich ist. Die Leistungen der Zentrale im Hinblick auf Schulung, Marketing, Entwicklung von Innovationen, Controlling und Wirtschaftlichkeitsberechnungen sind unzureichend. Häufig haben die Verträge unseriöser Anbieter den Charakter von Knebelungsverträgen. Es gibt Mängel in Haftungsfragen. Zudem sind unseriöse Franchisegeber vielfach unterfinanziert und halten zu wenig Tagungen mit ihren und für ihre Franchisepartner ab.

Klug: Worauf ist beim Vertrag mit einem Franchisegeber zu achten?

Reimers: Dazu ist generell auf den umfangreichen Verhaltens- bzw. Ehrenkodex des Deutschen Franchise-Verbandes zu verweisen, der die Kriterien genau festlegt. Diesen Ehrenkodex sollte sich jeder Franchisenehmer besorgen.

Klug: Welche »Fußangeln« gibt es möglicherweise?

Reimers: Beim Masterfranchising – also bei Franchisesystemen, die aus dem Ausland auf den deutschen Markt kommen –, gibt es vielfach Akzeptanzprobleme, besonders in der Anfangszeit.

Klug: Herr Reimers, vielen Dank für das Interview.

Günter Reimers ist im Internet unter folgender Adresse zu finden: *http://www.pro-image-franchising.de.*

Franchising

http://www.dfv-franchise.de
Homepage des Deutschen Franchise-Verbandes e.V. mit grundlegenden Informationen, auch für Franchisenehmer, sowie einer Mitgliederdatenbank.

http://www.dfnv.de
Der Deutsche Franchise-Nehmer Verband, Anlaufstelle für alle Franchisenehmer mit vielen Informationen.

http://www.franchise-architekt.de
Umfassende Hilfe bei allen Problemen des Franchisings, angeboten von einer Franchise- und Unternehmensberatung.

http://www.franchise-forum.de
Viele Links zur Franchiseadressen im Internet.

http://www.franchiseguide.de
Forby's Europäischer Franchiseführer – alles über Franchiseberater, -messen, -anwälte, und -verbände mit Branchenauswahl. Sehr empfehlenswert!

http://www.wingral.de
Unternehmensberatung für Franchising und Innovation, Hilfe auch für Existenzgründer auf der Suche nach einem geeigneten Franchisegeber.

http://www.franchising-und-cooperation.de
Das Internationale Centrum für Franchising und Kooperation der Uni Münster veröffentlicht unter anderem eine Studie zur Zufriedenheit von Franchisenehmern, hält eine Literaturdatenbank bereit und bietet viele Links.

http://www.ffs-online.net
Das Forum für Franchise und Systeme.

http://www.franchiserecht.de
Das Forum Franchiserecht des Deutschen Franchise-Nehmer Verbandes hält juristische Informationen für die Gestaltung des Rechtsverhältnisses zwischen Franchisegebern und -nehmern parat.

http://www.focus.de, Rubrik Job & Karriere, Existenzgründung
Hier können Sie in einer Datenbank 400 deutsche Franchisesysteme recherchieren.

http://www.franchisefactory.de, http://www.franchise-net.de
Unter anderem finden Sie eine Kontaktvermittlung zwischen Franchisegebern und -nehmern, Seminare und Suchmaschinen.

http://www.franchise-world.de
Das Franchise-Institut für die deutsche Wirtschaft bietet Beratung, Seminare sowie Forschung und Entwicklung für Franchisesysteme.

http://www.franchise-messe.de
Die Internationale Franchise-Messe in Frankfurt mit einer Übersicht über die Aussteller.

http://www.franchise-portal.de
Meta-Suchmaschine für Franchising, umfangreiche Links und viele Infos.

Die Betriebsübernahme

Neben dem Franchising ist die Übernahme eines bereits bestehenden Betriebes eine weitere Alternative zur Neugründung. Wer eine Firmenübernahme in Betracht zieht, hat besonders gute Chancen: Derzeit suchen etwa 300 000 Unternehmen in Deutschland einen Nachfolger. Innerhalb der nächsten Jahre wird sich diese Zahl sogar auf 700 000 erhöhen, denn es ist abzusehen, dass bis dahin viele Unternehmer das Ruhestandsalter erreicht haben. Bei einem Viertel der Betriebe wird nach heutigem Stand die Suche eines Nachfolgers vergeblich sein, wodurch rund vier Millionen Arbeitsplätze »wackeln«. Besonders betroffen ist das *Handwerk*, wo innerhalb der nächsten fünf Jahre in 200 000 Betrieben ein Generationswechsel ins Haus steht.

Für eine Betriebsübernahme haben Sie schon heute eine große Auswahl an Firmen aller Branchen und Größen, die einen Nachfolger suchen.

Vor- und Nachteile einer Betriebsübernahme

Der größte Vorteil einer Firmenübernahme besteht darin, dass das betreffende Unternehmen bereits auf dem Markt etabliert ist. Die Produkte oder Dienstleistungen sind eingeführt, ein Kunden- und Lieferantenstamm sowie Mitarbeiter vorhanden, ebenso Räume und Betriebsinventar. Der Nachfolger kann auf den Erfahrungen des Vorgängers aufbauen. Für den Kauf des Unternehmens kann er genauso wie bei der Neugründung öffentliche Fördermittel in Anspruch nehmen.

Dennoch muss man sich klar machen, dass es keineswegs leichter ist, ein bereits bestehendes Unternehmen zu übernehmen, als ein neues zu gründen. Ebenso wie manche Gründer das Franchising mit einer Instant-Lösung verwechseln, glauben etliche, eine Betriebsübernahme sei eine »Existenzgründung light«. Der Nachteil besteht darin, dass der Nachfolger auf dem Bestehenden aufbauen und dieses fortführen muss, wobei er weniger Gestaltungsspielraum als bei einer Neugründung hat. Auch muss er von Anfang an in alle Geschäftsprozesse quasi »hineinspringen« und an vielen »Fronten« sein Können gleichzeitig unter Beweis stellen.

Hinzu kommt der Kapitalbedarf: Durchschnittlich kostet eine Betriebsübernahme etwa 200 000 Euro, während eine Neugründung nur mit 125 000 Euro zu Buche schlägt. Altinhaber haben manchmal überzogene Preisvorstellungen, so dass von den Nachfolgern häufig zu hohe Preise bezahlt werden. Nach dem Kauf zeigt sich zudem häufig, dass die Betriebsausstattung veraltet und erhebliche Investitionen zur Erneuerung von Technik und Maschinen erforderlich sind.

Strategisches Vorgehen

Beinahe überflüssig zu erwähnen, dass auch eine Betriebsübernahme nur dann erfolgreich verläuft, wenn sie strategisch angegangen wird. Sie sollten sich zunächst an Ihren Stärken, Ihren bisherigen beruflichen Erfahrungen und Ihren sonstigen Neigungen und Fähigkeiten orientieren, bevor Sie sich grob für eine Branche und ein Geschäftsfeld entscheiden. Für Hochschulabsolventen oder Gründer mit sehr geringer Berufserfahrung ist daher eine Betriebsübernahme in der Regel nicht empfehlenswert.

Bei der Suche nach in Frage kommenden Unternehmen können Ihnen mittlerweile eine Reihe von Firmenbörsen helfen, die bestrebt sind, Anbieter und Suchende zusammenzubringen. Hier können Sie sich einen Überblick über das bestehende Angebot verschaffen und zum Teil auch selbst Suchanzeigen aufgeben. Herausragend ist die bundesweite Börse »Change/Chance« *(http://www.change-online.de)*, eine gemeinsame Initiative der Deutschen Ausgleichsbank, des Deutschen Industrie- und Handelstages, des Zentralverbandes des Deutschen Handwerks und des Bundesfrauenministeriums, das Frauen mehr als bisher den Weg zur Betriebsübernahme erschließen möchte. Mit einer Erfolgsquote von 76 Prozent konnte *Change* 1999 Kontakte zwischen Senioren und Nachfolgern vermitteln. Daneben gibt es eine Reihe weiterer, auch branchenspezifischer Börsen, zum Beispiel von Banken und Sparkassen (Internetadressen am Ende des Kapitels).

Der nächste Schritt besteht in einer gründlichen Prüfung der zu übernehmenden Firma auf Herz und Nieren: Ist das Unternehmen durch einen deutlichen Wettbewerbsvorsprung attraktiv für eine

Übernahme oder behauptet es sich mit austauschbaren Me-too-Produkten mühsam in einem Verdrängungswettbewerb? Letzteres wäre für Sie als Nachfolger wenig erstrebenswert, denn strategisch tun Sie sich leichter, wenn Sie in einer Marktlücke agieren (vgl. dazu Kapitel 2). Wie sieht es mit der Betriebsausstattung aus; ist sie optimal oder bereits veraltet? Welche Zielgruppe wird genau mit den Produkten beziehungsweise Dienstleistungen bedient? Ist damit zu rechnen, dass die Zielgruppe auch in Zukunft Bedarf an den Produkten zeigen wird, oder zeichnet sich bereits als »Silberstreif am Horizont« ein abnehmendes Interesse ab?

Besonders wichtig ist, den Wert des Unternehmens realistisch zu schätzen, damit Sie nicht beim Kauf zu viel bezahlen. Für einen Laien ist eine solche Schätzung kaum möglich; von daher ist es ratsam, wenn Sie einen auf Firmenübernahmen spezialisierten Berater hinzuziehen. Es gibt mittlerweile auch Firmenmakler, die solche Dienste anbieten. Üblicherweise erhalten sie drei Prozent der Kaufsumme, solange der Kaufpreis unter 12,5 Millionen Euro liegt.

Gut wäre es, wenn Sie in der Übernahmephase aktive Unterstützung von Seiten des Altinhabers erhalten, möglicherweise auch den Betrieb für einige Zeit erst »zur Probe« führen können, bevor Sie sich definitiv für einen Kauf entscheiden. Denn erfahrungsgemäß scheitern etliche Übernahmen an *psychologischen Konflikten* zwischen dem Alt- und dem Neuinhaber. Auch darauf, die Übernahmephase menschlich möglichst reibungslos zu gestalten, haben sich mittlerweile Unternehmensberater spezialisiert.

Insbesondere bei einer Betriebsübernahme ist eine Zusammenarbeit mit darauf spezialisierten Unternehmensberatern sinnvoll.

Die wichtigsten Modelle der Betriebsübernahme

Es gibt drei Varianten der Übernahme:

- die Familiennachfolge, wobei das Unternehmen an ein Familienmitglied übergeben wird,
- den Kauf und
- die Pacht eines Unternehmens.

Beim Kauf des Unternehmens ist zwischen einer Einmalzahlung, einer Zahlung gegen Rente oder einer dauernden Last zu unterscheiden. Bei einer *Einmalzahlung* wird der gesamte Kaufpreis auf einmal entrichtet, so dass der Kapitalbedarf des Gründers entsprechend hoch ist. Es gibt jedoch die Möglichkeit, die Summe mit zinsgünstigen und teilweise tilgungsfreien öffentlichen Darlehen zu finanzieren.

Die Basis der beiden anderen Varianten sind *wiederkehrende Zahlungen*. Bei der Rente wird zwischen Zeit- und Leibrente unterschieden. Während die Zeitrente auf eine bestimmte Dauer (mindestens zehn Jahre) festgelegt ist, erfolgen bei der Leibrente die Zahlungen bis zum Tod des Altinhabers. Die Zahlung auf Raten unterscheidet sich nur formal von der Zeitrente und ist auf zehn Jahre begrenzt.

Bei der so genannten *dauernden Last* handelt es sich um wiederkehrende Zahlungen über mindestens zehn Jahre, die regelmäßig, aber nicht immer in gleicher Höhe anfallen, weil sie sich beispielsweise am Unternehmensgewinn orientieren oder wenn eine Wertanpassung vereinbart ist.

Die *Pacht* ist im Grunde ein Sonderfall, da das Unternehmen nicht in den Besitz des Nachfolgers übergeht, sondern lediglich von diesem zeitlich begrenzt geführt wird. Die regelmäßig fälligen Pachtzahlungen können in voller Höhe als Betriebsausgaben steuerlich berücksichtigt werden. Interessengegensätze zwischen Pächter und Verpächter führen allerdings nicht selten zu Konflikten.

Die Spin-off-Gründung

Viele Unternehmen sind heute bestrebt, sich auf ihre Kernkompetenzen zu beschränken und Unternehmensbereiche, die nicht dazu gehören, auszugliedern – zum Teil eine Folge der derzeit rollenden Fusionswelle in der Wirtschaft: Zuerst wird das erwirtschaftete Geld dazu verwendet, relativ wahllos in allen möglichen Branchen Unternehmen dazuzukaufen, dann wird PR- und medienwirksam überall von der angeblichen »Synergie« mit den neu erworbenen Firmen gesprochen, und am Schluss, wenn die Fusion nicht funktioniert hat, werden die angekauften Unternehmen, teilweise mit erheblichem Verlust, wieder abgestoßen.

DaimlerChrysler ist ein »Musterbeispiel« dafür, wie es nicht funktioniert. Nachdem in der Ära unter Edzard Reuter Dutzende von

Unternehmen hinzugekauft und dadurch sämtliche Bereiche des Unternehmens – auch das Kerngeschäft der PKW-Herstellung – in Mitleidenschaft gezogen worden sind, stößt der neue Chef Jürgen Schrempp nun nach und nach viele Firmen als unrentabel wieder ab.

Die Fusionswelle, die derzeit die gesamte Wirtschaft national und international erfasst, läuft entgegen jeglichen strategischen Denkens: Es ist klar, dass die »Wilderei« in fremden Branchen und Geschäftsfeldern, für die man wenig bis gar keine Kompetenz besitzt, mittelfristig zu einer Verzettelung führt. Wer an vielen »Fronten« gleichzeitig kämpft, kann am Ende nirgendwo mehr gewinnen. Demgegenüber ist es gerade die Konzentration auf eine klar umrissene Zielgruppe und ein klar umrissenes Geschäftsfeld, die Vorsprünge vor Konkurrenten sichert und zur Marktführerschaft führt!

Insofern ist die Ausgliederung von Unternehmensbereichen, die viele mittelständische und große Unternehmen derzeit vollziehen, begrüßenswert – und kann für Sie als Existenzgründer vorteilhaft sein. Im Rahmen des so genannten Management-Buy-Outs (MBO) werden einzelne Unternehmenssegmente aus der Muttergesellschaft herausgelöst und an bisherige Mitarbeiter, meist Leitende Angestellte, übergeben. Diese gründen dann jeweils ihren eigenen Betrieb.

Als Existenzgründer sollten Sie vor einer solchen Spin-off-Gründung prüfen, ob von Ihren Interessen, Erfahrungen und Neigungen her das auszugliedernde Unternehmenssegment für Sie geeignet ist. Und wichtig ist natürlich auch, festzustellen, ob dieser Bereich wirklich rentabel arbeitet oder – bei entsprechenden Kurskorrekturen – rentabel arbeiten könnte.

Die Beteiligung an einem Betrieb

Eine Alternative zur Betriebsübernahme, bei der Sie ein ganzes Unternehmen übernehmen, ist die Beteiligung, bei der Sie zum *Miteigentümer* eines bestehenden Betriebes werden. Der strategische Vorteil sollte hier darin liegen, dass der Alteigentümer und sein neuer Partner sich optimal ergänzen, der eine zum Beispiel fachliches und der andere kaufmännisches Know-how beisteuert.

Der Einstieg als Partner in ein bestehendes Unternehmen ist preisgünstiger als eine Neugründung oder eine Übernahme. Auch hier besteht die Möglichkeit einer Finanzierung über öffentliche Fördermittel, sofern das Unternehmen dem Teilhaber eine Vollexistenz sichert.

Eines der größten Risiken einer Beteiligung liegt darin, dass die Partner menschlich oder fachlich nicht zusammenpassen – drum prüfe, wer sich ewig bindet ... Eine klare Aufgabenteilung zwischen den Partnern kann bei einer *tätigen* Beteiligung hilfreich sein. Bei einer *finanziellen* Beteiligung hingegen übernehmen Sie keine Aufgaben in der Geschäftsführung, sondern stellen Ihr Kapital zeitlich befristet zur Verfügung und sind dafür am Gewinn beteiligt.

Auch bei einer Spin-off-Gründung und bei einer Beteiligung ist darauf zu achten, dass die Beziehung zwischen Ihnen als Gründer und dem Unternehmen, in das Sie einsteigen, einem Schlüssel-Schloss-Verhältnis entspricht: Beide Seiten müssen optimal zusammenpassen.

Betriebsübernahme und Beteiligung

http://www.change-online.de
Kontaktbörse für die Unternehmensnachfolge, eingerichtet von DtA, DIHT, ZDH und dem Bundesfrauenministerium; derzeit 6 300 Angebote und 3 200 Gesuche.

http://www.existenzgruendungsboerse.ihk.de
Angebote von Unternehmen, die Teilhaber oder Nachfolger suchen, sowie Anfragen von Existenzgründern, die in ein Unternehmen einsteigen wollen.

http://www.n-u-k.de/kontaktboerse
Datenbank des Verbandes Neues Unternehmertum Köln e.V. für Suche nach Teampartnern oder das Angebot einer eigenen Teilnahme.

http://www.existenzgruender-netzwerk.de/index.htm
Das Existenzgründer-Netzwerk bringt jene, die eine Idee haben, sie aber nicht alleine verwirklichen wollen, mit denen zusammen, die ihr Know-how zur Gründung beitragen wollen. Differenzierte Angebote in den Rubriken Nachfolgesuche, Fimenübernahme, Franchising, Kooperation und Suche nach Kapital; sortiert nach Bundesländern.

http://www.technologieboerse.ihk.de
Vermittlung von Technologiekontakten.

http://www.impulse.de, Rubrik Spezialthema
Firmenbörse und -datenbank für den Kauf und Verkauf von Unternehmen, eingerichtet von der Zeitschrift *impulse.*

http://www.vbi.de
Nachfolgebörse speziell für Ingenieure, eingerichtet vom Verband beratender Ingenieure.

http://www.go-online.nrw.de/eb/eb.htm
Kooperations- und Betriebsübergabe-Börse der Gründungsoffensive NRW.

http://www.busi.de
Internationale Partnersuchbörse und Geschäftsanbahnung.

http://www.netit.de
Kontaktbörse für Unternehmensbeteiligungen.

http://www.unternehmensmarkt.de
Standardisierte Kauf- und Verkaufsangebote von Unternehmen aller Branchen mit Firmensitz in Deutschland.

http://195.185.214.164/ex
Die Vermittlungsbörse für Exitenzgründungen, Kooperationen und Firmennachfolge.

http://www.uuhome.de/wha.schmid-consulting
Eine auf Kooperationen spezialisierte Unternehmensberatung.

Teil 2

Vom Geschäftskonzept zur Geschäftsgründung

4
Die Finanzen

Der Businessplan

Wozu überhaupt ein Plan?

Als Theo Stöcker sich mit über 40 gemeinsam mit drei Kollegen selbstständig machte, geschah dies nicht ganz freiwillig. Die Firma, in der er beschäftigt war, wurde geschlossen. Als Abfindung erhielten er und seine Kollegen Geld und Maschinen, so dass sie den Betrag für die Gründung einer GmbH leicht aufbringen konnten. Der gelernte Schriftsetzer eröffnete zusammen mit den Kollegen die Signatur GmbH, einen Zulieferbetrieb für die Druckvorstufe auf der Basis des Desktop-Publishing.

Über die Hausbank erhielt die GmbH Fördermittel des Landes Hessen, wofür ein Businessplan Voraussetzung war. Die Ausarbeitung des Plans sei eine gute Sache gewesen, so Stöcker: »Die Erarbeitung des Konzeptes zwang uns, unsere Ideen zu prüfen und genau zu formulieren, was wir eigentlich wollen und was unsere Ziele sind.«

Nachdem Sie mit Hilfe der vorangegangenen Kapitel Ihre Gründungsidee so weit präzisiert haben, dass aus ihr bereits ein Konzept geworden ist, besteht der nächste Schritt in der Aufstellung eines Businessplans. Dieser hat zwei Funktionen, eine interne und eine externe:

1) Der Businessplan dient dazu, Ihr Gründungskonzept nach außen zu präsentieren, zum Beispiel wenn Sie Geldgeber und Geschäftspartner suchen.
2) Mit Hilfe des Businessplans entwerfen Sie Ihre Handlungsstrategie und können Ihre einzelnen Gründungsschritte einer regelmäßigen Erfolgskontrolle unterziehen; wenn nötig, können Sie rechtzeitig

eine Kurskorrektur vornehmen, bevor Ihr Unternehmensschiff auf eine Sandbank läuft.

Der Businessplan enthält alle quantitativen und qualitativen Aspekte Ihres Unternehmensprojektes, einschließlich Ihrer Ziele sowie der internen und externen Elemente (z. B. Kapital, Marktstrukturen), die Ihr Unternehmen beeinflussen.

Noch immer ist es mit 18 Prozent lediglich eine kleine Minderheit von Existenzgründern, die überhaupt einen Businessplan erstellt. Wer keine Kapitalgeber braucht oder keine Partner sucht, unterzieht sich häufig nicht der Mühe, einen Plan anzufertigen. Dies ist jedoch insofern bedenklich, als dass mehrere Untersuchungen einen direkten Zusammenhang zwischen dem Unternehmenserfolg und dem Businessplan festgestellt haben. Experten wollen gar den potenziellen Erfolg eines Unternehmens bereits direkt aus dem Businessplan ablesen können. Dabei kommt es nicht nur darauf an, dass überhaupt ein Plan existiert, sondern auch, dass er gewissen Anforderungen genügt.

Das Gründungsberatungsunternehmen *area5f* hat aus einer Analyse von mehreren hundert Businessplänen herausgefiltert, warum manche Pläne bei Kapitalgebern oder möglichen Geschäftspartnern scheitern. Zu den *Erfolgskillern* gehören unter anderem folgende Faktoren:

- Das Produkt oder die Dienstleistung existieren bereits (63 Prozent).
- Die Geschäftsidee ist ohne erkennbaren Kundennutzen (39 Prozent).
- Die Markteintrittsbarrieren für den Wettbewerb sind sehr niedrig. da die Innovation kurz- oder mittelfristig kopierbar ist (25 Prozent).
- Die wichtigsten Personen des Unternehmens sind intensiv in andere Projekte eingebunden (19 Prozent).
- Das Unternehmensteam hat keine Branchenkenntnisse (8 Prozent). *(http://www.area5f.de)*

Auf die Gefahr hin, uns zu wiederholen, müssen wir hier erneut darauf hinweisen, dass das Vorhandensein solcher »Killer-Faktoren« in einem Businessplan ganz klar davon zeugt, dass die Existenzgründer *nicht strategisch vorgegangen* sind:

- Wer in eine Vielzahl anderer Projekte eingebunden ist, ist ganz offensichtlich verzettelt, anstatt sich auf *eine* Sache zu konzentrieren (vgl. strategisches Prinzip Nr. 1, Einführung). Er muss sich fragen lassen, ob er seine Existenzgründung überhaupt ernst nimmt.
- Wer über keine Branchenkenntnisse verfügt, hat sich nicht an seinen Stärken beziehungsweise individuellen Fähigkeiten und Kenntnissen orientiert (vgl. strategische Phase Nr. 1, Kapitel 1).
- Wessen Produkt oder Dienstleistung bereits existiert oder keinen Kundennutzen aufweist, hat sich nicht auf eine Marktlücke spezialisiert, sondern ist mit einem Austauschprodukt »einer unter vielen« in einem Verdrängungswettbewerb (vgl. strategische Phase Nr. 2, Kapitel 2).
- Und wenn die Eintrittsbarrieren für Konkurrenten zu niedrig sind, besteht zwar ein Wettbewerbsvorsprung, doch ist dieser zu klein, um tragfähig zu sein. Möglicherweise beruht der Vorsprung lediglich darin, dass der Preis der Konkurrenz unterboten worden ist, was stategisch jedoch nicht ausreicht.

Area5f hat auch *Success-Items* erfolgreicher Businesspläne ermittelt, in denen klar die Priorität strategischen Denkens zum Ausdruck kommt. Bei erfolgreichen Business-Plänen

- ist der Kundennutzen deutlich nachvollziehbar (77 Prozent),
- verfügt das Unternehmensteam über eine hohe Fach- und Managementkompetenz (54 Prozent),
- liegt eine Produkt- bzw. Dienstleistungsinnovation mit einem klaren Alleinstellungsmerkmal vor (54 Prozent),
- hat das Team bereits strategische Allianzen geschlossen (46 Prozent) (= strategische Phase Nr. 5: Suche von Kooperationspartnern, vgl. Kapitel 10). *(www.area5f.de)*

Wenn Sie von Anfang an strategisch vorgegangen und Ihr Geschäftskonzept dementsprechend entwickelt haben, dann ist die Aufstellung eines Businessplans für Sie jetzt umso leichter – ja das Wichtigste ist bereits erledigt und muss nur noch ausformuliert werden! Falls Sie Ihre »strategischen Hausaufgaben« noch nicht erledigt haben, empfiehlt sich spätestens jetzt das Durcharbeiten der Kapitel 1 und 2.

Stellen Sie auch dann für sich einen Businessplan auf, wenn Sie keine Kapitalgeber oder Geschäftspartner brauchen. Die schriftliche Ausformulierung bringt Ihnen ein höheres Maß an Klarheit über Ihr Vorgehen und Ihre Chancen, als wenn Sie die Dinge nur »im Kopf« behalten.

Aufbau eines Businessplans

Benötigen Sie Ihren Plan für eine externe Präsentation, so sollte er gewissen formalen Ansprüchen genügen:

- Der Businessplan sollte ca. 25 bis 30 Seiten umfassen, aber keinesfalls mehr.
- Er sollte Ihr Gründungsvorhaben aussagekräftig, nachvollziehbar, logisch und sachlich darstellen. Ihre vielleicht vorhandene Begeisterung über Ihr Projekt sollte Sie nicht zu emotionalen oder überschwänglichen Aussagen verleiten, die einer sachlichen Überprüfung nicht standhalten.
- Der Businessplan sollte in einer für Laien verständlichen Sprache geschrieben sein, auch wenn es um komplizierte technische Produkte geht. Denn Ihre Kapitalgeber verstehen wahrscheinlich nichts von den technischen Einzelheiten. Abbildungen unterstreichen die Verständlichkeit.
- Der Plan sollte ein gut lesbares Layout haben und optisch ansprechend aussehen. Sie sollten allerdings keine aufwändige Hochglanzbroschüre drucken lassen; ein im Copy-Shop sauber kopiertes und gebundenes Dokument ist völlig ausreichend.

Zahlreiche Businessplan-Wettbewerbe in Deutschland haben dazu beigetragen, dass sich in den letzten Jahren eine weitgehend einheitliche Gliederung in acht Bausteine eingebürgert hat:

1) Zusammenfassung / Projektbeschreibung
2) Unternehmen und Personen, Unternehmensform
3) Geschäftsidee: Produkte bzw. Dienstleistungen, Standortanalyse
4) Branche und Markt: Markt- und Konkurrenzanalyse
5) Marketing, Absatz und Vertrieb
6) Finanzplan für mindestens drei Jahre
7) Kapitalbedarf und Finanzierung
8) Anlagen

Die acht Bausteine des Plans im Einzelnen

1. Zusammenfassung / Projektbeschreibung

Die Projektbeschreibung ist die Zusammenfassung des gesamten Businessplans auf einer bis zwei Seiten. Sie enthält in Kurzfassung die Darstellung Ihres Gründungskonzeptes inklusive Ihrer Ziele und Ihres Investitionsbedarfs. Die Projektbeschreibung wird von Kapitalgebern zuerst gelesen, um sich einen Überblick zu verschaffen. Sie entscheidet zwar letztlich nicht darüber, ob Ihr Vorhaben finanziell gefördert wird, jedoch kann das Fehlen der Zusammenfassung Kapitalgeber davon überzeugen, es nicht zu fördern!

Sinnvollerweise sollten Sie die Zusammenfassung erst am Ende schreiben, wenn Sie Ihren Businessplan bereits komplett ausgearbeitet haben.

2. Unternehmen und Personen, Unternehmensform

Unter Punkt 2 erläutern Sie Ihren Werdegang als Gründer sowie gegebenenfalls den Werdegang Ihrer Partner. Stellen Sie Ihre fachlichen und kaufmännischen Qualifikationen dar und ergänzen Sie sie mit tabellarischen Lebensläufen von Ihnen und Ihren Partnern. Legen Sie dar, inwieweit sich die Qualifikationen der verschiedenen Partner gegenseitig sinnvoll ergänzen.

Erläutern Sie dann die Gesellschafterstruktur, die Verteilung der Gesellschaftsanteile und gehen Sie auch auf Vertretungsregelungen sowie die Mitarbeiterstruktur ein. Zuletzt nennen Sie die Rechtsform des geplanten Unternehmens und erläutern Ihren gewählten Standort.

3. Geschäftsidee: Produkte und Dienstleistungen, Standortanalyse

Unter Punkt 3 gehört nahezu alles, was Sie während der strategischen Phasen 2, 3 und 4 erarbeitet haben (vgl. Kapitel 2). Orientieren Sie sich an folgenden Fragen:

- Wer genau ist Ihre Zielkundengruppe?
- Welchen Bedarf hat diese Gruppe?
- Warum ist dieser Bedarf besonders dringend, warum behindert er die Zielgruppe bisher an ihrer Weiterentwicklung?

- Inwiefern hilft Ihr Produkt oder Ihre Dienstleistung, diesen Bedarf zu decken? Worin genau besteht der Kundennutzen?
- Welche Konkurrenzangebote von Wettbewerbern existieren bereits oder sind in der Planung?
- Wie genau grenzen Sie sich von den Mitbewerbern am Markt ab (die sog. *Differenzeignung* oder der USP = *unique selling proposition* oder »einzigartiger Verkaufsvorteil«)? Worin genau besteht die Innovation und damit Ihr Alleinstellungsmerkmal gegenüber den Wettbewerbern?

Weiterhin sollten Sie, falls erforderlich, darstellen, inwiefern Ihre Produkte oder Leistungen den Auflagen des Gesetzgebers genügen.

- Wie, wo und von wem wird Ihr Produkt gefertigt?
- Besitzen Sie Patente oder Lizenzrechte?
- Ist das Produkt vom Gesetzgeber zugelassen und/oder behördlich genehmigt?
- Können Sie eventuell existierende Vorschriften oder Auflagen erfüllen?
- Wie kann oder soll Ihr Angebot weiterentwickelt werden?

Wenn Sie unter Punkt 2 noch keine Standortanalyse geliefert haben, dann sollten Sie dies hier tun.

Falls Sie einen *Markttest* durchgeführt haben, wie in Kapitel 2 empfohlen, so ist hier der Ort, die Ergebnisse, vor allem die Resonanz der Käufer auf Ihr Angebot, darzustellen.

> Denn mehr als alle theoretischen Überlegungen und Zahlen überzeugt das Feedback »echter« Kunden von der Qualität Ihres Konzeptes! Auch Umfragen oder Interviews mit potenziellen Kunden oder Interessenten sind bedeutsam.

4. Markt und Branche: Markt- und Konkurrenzanalyse

Unter Punkt 4 werden die in Phase 2 und/oder 4 strategisch erarbeiteten Elemente dargestellt. Geben Sie zunächst einen Überblick über die Branche, in der Ihr Unternehmen agieren wird. Stellen Sie dar, wie sich die Branche insgesamt entwickelt, welche Innovationen im Gange oder bald zu erwarten sind, wie groß der Gesamtumsatz ist und welche Trends erkennbar sind. Welche Renditen werden in der Branche erwirtschaftet und wo liegen die zentralen Engpässe?

Untermauern Sie Ihre Aussagen mit Hilfe statistischen Zahlenmaterials, das Sie sich aus der Literatur, aus Branchenverzeichnissen, von IHKs, Verbänden und Behörden, aus Datenbanken, mit Hilfe von Interviews mit Experten oder aus dem Internet besorgt haben. Kapitel 2 gibt zahlreiche Hinweise, wo Sie solche Informationen finden. Kennzahlen verschiedener Branchen finden Sie im Internet unter *http://www.focus.de* (Rubrik Job & Karriere, Existenzgründung, Branchenkennzahlen).

Nachdem Sie die Branche und den Gesamtmarkt dargestellt haben, nehmen Sie das *Marktsegment* ins Visier, in dem Sie tätig werden wollen. Wenn Sie eine Pizzeria eröffnen wollen, ist Ihre Branche die Gastronomie. Ihr Marktsegment könnte zum Beispiel »italienische Restaurants« (im Unterschied zu griechischen, chinesischen usw.) sein, aber auch »Lieferservice«, wenn Sie ein »Pizza-Taxi« eröffnen wollen, oder »Fastfood«, wenn Sie Essen zum Mitnehmen anbieten.

Als Nächstes fokussieren Sie noch enger, und zwar auf die Situation des betreffenden Marktsegmentes *an Ihrem Standort*. Dazu ist es nötig, auch die Situation des Wettbewerbs darzulegen.

- Welche sind Ihre wichtigsten Wettbewerber?
- Über welche Marktanteile verfügen sie?
- Welche Kostenstruktur haben sie und wie profitabel arbeiten sie?
- Welches sind die Vertriebskanäle und Marketingstrategien Ihrer Wettbewerber?
- Wo liegt Ihre Stärke gegenüber der Konkurrenz?

> Unter Punkt 4 geht es darum, den Blick schrittweise von der gesamten Branche zu Ihrem Standort und der dortigen Marktsituation zu lenken.

5. Absatz, Marketing und Vertrieb

Das unter Punkt 5 zu entwickelnde Marketing-Konzept umfasst folgende Punkte:

- das Vertriebskonzept,
- das Kommunikationskonzept, also die Werbung im engeren Sinne,
- die Preisgestaltung,
- die Produktpolitik und
- die Markteintrittsstrategie.

Das *Vertriebskonzept* steht unter der zentralen Frage: Wie kommt die Ware zum Kunden? Beim Direktvertrieb wird die Ware direkt an den Kunden verkauft, ohne Umweg über den Einzel- oder Großhandel. Daneben ist auch der Einsatz von Handels- oder Reisevertretern möglich, das Franchising oder der Einsatz von Marketingveranstaltungen (wie etwa der berühmt-berüchtigten Kaffeefahrten). Stellen Sie hier Ihre(n) Vertriebsweg(e) detailliert dar.

Das *Kommunikationskonzept* legt fest, wie und wo Sie Ihre Kunden »ansprechen« wollen: beispielsweise bei Messeauftritten, durch Zeitungs- oder Zeitschriftenanzeigen, durch eine Online-Präsenz und/oder durch den Versand von Werbebriefen, so genannten Mailings, an Interessenten (vgl. dazu die in Kapitel 7 gegebenen Hinweise).

Die *Preisgestaltung* ist besonders bei Konsumprodukten heute ein sensibles Feld geworden. Früher war es so, dass man den Preis einfach kalkulierte, indem man auf den Einkaufs- oder Herstellungspreis anteilig alle Kosten und einen Gewinn aufschlug, um den Endpreis für die Verbraucher zu ermitteln.

Doch neben dieser herstellungsorientierten Preiskalkulation gibt es auch noch andere Arten der Preisgestaltung. So ist der Preis heute oftmals kein Ausdruck für Qualität mehr – nach dem Motto: je teurer, desto besser –, sondern ein Ausdruck dafür, welche Produktpolitik man betreibt. Von Anfang an als »Marke« verkaufte Produkte werden teurer feilgeboten als sogenannte »No-Name«-Produkte. Zu berücksichtigen ist auch die Fixkostendegression: Bei steigender Absatzmenge verteilen sich die Kosten stärker auf die Produkte, so dass das einzelne Produkt dann billiger angeboten werden kann. Legen Sie im Businessplan ebenfalls die Preispolitik Ihrer Konkurrenten im Vergleich zu Ihrer dar. Zur Produktpolitik gehören neben der Preisgestaltung auch Design und Verpackung, die Erneuerungsrate (update) und andere Elemente.

Nicht zu vergessen ist die *Markteintrittsstrategie*, also die ersten Schritte in den Markt zum Kunden. Aller Anfang ist schwer, sagt das

Sprichwort nicht zu Unrecht, und in der Tat sollten Sie sich gerade für Ihren Start etwas Besonderes ausdenken – etwas, womit Sie auch die Presse auf sich aufmerksam machen können.

Zur Eintrittsstrategie gehört ebenfalls die Aufstellung eines Zeitplanes: Wie lange dauert es, bis Sie die ersten Produkte verkauft haben? Es gibt Produkte und insbesondere Dienstleistungen, für die zwischen der Phase der Akquise und der Auftragsvergabe durch den Kunden mehrere Monate, teilweise sogar Jahre vergehen können. Als Faustregel kann man sagen: Je teurer das Produkt oder die Dienstleistung, desto mehr Zeit vergeht bis zur Auftragsvergabe. Ihr Businessplan sollte glaubhaft belegen, dass Ihr Unternehmen die »Durststrecke« bis zu den ersten erfolgreichen Verkäufen problemlos meistern kann; dementsprechend sollte auch Ihr Finanzierungsplan aussehen. Hinweise zur Gestaltung des Marketings sowie Ihrer Presse- und Öffentlichkeitsarbeit finden Sie in den Kapiteln 7 und 9.

6. Finanzplan für mindestens drei Jahre

Der Finanzplan umfasst im Wesentlichen drei Elemente: die Liquiditätsplanung, die Ergebnisplanung und die Planbilanz. Sie können hier nur grob dargestellt werden; für eine gründlichere Auseinandersetzung mit dem Thema empfehlen wir Ihnen Seminare oder Kurse, wie sie von Volkshochschulen im Rahmen der Buchführung oder Betriebswirtschaft angeboten werden. Auch Unternehmensberater können helfen, solche Pläne aufzustellen.

> Die Liquiditätsplanung ist der Dreh- und Angelpunkt Ihrer Finanzplanung, denn Liquidität ist die Fähigkeit eines Unternehmens, jederzeit seinen Zahlungsverpflichtungen fristgerecht nachzukommen, also »flüssig« zu sein.

Stellen Sie einen Plan über die zu erwartenden Ein- und Auszahlungen auf; wenn für jeden Zeitraum die Summe der Einzahlungen plus des Kontobestandes größer ist als die Summe der Ausgaben, sind Sie liquide; für Zeiträume, in denen dies nicht zutrifft, brauchen Sie Kapital.

Es gibt so genannte *Kennzahlen*, die den Grad der Liquidität anzeigen: Die Formel

(Zahlungsmittel : kurzfristige Verbindlichkeiten) x 100 Prozent

gibt die Liquidität ersten Grades oder Barliquidität an und umfasst die verfügbaren Mittel in der Kasse und auf der Bank. Der Richtwert sollte über 25 Prozent liegen, was so viel heißt, dass 25 Prozent der kurzfristigen Verbindlichkeiten durch freie Barmittel abgedeckt sind.

Die Liquidität zweiten Grades bezieht zusätzlich noch die Außenstände mit ein, also die noch zu erwartenden Einzahlungen für bereits erbrachte Lieferungen und Leistungen (= monetäres Umlaufvermögen). Die Formel lautet:

(Monetäres Umlaufvermögen : kurzfristige Verbindlichkeiten) x 100 Prozent.

Der Wert sollte deutlich über 100 Prozent liegen. Schätzen Sie hier die Zahlungsmoral Ihrer Kunden realistisch ein und orientieren Sie sich an Branchenberichten.

Hohe Außenstände sind einer der wesentlichen Konkursgründe. Eine realistische Einschätzung der Zahlungsmoral bewahrt Sie vor unnötigen Schwierigkeiten.

Unter der Vielzahl der Fördermittel gibt es sogar spezielle Liquiditätsdarlehen, so das DtA-Existenzgründungsprogramm zur Behebung von Liquiditätsengpässen und die KfW-Mittelstandsprogramm-Liquiditätshilfe.

Auch die *Personal- und Investitionsplanung* gehört zur Liquiditätsplanung, die für das erste Jahr monatlich, für die beiden folgenden Jahre quartalsweise und anschließend pro Jahr zu erstellen ist. Kapitalgeber erwarten eine sich über drei Jahre erstreckende Liquiditätsplanung. Im Internet finden Sie ein Formular zur Aufstellung und Errechnung Ihrer Liquidität unter *http://www.focus.de* (Rubrik Beruf & Karriere, Existenzgründung, Liquiditätsplanung).

Die *Ergebnisplanung* ist der Liquiditätsplanung ähnlich, nur dass es nicht um Ein- und Auszahlungen, sondern um Erträge und Aufwendungen geht. Ein Ertrag liegt dann vor, wenn Sie Waren zwar produziert, aber noch nicht verkauft haben; eine Aufwendung entsteht bei einer Abschreibung, die sich über mehrere Jahre erstreckt. Die Ergebnisplanung stellt die Wertveränderung Ihres Unternehmens im Jahresvergleich dar. Die Differenz der Erträge und Aufwendungen ergibt den Jahresüberschuss beziehungsweise -fehlbetrag. Für die Ergebnisplanung gelten die gleichen Planungsintervalle wie für die Liquiditätsplanung.

Um eine Ergebnisplanung zu erstellen, ermitteln Sie zunächst die zu erwartenden Umsätze und ziehen von diesen Ihren Wareneinsatz ab. Dann haben Sie den Rohertrag. Ziehen Sie von diesem Löhne und Gehälter, Sozialabgaben, Zinsen, Mieten, Abschreibungen, Leasing und sonstige Ausgaben ab, so erhalten Sie das Betriebsergebnis. Subtrahieren Sie davon Zinsen und Steuern und addieren Sie eventuelle staatliche Zuschüsse, so erhalten Sie den Jahresüberschuss oder -fehlbetrag.

Die wichtigste Kennzahl zur Beurteilung des Unternehmensergebnisses ist der so genannte *Break-even-Punkt* (vgl. Abb. 3). Er zeigt an, ab welchem Moment Sie einen Gewinn erwirtschaften. Die fixen Kosten und die Gesamtkosten werden den Erlösen aus dem Verkauf des Produktes oder der Dienstleistung gegenübergestellt, wie die folgende Abbildung vereinfacht zeigt. Je nach Branche wird der Break-Even nach drei, sechs oder zwölf Monaten, manchmal auch erst nach 18 Monaten erreicht. Das bedeutet konkret: Bis zu dem jeweiligen Zeitpunkt wurden so viele Umsätze erwirtschaftet, dass die Kosten bereits komplett gedeckt sind und alle weiteren Umsätze ab jetzt Gewinne sind.

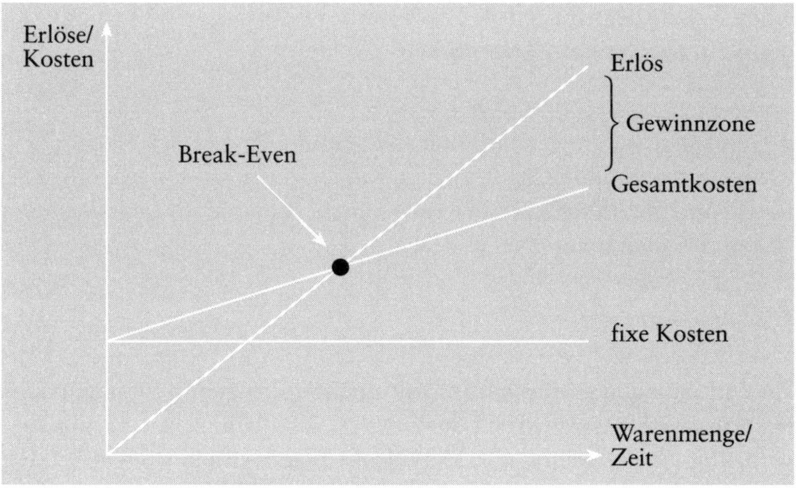

Abbildung 3: Der Break-even-Punkt

Eine Bilanz ist eine Gegenüberstellung von Vermögen (Aktiva) und Kapital (Passiva) eines Unternehmens (vgl. dazu in diesem Kapitel den Punkt Rechnungswesen). Sie ist natürlich nur für bilanzierende Unternehmen relevant, also nicht für Freiberufler. Stellen Sie eine Planbilanz für die ersten ein bis zwei Jahre Ihres Unternehmens auf.

7. Kapitalbedarf und Finanzierung

Aus dem bisher zusammengestellten Zahlenmaterial ergibt sich, wie hoch Ihr Kapitalbedarf ist, den Sie in einem Kapitalbedarfsplan genau errechnen. Es ist zwischen Eigen- und Fremdkapital zu unterscheiden. Das *Eigenkapital* umfasst alle Mittel, die Sie selbst einbringen können und für die Sie dementsprechend keine Kredite oder Fördermittel in Anspruch nehmen müssen. Zu den Eigenmitteln zählen neben baren Vermögenswerten auch Sachwerte, die Sie ins Unternehmen einbringen, zum Beispiel Maschinen, ein PC oder ein Fahrzeug, und Eigenleistungen, wie Ihre tatkräftige Unterstützung beim Umbau oder bei der Renovierung von Räumen. Sie sollten Ihren Gesamtkapitalbedarf zu mindestens 15 bis 20 Prozent aus eigenen Mitteln decken können; dies ist auch die Voraussetzung für die Beanspruchung gewisser Fördermittel.

Pfiffige Unternehmensberater empfehlen, dass Sie unter Punkt 7 in Ihrem Businessplan Flexibilität zeigen, je nachdem, ob Sie bei Banken einen Kredit beanspruchen, Fördermittel beantragen wollen oder einen Venture-Capital-Geber suchen.

> Tauschen Sie die Seite mit der Errechnung Ihres Kapitalbedarfs aus und begründen Sie bei jedem Kapitalgeber jeweils gesondert, warum Sie ihn für geeignet zur Finanzierung halten und welche Konditionen Ihnen vorschweben.

8. Anlagen

Zu den Anlagen gehören alle Dokumente, die die im Plan gemachten Aussagen unterstützen oder belegen, also Unterlagen für die Gewährung eines Patents oder statistische Übersichten. Blähen Sie den Anhang aber nicht zu sehr auf, sondern beschränken Sie sich auf Wesentliches.

Im Internet gibt es zahlreiche Hilfen zur Erstellung von Businessplänen. Zum Teil können Sie ganze Handbücher mit Hinweisen herunterladen oder sich an Wettbewerben beteiligen, die mittlerweile zahlreich veranstaltet werden, und zwar sowohl regional als auch in den einzelnen Bundesländern. Es gibt inzwischen sogar Unternehmensberater, die sich auf die Erstellung von Businessplänen spezialisiert haben; daneben helfen natürlich auch die Existenzgründungsberater (vgl. Kapitel 5).

Businessplan

http://www.deutsche-venture.de/businessplan/index.html
Die Deutsche Venture Capital Gesellschaft gibt eine praxisorientierte Anleitung zur Erstellung eines Businessplans – übersichtlich, informativ und in sieben Punkte gegliedert.

http://www.infoquelle.de/Wirtschaft/Business_Plan/index.htm
Beratungspaket inklusive Adressenpool zur Erstellung eines Businessplans.

http://www.poelzgutter.de/chk-bpl.htm
Die Unternehmensberatung Pölzgutter entwickelt Businesspläne und bietet auch die Prüfung und Verbesserung von Businessplänen an. Eine hilfreiche Checkliste findet sich auf der Homepage.

http://www.toka-beratung.de/Existenzgruendung/businessplan.htm
Ausführliche Informationen zur Erstellung eines Businessplans.

http://www.fht-esslingen.de/fachbereiche/wi/specials/existenzgr/htdocs/merz/diplom.html
Eine Diplomarbeit zur Erstellung eines Businessplans, komplett zum Herunterladen.

http://m3.vdivde-it.de/gruenderleitfaden/haupt/menue.htm
Eine Gründerleitfaden, speziell für Multimedia-Unternehmen.

http://www.gruenderstadt.de/Infopark/business_plan.html
Hinweise zur Erstellung eines Businessplans.

http://www.ifj.ch
Hier können Sie das Praxisbeispiel eines Businessplans als PDF-Datei

herunterladen. Außerdem werden Workshops und Seminare zur Erstellung von Businessplänen angeboten.

http://www.gruenderservice.net
Tipps zur Erstellung eines Businessplans.

http://www.global-x.de
Diverses zum Herunterladen, darunter ein Businessplan-Handbuch, ein Existenzgründer-Handbuch und die oben im Text vorgestellte Studie von *area5f* zur Ablehnung von Businessplänen.

http://www.area5f.de
Nach dem Einloggen haben Sie Zugang zu diversen relevanten Artikeln und zu einem Businessplan-Guide. Außerdem können Sie Ihr Vorhaben einreichen und erhalten ein qualifiziertes Experten-Feedback.

Gründerwettbewerbe

Gründerwettbewerbe gibt es mittlerweile überraschend viele. Sie sollen helfen, den Weg zu einer neuen Gründungskultur zu bereiten, indem sie Anreize schaffen, aus Geschäftsideen tragfähige Konzepte und schließlich erfolgreiche Unternehmen zu machen. Es winken nicht nur Geldpreise, sondern auch Hilfe in Form von Coaching, Beratung, Kontakten oder günstigen Büroräumen.

> Gründerwettbewerbe haben ein großes Plus: Sie legen durch genau definierte Arbeitsschritte fest, was der Gründer auf dem Weg zu einem tragfähigen Konzept als nächstes zu tun hat.

Gerade die einzelnen Businessplan-Wettbewerbe teilen sich in verschiedene Wettbewerbsstufen auf. Stufe eins ist die Findung einer Geschäftsidee, danach wird ein grobes Konzept entworfen und schlussendlich der komplette Businessplan geschrieben. Nach jeder Stufe wird entschieden, welcher der Teilnehmer in die nächste Runde einziehen darf.

Die großen bundesweiten Wettbewerbe wie der Start-Up-Wettbewerb der Sparkassen, des Magazins *stern* und der Unternehmensberatung McKinsey oder der promotion-Wettbewerb von Volkswagen und der Stadt Wolfsburg locken zwar mit den größten Preisgeldern, doch die kleineren regionalen Wettbewerbe bedeuten oftmals die besseren persönlichen Kontakte zu potenziellen Geschäftspartnern und Kunden. Egal, an welchem Wettbewerb Sie teilnehmen: Eine wirksame PR ist Ihnen allemal sicher, wenn Sie zu den Gewinnern gehören.

Wenn Sie an einem Gründerwettbewerb teilnehmen wollen, sollten Sie bei der Entscheidung für einen ganz bestimmten Wettbewerb folgende Kriterien in Betracht ziehen:

- Was ist Ihnen wichtiger: ein hohes Preisgeld oder wertvolle Kontakte beziehungsweise Beratung und Begleitung durch einen erfahrenen Unternehmer?
- Haben Sie schon ein fertiges Konzept oder einen Businessplan, mit dem Sie ins Rennen gehen können, oder müssen Sie Idee und Konzept erst noch ausarbeiten und brauchen dabei Rat und Unterstützung?
- Legen Sie Wert auf einen regionalen Bezug oder spielt es für Sie keine Rolle, wo der Wettbewerb ausgeschrieben ist?
- Würde es Ihnen sehr nützen, wenn der Wettbewerb auf eine bestimmte Branche ausgerichtet ist oder spielt das eine untergeordnete Rolle?
- Ist Ihnen die Bereitstellung von günstigen Büroräumen und entsprechender Infrastruktur wichtiger als ein entsprechendes Preisgeld?

Gründerwettbewerbe

http://www.3i.com/germany/catapult
3i ist eine Venture Capital-Gesellschaft, die europaweit Beteiligungskapital für mittelständische und junge, stark wachsende Unternehmen bereitstellt und auch einen Technologie-Wettbewerb *Catapult* ausschreibt.

http://www.bertelsmann.de
Bertelsmann Valley ist ein so genannter Inkubator, der vielversprechenden Geschäftsideen aus dem Multimedia-Bereich mit intensiver Beratung und finanzieller Unterstützung auf die Sprünge helfen will.

http://www.b-p-w.de
Der Businessplan-Wettbewerb Berlin Brandenburg begleitet Gründer Schritt für Schritt auf dem Weg zu einem erfolgreichen Unternehmen.

http://www.bpw-nordbayern.de
Auch die Wirtschaftsregion Nordbayern will mit einem Businessplan-Wettbewerb zur Gründungsförderung von neuen und wachstumsstarken Unternehmen beitragen.

http://www.cyberone.de
Hier können Sie sich um den E-Business-Award der Wirtschaftsinitiative Baden-Württemberg bewerben. Dieser Businessplan-Wettbewerb heißt *CyberOne*.

http://www.erfolgreichgruenden.de
Gemeinsam mit verschiedenen Partnern initiiert die Volkswagen AG den Wettbewerb *promotion*. Mehr als 500 000 Euro an Preisgeldern und ein eng geknüpftes Expertennetzwerk stehen zur Verfügung, um aus guten Ideen erfolgreiche Geschäftskonzepte zu entwickeln.

http://www.existenzgruender-institut.de
Infos über den jährlichen Businessplan-Wettbewerb in Berlin sowie eine Einführung zur Erstellung eines Businessplans.

http://www.fh-hannover.de/existenz.htm
An der FH Hannover haben Absolventinnen die Möglichkeit, sich an einem Businessplan-Wettbewerb zu beteiligen. Der beste Business-Plan wird mit 2 500 Euro belohnt.

http://www.futuresax.de
Existenzgründerwettbewerb der Sächsischen Entwicklungsgesellschaft für Telematik, der sich auf den Bereich der Informationstechnologie spezialisiert hat.

http://www.gruenderwerkstatt.de
Die Gründerwerkstatt ist eine Initiative des BJU und des Gerling Konzerns, die junge Gründer bei der Etablierung ihres Unternehmens am Markt unterstützt, und zwar in Form von Foren, Workshops und einem Wettbewerb.

http://www.gruenderwettbewerb.de
Der Gründerwettbewerb Multimedia wird vom Bundeswirtschaftsministerium ausgeschrieben; damit sollen »breitenwirksam« Gründun-

gen im zukunftsweisenden High-Tech-Bereich Multimedia angeregt werden.

http://www.innoregio.de
Auch der Wettbewerb *InnoRegio* ist vom Bundeswirtschaftsministerium initiiert worden, um neue Akzente in der Förderpolitik sowie für den Aufbau Ost zu setzen.

http://www.mbpw.de oder ***http://m-bpw.de***
Auch in München gibt es einen Businessplan-Wettbewerb, der die Gründung innovativer Technologie- und Dienstleistungsunternehmen stimulieren und unterstützen will.

http://www.milestones.nrw.de
Unter dem Stichwort »Arbeitsbereiche« gelangen Sie zum Wettbewerb *StartART,* der Künstler und Akteure aus der Kulturwirtschaft auf die Perspektive »Selbstständigkeit« hin orientieren will.

http://www.n-u-k.de
Homepage des Berufsverbandes Neues Unternehmertum Köln-Bonn-Aachen e.V., der auf Initiative des Konzerns Gerling, der Unternehmensberatung McKinsey und der Stadtsparkasse Köln gegründet wurde. Ziel ist es, junge Menschen mit Geschäftsideen zu animieren, ihre Ideen auszubauen und zu realisieren. Unter anderem gibt es einen Businessplan-Wettbewerb.

http://www.PID-Net.de oder ***http://www.focus.de***
Übersicht über regionale, lokale und landesweite Gründerinitiativen und Wettbewerbe, die Geldpreise für erfolgversprechende Geschäftsideen sowie Hilfe bei der Konzeptentwicklung und Unternehmensführung anbieten.

http://www.region.nuernberg.de/innowettbewerb/index.html
Die Gewinner des Innovationswettbewerbs der Region Nürnberg erhalten keine Geldpreise, sondern Wissen und definieren gemeinsam mit den jeweiligen Paten den Inhalt des Preises. Er soll die Möglichkeit geben, eigene Ideen voranzubringen, Unterstützung zu finden und Know-how zu erlangen.

http://www.region-stuttgart.org/vrs.main.jsp?navid=222
Businessplan-Wettbewerb Stuttgart, speziell für den Einzelhandel der Region

http://www.science4life.de
Wenn Sie eine Geschäftsidee in den Bereichen Life Sciences oder Chemie haben, sind Sie bei diesem Wettbewerb richtig. Sie können nicht nur Geld, sondern auch Know-how und vor allem Kontakte gewinnen.

http://www.stern.de/startup
Gründungswettbewerb von Stern, McKinsey und den Sparkassen, mittlerweile in der vierten Runde. Online-Beratung zu Geschäftsplan, Ideen, Know-how, Terminen und Adressen.

http://www.start2grow.de
Dortmund-Projects, eine Initiative von Wirtschaft, Politik und Wissenschaft, richtet sich mit einem Wettbewerb an Gründer aus den Bereichen E-Commerce, M-Commerce und Informationstechnologie.

http://www.uni-kl.de/extra
Wettbewerb der Universität Kaiserslautern für technologieorientierte Unternehmensgründungen. Dem Wettbewerb voraus geht ein zweisemestriges Seminar, in dem sich die Teilnehmer das für eine Gründung nötige Wissen erarbeiten.

http://www.zukunftsunternehmer.de
Nicht nur die Gewinner werden belohnt: Jeder Teilnehmer des Wettbewerbs »Zukunftsunternehmer« erhält die kostenlose Analyse seines Unternehmerpotenzials sowie ein schriftliches Feedback der Jury.

Ein Wort zum Geld

Auch wenn allgemein gesagt wird, dass ein Eigenkapitalanteil von 15 bis 20 Prozent bei einer Unternehmensgründung ausreicht, halten wir es für besser und finanziell weniger gewagt, wenn man 70 bis 75 Prozent an Eigenmitteln einbringen kann, wobei der Idealfall natürlich bei 100 Prozent Eigenkapital liegt. Wenn Sie nur 15 Prozent an eigenen Mitteln einbringen und für 85 Prozent einen Bankkredit in Anspruch nehmen müssen, so ist Ihr Unternehmen quasi von der Bank abhängig. Denn wer das Geld gibt, hat auch das Sagen – darüber muss man sich klar sein. Außerdem können die Zinslasten über Jahre hinweg gigantische Summen annehmen, selbst bei vordergründig niedrigen Zinsen.

Untersuchungen von Fachleuten zufolge ist die Eigenkapitalquote in der gesamten deutschen Wirtschaft seit 1970 von 30 Prozent auf heute unter 8 Prozent gesunken. Im Klartext: Mehr als 92 Prozent der deutschen Wirtschaft »gehören« den Banken! Und deren Macht ist heute überall zu spüren. Immer häufiger hört man, dass Kredite einfach grundlos gekündigt werden, sogar bei untadeligem Verhalten der Schuldner. Von den Banken bestellte Unternehmensberater gehen in manchen verschuldeten Betrieben ein und aus und »diktieren« der Geschäftsführung, was sie zu tun hat. – Wenn Sie Ihre Finanzpläne aufstellen, sollten Sie nicht übertrieben großzügig kalkulieren.

Hohe Fremdfinanzierungskosten schränken Ihren unternehmerischen Spielraum stark ein. Überlegen Sie daher, wo Sie sinnvoll sparen können, etwa indem Sie die notwendige Betriebsausstattung gebraucht erwerben oder leasen, anstatt alles neu zu kaufen. Auch aus Konkursbeständen lässt sich manches »Schnäppchen« ergattern.

Hilfe gibt es wiederum im Internet unter:

Konkurswaren, Reste und Sonderposten

http://www.cyber-euro.de
Gewerbliche Angebote von Restposten, Konkursware und anderen preiswerten Artikeln, inklusive PKWs.

http://www.karstedt.de
Angebotslisten von Restposten und Konkurswaren aus allen Branchen.

http://www.lohnt.de/flohmarkt
Internet-Flohmarkt mit gebrauchten PCs, Fahrzeugen und diversen anderen Artikeln.

http://www.omnico.de/index.html
Gebrauchts PCs aller Art, auch Notebooks.

http://www.insolvenz.net
Von gebrauchten LKWs über Maschinen aller Art bis zu Immobilien finden Sie hier massenhaft gebrauchte Waren aus Insolvenzbeständen.

http://www.docity.de
Sonderposten aus Überproduktionen, Saisonartikel, Restbestände.

http://focus.de, Rubrik Job & Karriere, Existenzgründung, Leasing
Informationen zu allem, was beim Leasen zu beachten ist.

Aus Ihrer Ermittlung des Kapitalbedarfs geht klar hervor, wieviel *Fremdkapital* Sie zur Gründung Ihres Betriebs benötigen. Sie haben die Auswahl zwischen drei verschiedenen Arten von Geldgebern:

- Öffentlichen Fördermitteln des Bundes und der Länder,
- Bankkrediten,
- Venture Capital bzw. Risikokapital,

die alle im Folgenden vorgestellt werden. In der Regel ergibt sich ein Mix aus ein bis zwei verschiedenen Geldquellen.

Öffentliche Fördermittel

»Harry?« – »Ja, Chef?« – »Hol schon mal den Wagen!« – »Ja, Chef!« – Wer kennt sie nicht, die knurrigen Kurzdialoge von Kommissar Derrick und seinem Assistenten Harry? In der Beliebtheit der in Deutschland nunmehr abgesetzten Fernsehserie »Derrick« erkannte Jochen Berns eine Marktlücke. Zahlreiche Zuschauer der Serie möchten diese gerne noch einmal in Ruhe nachlesen können, beispielsweise im Ausland, wo die Untertitel zum Film oft nicht ganz verständlich sind.

Jochen Berns entwickelte ein Buch im Comic-Format, das rund 500 Szenenbilder des Films enthält, in welche der komplette Text in Sprechblasen hineingesetzt wird. Unter dem Namen »Movic« ließ sich Berns den Film im Comic-Format patentrechtlich schützen und gründete mit Unterstützung des ZDF einen eigenen Verlag. Ein Problem war jedoch anfangs die Finanzierung, für die seine Eigenmittel nicht ausreichten. Beim nordrhein-westfälischen Existenzgründungsprogramm GO! bekam Berns dann nicht nur das nötige Kapital, son-

dern auch Unterstützung und Beratung in allen geschäftlichen Fragen.

Mittlerweile befindet sich das junge Unternehmen bereits auf Expansionskurs: Die Zahl der Mitarbeiter des Verlages Berns Media wird sich schon bald von sieben auf 30 erhöhen, denn Berns hat bereits die Rechte für weitere ZDF-Krimiserien wie »Der Alte«, »Soko 5113« und »Siska« erworben (http://www.movic.de, http://www.go-online.nrw.de).

Der Bund, die Länder und die Europäische Union haben insgesamt rund 1 000 verschiedene Förderprogramme aufgelegt, von denen jedoch nach Meinung von Experten lediglich sieben bis acht für Existenzgründer in Frage kommen: etwa sechs des Bundes und zwei des jeweiligen Bundeslandes. Dabei können zwar mehrere Programme parallel genutzt, aber niemals der gesamte Kapitalbedarf aus Fördermitteln aufgebracht werden. Maximal 75 Prozent der Gesamtsumme dürfen durch Fördermittel gedeckt werden.

Vor- und Nachteile von Fördermitteln

Einer der größten *Vorteile* der Fördermittel besteht darin, dass sie günstige Zinsen und lange Laufzeiten bieten. Zuschüsse müssen überhaupt nicht zurückgezahlt werden, und bei manchen zinsgünstigen Darlehen können ausstehende Restbeträge unter bestimmten Umständen erlassen werden. So haben auch diejenigen Existenzgründer eine Chance, die sich einen teureren Bankkredit nicht leisten und nicht an Risikokapital kommen können. Nach einer Studie von Maisberger & Partner haben 92,6 Prozent aller Gründer, die einen Antrag auf Fördermittel stellen, Erfolg und erhalten das beantragte Geld.

Ein großer *Nachteil* besteht in der Unübersichtlichkeit der Fördertöpfe. Ein Drittel aller befragten Gründer hat sich aus Mangel an Durchblick durch den »Förderdschungel« erst gar nicht um Fördermittel bemüht. Es fehlt auf dem Markt an Transparenz.

Nachteilig ist weiterhin, dass zwischen der Antragstellung und der Auszahlung der Mittel oft mehrere Monate Zeit vergehen, selbst wenn sich durch die Abwicklung per EDV heute einiges beschleunigt hat. Für manche Gründer bringt die lange Wartezeit so hohe Verluste, dass diese durch die Förderung nicht wieder aufgewogen werden können. Auch der bürokratische Aufwand macht sich negativ bemerkbar.

Weiterhin nachteilig ist, dass zur Genehmigung der Fördermittel eine Änderung des Gründungsvorhabens notwendig sein kann, was jedoch aus Sicht des Gründers möglicherweise vom Markt nicht honoriert wird und sich eher negativ auf den Unternehmenserfolg auswirkt. Insgesamt gilt es also, Vor- und Nachteile sorgfältig gegeneinander abzuwägen.

Was grundsätzlich bei der Beantragung von Fördermitteln zu beachten ist

Eine Förderung über öffentliche Finanzierungshilfen setzt voraus, dass der Existenzgründer eine ausreichende fachliche oder kaufmännische Qualifikation nachweisen kann (strategische Phase Nr. 1: Orientierung an den eigenen Stärken). Darüber hinaus muss der Gründer für alle Förderkredite genau die gleichen Sicherheiten bieten, wie sie bei Bankdarlehen üblich sind.

Sämtliche Fördermittel werden von den Förderbanken des Bundes, der Deutschen Ausgleichsbank (DtA) und der Kreditanstalt für den Wiederaufbau (KfW) verwaltet. Eine Antragstellung muss immer über Ihre jeweilige Hausbank erfolgen – was jedoch nicht ganz einfach ist, da die Banker unter dem Druck stehen, in erster Linie ihre hauseigenen Kredite verkaufen zu müssen.

> Viele Banken und Sparkassen versuchen, Ihnen einen der meist teureren hauseigenen Kredite »anzudrehen«, anstatt Sie bei der Erlangung öffentlicher Fördermittel zu unterstützen!

Der Ertrag für die Bank, der meist nur ein Prozent der Kreditsumme beträgt, ist in Anbetracht des Aufwandes gering. Zudem hat die Bank den Nachteil, dass sie es ist, die den Kredit an die Förderbank zurückzahlen muss, falls der Existenzgründer scheitert. So ist es zu verstehen, dass die von der öffentlichen Hand zur Verfügung gestellten Mittel häufig gar nicht voll ausgeschöpft werden und mehrere Millionen Euro ungenutzt in den Fördertöpfen schlummern.

Verlassen Sie sich als Existenzgründer nicht darauf, dass Sie bei

Kreditinstituten über die Fördermittel richtig beraten werden. Informieren Sie sich vorher gründlich und nennen Sie dem Bankangestellten klar die für Sie in Frage kommenden Fördermittel. Dann muss er dazu Stellung beziehen und kann Ihnen nicht weismachen, dass es für Ihr Investitionsvorhaben keine öffentlichen Mittel gebe. Kann ein Existenzgründer staatliche Mittel nicht wahrnehmen, weil er bei seiner Bank nichts davon erfahren hat, so kann er laut Urteil des Oberlandesgerichts Celle (Aktenzeichen: 3 W 81/94) die Bank für die entgangene Ersparnis haftbar machen. Die wichtigste Regel für die Beantragung ist jedoch folgende:

> Wenn Sie einen Antrag auf öffentliche Fördermittel stellen wollen, dann dürfen Sie noch *keine rechtsverbindlichen Gründungshandlungen* vorgenommen haben. Die Mittel werden stets nur *vor* einer Unternehmensgründung gewährt! Das heißt, Sie dürfen Ihr Unternehmen noch nicht beim Gewerbe- oder Finanzamt angemeldet und auch keine Miet-, Kauf-, Liefer- oder Bauverträge abgeschlossen haben.

Es gibt allerdings einige spezielle Förderprogramme für Jungunternehmen, die innerhalb der ersten acht Jahre *nach* der Gründung den Firmenaufbau unterstützen sollen.

Haben Sie die Mittel erhalten, so müssen Sie nach Abschluss der Investitionen belegen, dass Sie sie auch tatsächlich für den vereinbarten Zweck verwendet haben. Subventionsbetrug ist strafbar und wird mit hohen Geldbußen geahndet! Sammeln Sie also alle notwendigen Belege über Ihre zweckgerichtete Verwendung der Gelder.

Vorstellung einiger Fördermittel

Es gibt im Internet mittlerweile eine Reihe von Förderdatenbanken, wo Sie sich über die verschiedenen Förderprogramme des Bundes informieren können. Daneben gibt das Bundesministerium für Wirtschaft und Technologie *(http://www.bmwi.de)* Informationsbroschüren über Bundesmittel heraus, die im Internet bestellt oder heruntergeladen werden können. Die Fördermittel der Länder unterliegen starken Schwankungen und sind oft von der momentanen Haushaltslage abhängig. Informieren Sie sich über die Möglichkeiten Ihres jeweiligen Bundeslandes bei den Förderinstituten der Bundesländer (Internet-Adressen zu allen Fördermitteln der Bundes und der Länder sowie Förderdatenbanken am Ende dieses Unterkapitels).

Manche Existenzgründungs- und Unternehmensberater sind darauf spezialisiert, geeignete Fördermittel für kleinere Unternehmen zu ermitteln und die notwendigen Anträge zu erarbeiten. Nehmen Sie diese Hilfe in Anspruch, wenn Sie nicht alleine zurechtkommen (vgl. Kapitel 5)!

ERP-Eigenkapitalhilfe-Programm

Alle Förderprogramme des Bundes tragen den Zusatz »ERP«, was für »European Recovery Program« steht – zu Deutsch: »Europäisches Wiederaufbauprogramm«, ein Nachfolger der Marshall-Planhilfe, die nach Abschluss des Zweiten Weltkrieges der deutschen Wirtschaft wieder auf die Beine half.

Das Eigenkapitalhilfe-Programm dient der Gründung einer selbstständigen gewerblichen oder freiberuflichen Existenz und der Unterstützung tätiger Unternehmensbeteiligungen. Der Existenzgründer sollte 15 Prozent des Kapitalbedarfs selbst aufbringen, die sich durch EKH-Mittel auf 40 Prozent aufstocken lassen. Der Förderungshöchstbetrag liegt bei 500 000 Euro, mit denen betriebsnotwendige Investitionen, Markterschließungsaufwendungen, Waren und Material oder der Kaufpreis eines Unternehmens bezahlt werden können.

ERP-Existenzgründungsprogramm

Das Existenzgründungsprogramm richtet sich an die gewerbliche Wirtschaft sowie Angehörige Freier Berufe mit Ausnahme von Heilberufen. Es unterstützt Investitionen wie Kaufpreis, Maschinen, Materiallager oder Ersatzteile. Bis zu 50 Prozent des Kapitalbedarfs werden mit zinsgünstigen Darlehen mit langen Laufzeiten beim Start und innerhalb von drei Jahren danach finanziert.

DtA-Existenzgründungsprogramm

Dieses Programm schließt ausdrücklich neben Gewerbetreibenden und Freiberuflern auch Heilberufe mit ein. Es kann nicht nur für den

Kauf eines Unternehmens oder die tätige Beteiligung verwendet werden, sondern auch, um Folgeinvestitionen innerhalb von acht Jahren nach der Gründung zu finanzieren. Dazu gehören zum Beispiel die Errichtung von Filialen, die Erweiterung oder Umstellung des Sortiments, die Standortsicherung oder die Verlagerung des Standortes.

DtA-Startgeld

Das DtA-Startgeld ist für Gründungsvorhaben mit einem relativ geringen Finanzierungsbedarf von maximal 50 000 Euro vorgesehen. Es werden Gewerbetreibende und Freiberufler einschließlich der Heilberufe gefördert.

Das Startgeld richtet sich erstmalig auch an Gründer, die nebenberuflich anfangen möchten und erst mittelfristig eine Vollexistenz als Selbstständiger anstreben. Darlehen werden sogar dann bewilligt, wenn die Sicherheiten nicht ausreichen. In diesem Falle wird die Hausbank zu 80 Prozent von der Haftung freigestellt.

> Das DtA-Startgeld eignet sich besonders für Frauen, die aufgrund familiärer Verpflichtungen nur nebenberuflich in die Selbstständigkeit einsteigen können.

Mittlerweile gibt es in Ergänzung zum Startgeld-Programm der Deutschen Ausgleichsbank bereits mehrere Startgeld-Programme einzelner Bundesländer.

Beratungsförderung

Das Bundesamt für Wirtschaft bezuschusst die Einschaltung eines Unternehmens-, Steuer- oder Wirtschaftsberaters vor der Gründung mit maximal 50 Prozent der Kosten oder 1 250 Euro. Für Aufbauberatungen in den ersten beiden Unternehmensjahren gibt es zusätzlich 1 650 Euro vom Staat (s. a. Kapitel 5).

Überbrückungsgeld

Streng genommen kein Fördergeld ist das Überbrückungsgeld, das die Arbeitsämter gründungswilligen Arbeitslosen für sechs Monate in

Höhe ihres bisherigen Einkommens bezahlen. Scheitert die Existenzgründung, so wird der Anspruch auf Arbeitslosengeld wiederbelebt (vgl. dazu detailliert die Hinweise für Arbeitslose in Kapitel 1).

Förderprogramme der EU, des Bundes und der Länder

http://db.bmwi.de
Vollständiger und aktueller Überblick über die Förderprogramme der gewerblichen Wirtschaft des Bundes, der Länder und der Europäischen Union.

http://www.cordis.lu
Der Forschungs- und Entwicklungsdienst der Europäischen Union unterstützt bei der Recherche nach Fördermitteln.

http://www.ihk-innotec.de
Viele Links zu Fördermitteln und -programmen der EU und des Bundes. Empfehlenswert!

http://www.safir-wid.de
Hier wird gegen Entgelt eine Fördermittel-Recherche und eine Fördermittel-Planung angeboten.

http://www.subventionsberater.de
EU-Subventionsberater helfen bei der Entwicklung eines Fördermittel-Konzeptes und der Antragstellung.

http://www.verwaltung.uni-mainz.de/dez1/forschungsfoerderung/stiftung.hmtl
Die Uni Mainz hat eine umfangreiche Linkliste von A bis Z zu forschungsfördernden Institutionen (Stiftungen) zusammengetragen.

http://www.wabeco.de
Die Firma Wabeco prüft bundesweit über 1 000 Förderprogramme und selektiert die für Sie infrage kommenden.

http://www.betriebsberatung.de
Existenzgründungsberater, die auch bei Fördermitteln helfen.

http://www.focus.de, Rubrik Beruf & Karriere, Existenzgründung, Finanzierung
Förderdatenbank mit 500 Programmen.

http://www.dta.de
Die Deutsche Ausgleichsbank, zentrale Anlaufstelle für Fördermittel und Beteiligungskapital.

http://www.kfw.de
Die Kreditanstalt für den Wiederaufbau informiert über öffentliche Finanzierungshilfen.

http://www.bawi.de
Das Bundesamt für Wirtschaft und Ausfuhrkontrolle informiert über seine Förderprogramme.

http://www.bfai.com
Die Bundesstelle für Außenhandelsinformation verfügt über eine Förderdatenbank.

http://www.vdb-info.de
Verband der Bürgschaftsbanken der Bundesrepublik.

http://www.buergschaftsbank.de
Bürgschaftsbank Baden-Württemberg.

http://www.buergschaftsbank-brandenburg.de
Bürgschaftsbank Brandenburg

Im Folgenden die Landesförderbanken, bei denen die Förderprogramme der jeweiligen Bundesländer erfragt werden können:

http://www.l-bank.de
Landeskreditbank Baden-Württemberg.

http://www.lfa.de
Bayerische Landesanstalt für Aufbaufinanzierung.

http://www.investitionsbank.de
Investitionsbank Berlin.

http://www.ilb.de
Investitionsbank des Landes Brandenburg.

http://www.hlt.de
Investitionsbank Hessen.

http://www.lfi-mv.de
Landesförderinstitut Mecklenburg-Vorpommern.

http://www.lts-nds.de
Niedersächsische Landestreuhandstelle für Wirtschaftsförderung.

http://www.ibnrw.de
Investitions-Bank NRW.

http://www.go-online.nrw.de
Existenzgründungsprogramm GO! des Landes NRW.

http://www.isb-rlp.de
Investitions- und Strukturbank Rheinland-Pfalz.

http://www.sikb.de
Saarländische Investitionskreditbank.

http://www.sab.sachsen.de
Sächsische Aufbaubank.

http://www.lfi-lsa.de
Landesförderinstitut Sachsen-Anhalt.

http://www.ibank-sh.de
Investitionsbank Schleswig-Holstein.

http://tab.thueringen-online.de
Thüringer Aufbaubank.

Bankkredite

Der Bankkredit ist noch immer die gängigste Form der Fremdfinanzierung. Sie sollten bereits in einem relativ frühen Stadium vor Ihrer Gründung mit Ihrer Hausbank Kontakt aufnehmen. Viele Banken verfügen heute über eigene Spezialabteilungen für Firmenneugründungen, und man kann Ihnen dort zum Teil sogar durch die Vermittlung von Kooperationspartnern oder wichtigen Auskunftsstellen helfen. Banken haben Kontakte zu Unternehmensberatern, Marktanalytikern und Marktforschungsunternehmen. So können Sie gegebenenfalls bereits Unterstützung bei den notwendigen Recherchen vor Verfassen Ihres Businesplans oder bei anderen wichtigen Fragen bekommen.

Welche Art von Kredit Sie brauchen

Geht es speziell um einen Bankkredit, so müssen Sie sich darüber klar werden, welche Art von Kredit Sie überhaupt benötigen. Einer der Kernfehler, die Unternehmensgründer in diesem Zusammenhang immer wieder machen, ist die mangelnde Unterscheidung zwischen Anlage- und Umlaufvermögen.

Unter dem *Anlagevermögen* sind alle langfristigen Vermögensgegenstände zu verstehen wie Maschinen, Immobilien, Fahrzeuge, die auch steuerlich nur über mehrere Jahre abgeschrieben werden können. Unter dem *Umlaufvermögen* hingegen versteht man den Kassenbestand, das Bankguthaben, die Mittel, die Sie zur Produktion brauchen, sowie kurzfristige Forderungen, die Sie an Ihre Kunden haben.

Wenn Sie unter Punkt 6 Ihres Businessplans eine sorgfältige Liquiditätsplanung aufgestellt haben, so sollten Sie wissen, in welchen Monaten oder Zeitabschnitten bei Ihnen kurzfristig eine finanzielle Unterdeckung besteht, beispielsweise aufgrund saisonaler Schwankungen Ihrer Einkünfte oder längerer Lieferantenkredite.

Ein Fehler, den viele Unternehmensgründer machen, ist, dass sie *kurzfristig* zur Verfügung stehendes Geld für *langfristige* Investitionen verwenden – und sich dann wundern, warum sie nicht liquide sind und ihr Konto überziehen. Kommt es zusätzlich noch unvorhergesehen zu Außenständen, weil Kunden ihre Rechnungen nicht begleichen, so kann dies schlimmstenfalls sogar zum Konkurs führen.

Ein Finanzierungsgrundsatz (die »goldene Bilanzregel«) lautet: Langfristige Vermögensgegenstände können auch nur langfristig finanziert werden, während kurzfristige Verbindlichkeiten kurzfristig finanziert werden.

Je nachdem, ob es sich um Anlage- oder Umlaufvermögen handelt, wird zwischen zwei Arten von Krediten unterschieden:

- Der *Kontokorrentkredit* – im Prinzip eine Art Überziehungskredit für Ihr laufendes Geschäftskonto – gilt maximal für zwölf Monate und dient ausschließlich als kurzfristiges Finanzierungsmittel, wie für Lieferanten- und Steuerschulden oder Wechselverbindlichkeiten.

- *Investitionskredite* sind mittel- und langfristige Kredite mit mehr als zwölf Monaten Laufzeit. Sie dienen ausschließlich zur Finanzierung des Anlagevermögens.

Auch ein Investitionskredit kann natürlich nicht in unbeschränkter Höhe vergeben werden, da Ihnen ja nach Zins und Tilgung noch genügend Geld übrig bleiben muss, um Ihren Betrieb zu führen. Banker berechnen die Verschuldungsobergrenze nach dem *Cash-flow*. Das ist der Betrag, den Sie flüssig haben, nachdem Sie alle Ausgaben von Ihren Umsatzerlösen abgezogen haben (Nettogewinn minus Abschreibung = Cash-flow). Nutzen Sie die folgende Tabelle, um Ihre Verschuldungsobergrenze beziehungsweise Ihre Kredithöchstsumme zu errechnen.

Errechnung des Cash-flows und Ihrer Kreditgrenze

	Beispiel	**Ihre Zahlen**
Gewinn	80 000 EUR	
+ Abschreibungen	10 000 EUR	
= Brutto-Cash-flow	**90 000 EUR**	
– Entnahmen inkl. private Einkommensteuer	45 000 EUR	
= Netto-Cash-flow	45 000 EUR	
+ Zinsaufwand	9 000 EUR	
= Kapitaldienstgrenze (Tilgung + Zinsen)	54 000 EUR	

Werden Sie sich klar darüber, ob Sie einen Kontokorrentkredit und/oder einen Investitionskredit benötigen und in welcher Höhe. Wie lange brauchen Sie den Kredit und welchen Zeitraum haben Sie für die Rückzahlung eingeplant?

Nicht alle Banken bieten dieselben Konditionen. Als Ansprechpartner erster Ordnung fungiert für Sie natürlich Ihre Hausbank, bei der Sie seit Jahren Kunde sind und ein Vertrauensverhältnis aufgebaut haben.

Dennoch sollten Sie sich bei einem Investitionskredit nicht scheuen, auch andere Kreditinstitute anzusprechen und die Kreditkonditionen zu vergleichen. Die meisten Banken geben heute Existenzgründerbroschüren heraus. Fragen Sie danach und nutzen Sie dies als Aufhänger für ein Gespräch.

Sicher auftreten im Bankgespräch

Wollen Sie bei Ihrer Bank um einen Investitionskredit nachsuchen, so sollten Sie sich gut vorbereiten. Dazu gehört, dass Sie zuvor einen Termin vereinbaren und fragen, welche Unterlagen Sie vorab einreichen sollen.

Zu den von Ihnen in jedem Fall benötigten Unterlagen gehört in erster Linie Ihr *Businessplan*, der detailliert über Ihr Gründungsvorhaben und Ihren Kapitalbedarf Auskunft gibt. Darüber hinaus sollten Sie einen *Lebenslauf inklusive Arbeitszeugnissen* bereithalten.

Vor der Kreditvergabe wird die Bank immer Ihre Bonität prüfen. Überlegen Sie daher, welche *Sicherheiten* Sie bieten können, zum Beispiel Ersparnisse oder Immobilien. Von Ihnen in den Betrieb eingebrachte Sachmittel wie Maschinen oder Werkzeuge dienen ebenfalls als Sicherheit.

Auch eine *Unbedenklichkeitsbescheinigung* des Finanzamtes werden Sie vorlegen müssen, um nachzuweisen, dass Sie keine Steuerschulden haben. Falls Sie derzeit bereits Kredite in Anspruch nehmen, machen Sie eine Aufstellung über die Kredithöhe und die Zins- sowie Tilgungsmodalitäten. Reichen Ihre Sicherheiten nicht aus, so gibt es die Möglichkeit, dass Bürgschaftsbanken einspringen.

Zu dem Gespräch selbst können Sie Ihren Existenzgründungsberater oder auch Ihren Partner oder Ihre Partnerin mitnehmen. Achten Sie aber darauf, dass Sie und nicht Ihre Begleitperson die wichtigsten Dinge erläutert, damit Ihre Kompetenz nicht von der Bank in Frage gestellt wird.

Frauen haben immer noch das Problem, das sie von männlichen Bankern häufig nicht ernst genommen werden. Die Banker unterschätzen oft die weibliche Energie, Durchsetzungsfähigkeit und die Erfolgswahrscheinlichkeit der Gründungsvorhaben. Dabei geht aus einer französischen Studie mittlerweile hervor, dass die von Frauen geführten Betriebe höhere Gewinne erwirtschaften als die von Männern geführten. Treten Sie also entsprechend sicher und souverän auf – nicht nur, aber besonders als Frau.

Begeben Sie sich auf keinen Fall in die unterwürfige Haltung eines Bittstellers, sondern bleiben Sie immer selbstbewusst. Sie sind für die Bank ein potenzieller Kunde und damit von Interesse.

Wenn Sie den Kredit bekommen haben

Wenn Sie Ihren Kredit erhalten haben, enden Ihre Verpflichtungen gegenüber der Bank noch nicht. Meistens verpflichten Sie die Kreditvereinbarungen dazu, die Bank fortlaufend und zeitnah über Ihre geschäftliche Entwicklung, große Aufträge, anstehende Investitionen und dergleichen zu informieren.

Besonders dann, wenn negative Entwicklungen auftreten, sollten Sie sich nicht scheuen, Ihre Bank in Kenntnis zu setzen. Können Sie Ihren Zahlungsverpflichtungen nicht wie vereinbart nachkommen, so kann Ihnen die Bank den Kreditvertrag kündigen – mit der Folge, dass Sie die gesamte Summe auf einmal zurückzahlen müssen. Dies führt fast automatisch zum Konkurs. Deshalb sollten Sie Ihre Bank über negative Ereignisse in voller Offenheit informieren. Auf diese Weise besteht die Chance, dass Ihr Betrieb in geordneten Bahnen weiterlaufen und der Engpass überwunden werden kann.

Venture Capital (Risikokapital)

Was ist Venture Capital und wer kann es bekommen?

Mit seiner Frau Claudia wollte Ulrich Scherbeck, ehemaliger Manager in einem Energiekonzern, eine innovative Geschäftsidee umsetzen: Er wollte billige Energie an Großkunden vermitteln und die Händler mit EDV und Beratung unterstützen.

18 Monate lang erhielt er nur Absagen von möglichen Geldgebern, weil das Risiko zu groß sei. Noch nicht einmal die Bürgschaftsbank NRW wollte ihm eine Ausfallbürgschaft genehmigen. Erst die Beteiligung eines Venture-Capital-Gebers ermöglichte dem Paar mit 400 000 Euro Startkapital den Sprung in die Selbstständigkeit. Mittlerweile be-

schäftigt die SE Scherbeck Energy GmbH schon zehn Mitarbeiter und kann problemlos ihre Expansion finanzieren.

Venture Capital, zu Deutsch »Risiko-« oder »Wagniskapital«, kann immer dann zum Einsatz kommen, wenn das finanzielle Risiko für Banken oder öffentliche Förderprogramme zu groß ist, weil das Gründungsvorhaben extrem innovativ und daher ebenso chancenreich wie gefährlich sein kann.

Venture Capital ist Eigenkapital, das Unternehmen von Beteiligungsgesellschaften oder Privatpersonen – in Form von Gesellschaftereinlagen oder als Stille Beteiligung – zur Verfügung gestellt wird, und zwar ohne Sicherheit und ohne Rückzahlung. Der VC-Partner verkauft meist innerhalb von fünf bis acht Jahren seinen Anteil wieder, wenn das Unternehmen an die Börse geht oder veräußert wird.

In vielen Fällen allerdings sieht der VC-Geber sein Geld niemals wieder. Aufgrund des hohen Risikos rechnen die Kapitalgeber damit, dass von zehn Projekten sechs vollständig scheitern und drei nur »dahinkrebsen«. Das verbleibende Unternehmen sollte dann allerdings »traumhafte« Renditen erzielen und den Verlust der sechs bis neun anderen mehr als wettmachen.

Wer kann Venture Capital in Anspruch nehmen?

Venture Capital wird meist mit technologieorientierten Unternehmen in Zusammenhang gebracht. Die von VC-Gebern bevorzugten Branchen sind EDV-Soft- und Hardware, Kommunikations- und Biotechnologie, Umwelttechnologie, Internet, Medizintechnik und Maschinenbau. Neben den rein technologieorientierten Firmen fragen in wachsendem Maße auch Dienstleistungsunternehmen innerhalb technologischer Wirtschaftszweige Wagniskapital nach.

Im Durchschnitt beträgt das benötigte Kapital 750 000 Euro und liegt damit viermal so hoch wie eine konventionelle Gründung. Das obere Limit liegt bei etwa fünf Millionen Euro.

Häufig versprechen sich die Gründer eine schnelle globale Verbreitung ihrer neu entwickelten Technologie über die ganze Welt. Manchmal wird das Kapital jedoch auch benötigt, um ein technologisches Produkt, das noch in den »Kinderschuhen« steckt, bis zur Serienreife zu entwickeln; die Forschungs- und Entwicklungsphase ist also noch gar nicht abgeschlossen.

Im VC-Bereich werden sechs verschiedene Finanzierungsphasen unterschieden:

- die Seed-Phase: Umsetzung einer Idee in ein Geschäftskonzept,
- die Start-up-Phase: Investition in die Produktentwicklung und erste Marketingmaßnahmen,
- Early-Stage-Phase: umfasst die Seed- und die Start-up-Phase,
- Expansion: Finanzierung von Wachstum eines Unternehmens nach Erreichen einer Gewinnschwelle,
- Bridge-Financing: letzte Finanzierung vor dem Börsengang und
- Turn-around-Phase: Sanierung eines Unternehmens.

Venture Capital ist also nicht ausschließlich für Existenzgründer interessant, sondern kann sowohl die Vor-Gründungsphase als auch ein bereits etabliertes Unternehmen unterstützen. Die VC-Geber haben sich zum Teil auf verschiedene Phasen spezialisiert.

Venture Capital ist vor allem geeignet für technologisch oder biotechnologisch orientierte Unternehmen, deren Kapitalbedarf nicht unter 500 000 Euro liegt und die über Fördermittel oder Kredite aufgrund des hohen Risikos keine oder nicht ausreichend Unterstützung erhalten können.

Wer vergibt Venture Capital?

Der Venture-Capital-Markt wächst rasant. Allein in den letzten zwei Jahren hat sich das Investitionsvolumen auf fast sieben Milliarden Euro verdoppelt. Derzeit verteilt sich dieses Geld auf 4 400 Firmengründer sowie etablierte Unternehmer. Rund 200 Kapitalbeteiligungsgesellschaften gibt es heute in Deutschland, das mittlerweile in Europa an dritter Stelle unter den VC-Gebern steht. Die Idee des Venture Capital stammt natürlich aus den USA und ist dort schon sehr viel länger etabliert als in Europa.

Rund sechs verschiedene Arten von Kapitalbeteiligungsgesellschaften können unterschieden werden:

- Die klassische VC-Gesellschaft ist eine *private Gesellschaft*, die von Beteiligungsmanagern betrieben wird und einen oder mehrere Fonds aus verschiedenen Quellen verwaltet. Zu den Fonds steuern beispielsweise Industrieunternehmen, Banken und private Financiers größere Geldbeträge bei.
- Einen wachsenden Einfluss üben Banken, Versicherungen und andere *Finanzinstitute* aus, die mittlerweile eigene Beteiligungsgesellschaften betreiben. Sparkassen und Volksbanken engagieren sich stark im regionalen Beteiligungsgeschäft, andere Kreditinstitute sind überregional tätig.
- Auch *staatliche Einrichtungen* sind mehr und mehr an der Gründung junger Technologieunternehmen beteiligt. Solche Gesellschaften sind häufig Töchter der Landesförderbanken, der Landesbanken sowie der Sparkassen. Eine besondere Rolle spielt die Technologiebeteiligungsgesellschaft (tbg) der Deutschen Ausgleichsbank (DtA). Die tbg beteiligt sich aber nur als Co-Investor, während ein weiteres Beteiligungsunternehmen die Rolle des Lead-Investors übernimmt, also die Beteiligungsprojekte bewertet und die Unternehmen geschäftlich betreut.
- Eine besondere Form sind die *mittelständischen Beteiligungsgesellschaften*, die als Selbsthilfeeinrichtung der Wirtschaft von IHKs, Landesbanken, Bürgschaftsbanken und regionalen Kreditinstituten betreut werden. Ihr Kapital entstammt dem ERP-Beteiligungsprogramm der Bundesregierung und ihr Angebot ist häufig auf kleine und mittlere Unternehmen zugeschnitten.
- Neu sind die *Corporate-Venture-Capital-Gesellschaften*, die als Töchter von großen Industrieunternehmen selbstständig am Markt operieren. Sie wollen teilweise auch Kooperationspartner für das Mutterunternehmen finden und neue Technologien identifizieren.
- Die letzte Gruppe bilden *Business Angels*, die keiner Institution angehören und als vermögende Privatpersonen Unternehmensgründern unter die Arme greifen. Sie bieten vor allem in der Seed-Phase Kapital an und treten in der Öffentlichkeit namentlich nicht in Erscheinung (vgl. dazu das folgende Kapitel).

Fast alle VC-Geber bringen neben ihrem Kapital beratend auch Managementwissen ein. Allerdings wollen sie dem Unternehmer nicht in seine Tagesgeschäfte hineinreden, sondern steuern in Aufsichtsgremien ihr Know-how bei.

Kriterien der Vergabe von Venture Capital

Oftmals wird Venture Capital nur vergeben, wenn schon Bankkredite bestehen oder in Aussicht sind. Doch wichtiger als vorhandenes Kapital ist ein überzeugender Businessplan, der »hieb- und stichfest« den Nutzen der neuen Technologie belegt und auch den Innovationsvorsprung deutlich macht. Dieser sollte für eine Venture-Capital-Vergabe erheblich ausgeprägter sein als bei anderen Unternehmensgründungen.

Ohne klares Alleinstellungsmerkmal und ohne klar anvisierte Marktlücke sind die erwarteten hohen Wachstumschancen, die die Beteiligungsgesellschaften ja gerade »reizen«, nicht zu realisieren. Außerdem muss der Unternehmer von seiner Persönlichkeit, seinen Fähigkeiten und Kenntnissen zur Umsetzung seines Businessplans her überzeugen. Mit anderen Worten: Die Strategie muss stimmen!

So finden Sie den richtigen VC-Geber

Von 350 befragten Unternehmen, die einen VC-Partner suchten, hatte nach einer Untersuchung der Beratungsfirma Continua ein Drittel keine Ahnung, wie sie eine Beteiligungsgesellschaft finden konnten. Knapp 10 Prozent sprachen direkt einen VC-Geber an, weitere knapp 10 Prozent schalteten eine Anzeige und noch einmal 10 Prozent nutzten private Kontakte. Das kärgliche Ergebnis: Die Suche dauerte im Durchschnitt 13 Monate – wertvolle, aber leider verlorene Zeit, obwohl es doch gerade bei technologieorientierten Jungunternehmen auf Schnelligkeit ankommt! Seltsamerweise kam niemand auf die Idee, das Internet zu nutzen, wo die Informationen gleich massenweise zu finden sind!

Rundschreiben an alle möglichen und willkürlich ausgewählten Beteiligungsgesellschaften sind der falsche Weg, um einen VC-

Geber zu finden. In der Szene kennt man sich untereinander, und wenn man sich bei vier oder fünf Kapitalgebern beworben hat, wissen alle Bescheid.

Der richtige Weg führt über den Bundesverband Deutscher Kapitalbeteiligungsgesellschaften (BVK), der Adressenlisten und Informationen verschickt *(http://www.bvk-ev.de)*. Schauen Sie die Listen durch und suchen Sie sich die Gesellschaften heraus, die für Sie in Betracht kommen. Die Zahl der 200 wird sich schnell auf ca. 20 verringern, deren Homepages Sie wiederum im Internet anschauen können. Lassen Sie sich dann von den 20 Broschüren zuschicken, in denen die jeweilige Beteiligungsphilosophie erläutert wird.

Den nunmehr etwa zehn in die engere Wahl kommenden Gesellschaften schicken Sie ein Exposé zu, und zwar die Zusammenfassung Ihres Businessplans (Punkt 1), zusammen mit dem Angebot, bei Bedarf den kompletten Businessplan zu versenden. Ist Ihre Geschäftsidee überzeugend, so werden Sie einen Rücklauf von ca. zwei bis vier Gesellschaften haben, die mit Ihnen in engere Verhandlungen treten möchten. In den meisten Fällen erhalten Sie innerhalb von drei bis sechs Monaten dann das benötigte Kapital.

Durch zielgruppenspezifisches Vorgehen und Einsatz des Internets bei der Suche nach einer Beteiligungsgesellschaft können Sie die Suchzeit von durchschnittlich 13 Monaten auf wenige Wochen verkürzen! Die ersparte Zeit kommt Ihrem Unternehmen zugute und erhöht Ihren Wettbewerbsvorsprung vor möglichen Konkurrenten.

Venture Capital

http://www.dir4u.de/venture_capital
Eine Suchmaschine speziell für Venture Capital.

http://www.bvk-ev.de
Bundesverband Deutscher Kapitalbeteiligungsgesellschaften mit Recherchemöglichkeiten im Mitgliederverzeichnis.

http://www.tbgbonn.de
Die Technologie-Beteiligungsgesellschaft mbH der Deutschen Ausgleichsbank erläutert die Schritte zum Beteiligungskapital.

http://www.evca.com
Die Vereinigung Europäischer Venture Capital Gesellschaften mit ihren Mitgliedern und zahlreichen Links (auf Englisch).

http://www.deutsche-venture.de
Die Deutsche Venture Capital-Gesellschaft stellt sich vor.

http://www.wagniskapital.com
VC-Initiative der Business Angels.

http://www.garage.com
Venture Capital Investment Bank in den USA.

http://www.3i.com
Eine internationale VC-Gesellschaft, spezialisiert auf E-Commerce.

http://www.atlasventure.com
Eine internationale VC-Gesellschaft stellt sich vor.

http://www.bmp.com
Mit vielen nützlichen Links zum Venture Capital.

http://www.venture-capital-forum.de
Hier wird ein Lexikon für das VC-Fachchinesisch angeboten, außerdem eine sehr gute Linkliste.

http://www.earlybird.com
Ein weiterer VC-Geber stellt sich vor.

http://www.ivc-venture-capital.com
Die ivc Venture Capital AG bietet umfangreiche Infos.

http://www.venturelist.com
Ein Forum für Neugründungen in der Seed-Phase.

http://www.venturescape.com
Ergiebige Informationsquellen über VC-Geber, Consulting und andere Dienstleistungen sowie zu wichtigen Förderprojekten (auf Englisch).

http://www.eigenkapitalbeschaffung.de
Venture Capital von Privatinvestoren, übersichtlich gegliedert und inhaltsreich.

http://www.venture-management-services.de
Ein Service der Deutschen Börse AG und der Kreditanstalt für den Wiederaufbau, um VC-Geber und VC-Nehmer zusammenzubringen: Unternehmen, die Eigenkapital suchen, präsentieren sich mit Porträts, ebenso die VC-Geber (Motto: »Suche« – »Biete«), mit umfangreicher Linkliste. Sehr empfehlenswert!

http://www.busi.de
Kapitalnachfragen und -angebote aus dem internationalen Bereich.

http://www.star-ventures.de
Eine VC-Gesellschaft in München mit globaler Ausrichtung und internationalen Investitionen.

Einige Beteiligungsgesellschaften, nach Branchen geordnet (ohne Anspruch auf Vollständigkeit):

Internet:

http://www.atlasventure.com, http://www. technologieholding.de, http://www.apax.com, http://www.wellington.de, http://www.tfg.de

IT / Kommunikation:

http://www.wellington.de, http://www.earlybird-vc.com, http://www.atlasventure.com, http://www.tfg.de, http://www.nwep.com

Biotechnologie / Life Science:

http://www.tvmvc.com, http://www.earlybird-vc.com, http://www.mpmcapital.com, http://www.tfg.de, http://www.technologieholding.de

Software / Prozessoptimierung:

http://www.earlybird-vc.com, http://www.t-venture.de, http://www.apax.com, http://www.tfg.de, http://www.tvmvc.com

Industriedienstleistung:

http://www.apax.com, http://www.nwep.com, http://www.baybg.de, http://www.dvcg.de, http://www.konsortium.de

Das Rechnungswesen im Unternehmen

Buchführung

Grundlage des Rechnungswesens ist die Buchführung, mit der Sie die Wirtschaftlichkeit Ihres Unternehmens überwachen und Plandaten zusammentragen können. Das gesamte Rechnungswesen hier darzustellen, überschreitet den Rahmen dieses Buches; es können an dieser Stelle nur einige Grundlagen erläutert werden. Machen Sie sich daher mit Hilfe von Seminaren kundig, wie sie von Volkshochschulen angeboten werden, und befragen Sie unbedingt auch Ihren Steuerberater sowie Buchführungshelfer, die unter Umständen für Sie die Buchführung übernehmen können. Letzteres entbindet Sie natürlich nicht von der Pflicht, sich mit den Grundlagen vertraut zu machen, damit Sie jederzeit einen Überblick über den Stand Ihres Unternehmens haben.

Grundlage der Buchführung ist, dass Sie über alle Zahlungsvorgänge in Ihrem Unternehmen Belege (Rechnungen, Quittungen, Kassenbons, Bankauszüge, Fahrscheine usw.) aufbewahren. Existieren für gewisse Vorgänge keine Belege, so sind Sie berechtigt und teilweise sogar verpflichtet, selbst Eigenbelege auszustellen. Es gilt der eiserne Grundsatz: *Keine Buchung ohne Beleg!*

Die Einnahmen-Überschuss-Rechnung

Es ist zwischen einfacher und doppelter Buchführung zu unterscheiden. Die einfache Buchführung, auch »Einnahmen-Überschuss-Rechnung« (EÜR) genannt, gilt laut Gesetzgeber für Freiberufler und Kleinunternehmen. Sie ist die denkbar einfachste Form der Buchführung, obwohl auch sie natürlich Arbeit verursacht.

Bei der EÜR werden die Einnahmen und die Ausgaben einander gegenübergestellt; die Differenz macht den Gewinn oder den Verlust aus:

Einnahmen
– Ausgaben
= Bruttogewinn
– Einkommensteuer
– Solidaritätszuschlag
– Kirchensteuer
= Nettogewinn

Einnahmen und Ausgaben sind zeitlich, in der Regel quartals- oder monatsweise, und nach Kostenarten zu ordnen. Zu letzteren gehören Kosten für Werbung und Repräsentation, Miete, Fahrzeugkosten, Kosten für Fachliteratur, Mitgliedsbeiträge von Fachverbänden.

Kleine Unternehmen verpassen oft die Chance, ihre Buchführung auch für eine Kalkulation ihrer Preise heranzuziehen, weil sie sie als eine lästige Pflicht auffassen, zu der sie vom Finanzamt »verdonnert« werden. Da werden einfach die Preise der Konkurrenz »Pi mal Daumen« übernommen, ohne zu überprüfen, ob der Betrieb damit rentabel arbeitet.

Eine ganz einfache Faustregel für kleine Ein-Personen-Betriebe ohne Mitarbeiter, ohne Herstellungskosten, ohne Wareneinsatz sowie unter 75 000 Euro Umsatz pro Jahr ist die »Drittel-Regel«: Ein Drittel der Einnahmen sind fixe und variable Kosten, ein weiteres Drittel Einkommensteuern und das letzte Drittel der Gewinn, also das, was tatsächlich »verdient« wurde.

Wenn Sie einen Nettoverdienst von 50 Euro pro Stunde haben wollen, müssen Sie Ihre Arbeitsstunde dementsprechend mit 150 Euro kalkulieren. Dies gilt aber, wie gesagt, nur für Kleinstbetriebe, und selbst dort können Sie präziser kalkulieren, wenn Sie mit dem *Deckungsbeitrag* operieren. Sie können zum Beispiel abschätzen, ob ein angebotener Auftrag für Sie rentabel ist und ob es sich lohnt, ihn anzunehmen.

Ziehen Sie dazu von der Auftragssumme beziehungsweise Ihrem zu erwartenden Erlös zunächst die variablen Kosten ab. Das sind alle Kosten, die Sie Ihrem Produkt oder Ihrer Dienstleistung unmittelbar zurechnen können, wie Material, Personal, Verpackung, Porto. Dann erhalten Sie den Deckungsbeitrag. Er trägt dazu bei, Ihre Fixkosten abzudecken. Bei manchen Produkten oder Dienstleistungen fällt er höher aus als bei anderen. Ziehen Sie vom Deckungsbeitrag jetzt noch einen angemessenen Anteil Ihrer Fixkosten (wie Miete, Strom, Beratungsleistungen) ab, die unabhängig von Ihrer Auftragslage ohnehin anfallen. Jetzt haben Sie Ihren Gewinn vor Steuern, und zwar unmittelbar bezogen auf den einzelnen Auftrag. Sie können nun feststellen, ob sich der Auftrag für Sie lohnt oder nicht.

Nettoumsatz des Auftrags
– variable Kosten
= Deckungsbeitrag
– anteilige Fixkosten
= Gewinn vor Steuern

Die doppelte Buchführung

Im Handelsregister eingetragene Unternehmen sind gesetzlich zur doppelten Buchführung verpflichtet (vgl. Kapitel 2). Dies gilt auch für Unternehmen, die nicht im Handelsregister stehen, aber

- mehr als 250 000 Euro Jahresumsatz oder
- mehr als 24 000 Euro Gewinn oder
- mehr als 625 000 Euro Betriebsvermögen haben.

In diesen Fällen müssen Sie einen Jahresabschluss erstellen, der im Wesentlichen aus einer Bilanz und der Gewinn- und Verlustrechnung besteht.

Das Wort *Bilanz* leitet sich aus dem Lateinischen »bis lanx« ab und bedeutet sinngemäß »eine im Gleichgewicht befindliche Waage«. Daraus ist ersichtlich, dass die Bilanz die Gegenüberstellung zweier gleichgewichtiger Größen ist, und zwar der Aktiva und der Passiva.

Es wird unterschieden zwischen einer *Beständebilanz* und einer *Erfolgsbilanz*. In der Beständebilanz werden auf die linke Seite (Aktiva) Anlage- und Umlaufvermögen eingetragen und auf der rechten Seite (Passiva) Eigenkapital, Rückstellungen und Verbindlichkeiten (Fremdkapital). In der Erfolgsbilanz werden Aufwendungen und Erträge des Unternehmens innerhalb eines bestimmten Zeitraumes, meist eines Jahres, einander gegenübergestellt.

Bilanz	
Aktiva 1) *Anlagevermögen* Immaterielles Anlagevermögen Grundstücke und Gebäude Technische Anlagen und Maschinen 2) *Umlaufvermögen* Lager und Vorräte Barmittel Forderungen	**Passiva** 1) *Eigenkapital* Gezeichnetes Kapital Neues Eigenkapital Gewinn- oder Verlustvortrag 2) *Rückstellungen* 3) *Verbindlichkeiten* Material und Waren Fremdleistungen Kredite und langfristige Verbindlichkeiten Kontokorrent und kurzfristige Verbindlichkeiten sonstige Verbindlichkeiten (Steuern)
Summe	Summe

Es gilt die Grundregel: Bilanzen müssen ausgeglichen sein. Das heißt, Aktiva und Passiva müssen sich genau die Waage halten.

Eine gezielte Gestaltung der Bilanz unter Ausnutzung der Bilanzierungsvorschriften kann als Steuerungsinstrument eingesetzt werden. Nähere Informationen darüber erhalten Sie von Ihrem Steuerberater.

Aufbewahrungspflichten

Gesetzliche Aufbewahrungspflichten bestehen für alle geschäftlichen Unterlagen, und zwar unabhängig davon, ob das Unternehmen im Handelsregister eingetragen ist oder es sich um einen Freiberufler oder Kleinbetrieb handelt. Zu den geschäftlichen Unterlagen gehören Bilanzen, Jahresabschlüsse, Belege, Bücher, Geschäftskorrespondenz,

Bankauszüge, Buchungsbelege und alle sonstigen für die Besteuerung relevanten Unterlagen.

Seit dem 1. Januar 1999 gilt für alle Unterlagen eine einheitliche Aufbewahrungspflicht von zehn Jahren, beginnend mit dem Ende des Kalenderjahres, in dem die letzte Eintragung vorgenommen wurde.

Für das Kalenderjahr 2001 endet die Aufbewahrungspflicht also am 31.12. 2011. Stammt jedoch eine einzige Aufzeichnung für das Jahr 2001 aus dem Jahre 2002, so endet die Frist erst am 31.12. 2012.

Rechnungswesen und Buchführung

http://www.student-online.net/Publikationen
Eine grundlegende und ausführliche Einführung ins Rechnungswesen.

http://www.brandeins.de/magazin/archiv/2000/ausgabe 04/wissen/artikel3_1.html
Eine Einführung in das Thema Bilanz.

http://www.arnoschneider.de/bwl/skripte.htm
Arno Schneider stellt zu den Themen Buchführung, Jahresabschluss, Finanzierung und Steuern umfangreiche Skripts zum Herunterladen zur Verfügung.

http://www.iaws.sowi.uni-bamberg.de/forschung/projekte/bwl_interaktiv/bflex.htm
Ein Online-Lexikon zu Fragen der Buchführung.

http://www.zingel.de/index0.htm
Viele Informationen zu den Themen Recht, Buchführung, Kostentheorie, Controlling zum Herunterladen. Sehr empfehlenswert!

http://www.focus.de, Rubrik Beruf & Karriere, Existenzgründung
Anhand von Tabellen und Checklisten wird die Kostenarten-, die Deckungsbeitrags-, die Kostenstellen- und die Kostenträgerrechnung erläutert.

http://www.zdnet.de/download
Shareware zu Finanzthemen, die zunächst kostenlos heruntergeladen werden kann. Nach Ablauf einer Frist wird der Kaufpreis fällig.

http://www.das-sprungbrett.de/index_bf.htm
Das Sprungbrett bietet Softwareschulungen in Sachen Buchführung an.

http://www.bilik.de
Training in Sachen EDV und Rechnungswesen.

http://www.kaufmaennischerdienst.de
Der Kaufmännische Dienst bietet das Kontieren und Verbuchen der laufenden Geschäftsfälle an.

http://www.swb.at/b1.shtml
Umfangreiche Informationen zu Finanzwirtschaft, Rechnungswesen und Controlling.

Steuern

Im Folgenden werden kurz die Steuerarten vorgestellt, mit denen Sie es als Unternehmer nach Ihrer Gründung zu tun haben. Auch hier ist für detailliertere Auskünfte ein Steuerberater empfehlenswert.

Die Einkommensteuer

Die Einkommensteuer wird nicht von Unternehmen, sondern von natürlichen Personen entrichtet. Sie hängt von der Höhe des Einkommens ab und ist gestaffelt. Das Gesetz sieht vor, dass sämtliche Einkunftsarten besteuert werden, also Einkünfte aus

- Land- und Forstwirtschaft,
- aus Gewerbebetrieb,
- aus selbstständiger Arbeit (Freiberuflichkeit),
- aus nicht-selbstständiger Arbeit,
- aus Kapitalvermögen,
- aus Vermietung und Verpachtung,
- aus sonstigen Einkünften.

Für Freiberufler ist die Einkommensteuer die einzige Steuerart, die sie zu entrichten haben, abgesehen vom Solidaritätszuschlag, der sich mittlerweile leider als »stillschweigende zweite Einkommensteuer« eingebürgert hat, und von der Kirchensteuer, sofern eine Kirchenmitgliedschaft besteht.

Die Einkommensteuer fällt natürlich nur dann an, wenn Gewinne erwirtschaftet wurden. Bei Verlusten ist ein so genannter »Verlustrücktrag« oder »Verlustvortrag« möglich, der rückwirkend die Steuer für das zurückliegende oder das folgende Jahr reduziert. Allerdings werden Verluste nur dann berücksichtigt, wenn absehbar ist, dass das betreffende Unternehmen auf Dauer wieder Gewinne erwirtschaften wird. Im Gegensatz zur Lohnsteuer wird die Einkommensteuer nicht monatlich, sondern vierteljährlich gezahlt.

Umsatzsteuer

Jutta Kleinschmidt freute sich. Der Bankauszug ihres gerade gegründeten Kleinunternehmens wies im ersten Monat ein Plus von 10 000 Euro aus. Abzüglich ihrer Lebenshaltungskosten und einiger laufender Betriebskosten blieb ihr ein kleines Plus von 2 000 Euro übrig. Sie überlegte sich, dass sie mit den 2 000 Euro Überschuss eine Werbeaktion finanzieren könnte, um weitere Kunden zu akquirieren.

Als sie jedoch ihren nächsten Kontoauszug holte, kam das böse Erwachen: Sie war mit 620,69 Euro im Minus! Was war passiert? Jutta Kleinschmidt hatte nicht bedacht, dass von 10 000 Euro auf ihrem Konto 1 379,31 Euro Umsatzsteuern waren, die sich das Finanzamt inzwischen, entsprechend ihrer Voranmeldung, geholt hatte. Da die Kunden ihre Rechnungen noch nicht beglichen hatten, war sie nun mit dem Differenzbetrag im Minus und musste einen Kontokorrentkredit in Anspruch nehmen.

Die Umsatzsteuer, auch »Mehrwertsteuer« genannt, wird auf alle Waren und Dienstleistungen erhoben. Als Selbstständiger müssen Sie diese Steuer auf jeder ihrer Rechnungen zum Erlös dazuaddieren. Sofern Sie an Geschäftskunden liefern, müssen Sie die Umsatzsteuer getrennt ausweisen, bei einer Lieferung an private Kunden ist das nicht notwendig. Von der Umsatzsteuer ausgenommen sind lediglich

- alle Heilberufe,
- die Gewährung und Vermittlung von Krediten sowie
- die Vermietung und Verpachtung von Grundstücken.

Die Umsatzsteuer beträgt derzeit 16 Prozent. Der ermäßigte Steuersatz von 7 Prozent gilt nur für Lebensmittel, Bücher und Zeitschriften, kulturelle Leistungen sowie Fahrscheine des öffentlichen Personennahverkehrs.

Bemessungsgrundlage ist immer der Nettoerlös: Haben Sie mit einem Kunden ein Honorar von 1 000 Euro vereinbart, so schreiben Sie bei einem Umsatzsteuersatz von 16 Prozent 1 160 Euro auf Ihre Rechnung.

Sie erheben nicht nur Umsatzsteuer, sondern Sie zahlen auch selbst welche, und zwar bei allen Ihren Betriebsausgaben, gleich ob es sich um langfristige Anschaffungen (Anlagevermögen) oder um kurzfristig benötigte Betriebsmittel (Umlaufvermögen) handelt. Die von Ihnen entrichtete Umsatzsteuer heißt »Vorsteuer«. Beide – die von Ihnen erhobene und die von Ihnen errichtete Umsatzsteuer – werden gegeneinander verrechnet, so dass die Formal gilt:

Erhobene Mehrwertsteuer – bezahlter Vorsteuer = Umsatzsteuerlast

Die Umsatzsteuer ist somit für Ihren Betrieb ein *durchlaufender Posten* und wird daher bei Kalkulationen und Finanzplänen auch nicht berücksichtigt.

Die Umsatzsteuerpflicht gilt für alle Betriebe, auch für Freiberufler. Die einzige Ausnahme sind Kleingewerbetreibende, deren Umsatz im laufenden Kalenderjahr voraussichtlich 50 000 Euro nicht übersteigen wird und die im Vorjahr nicht mehr als 16 250 Euro Umsatz gemacht haben. Kleingewerbetreibende können wählen, ob sie für die Umsatzsteuer optieren oder nicht. Lassen sie sich von der Umsatzsteuer befreien, so dürfen sie auf ihren Rechnungen auch keine erheben; andererseits erhalten sie natürlich auch keine Erstattung der von ihnen entrichteten Vorsteuer.

Besonders im ersten Jahr nach der Gründung lassen sich Kleinbetriebe, wozu auch Freiberufler gehören, gerne von der Umsatzsteuer befreien, um sich unnötigen bürokratischen Aufwand zu ersparen. Andererseits sind sie dann aber bei Kunden auch gleich als Kleinunternehmen identifizierbar, was unter Umständen negativ sein kann.

Die Steuer wird im Voraus bezahlt und mit so genannten Umsatzsteuer-Voranmeldungen beim Finanzamt angemeldet. Auf den Anmeldeformularen wird jeweils die erhobene Mehrwertsteuer und die entrichtete Vorsteuer ausgewiesen und die Umsatzsteuerlast errechnet. Die Häufigkeit der Voranmeldung richtet sich nach den Umsätzen: Gezahlt wird normalerweise monatlich; vierteljährliche Zahlungen werden nur dann fällig, wenn die jährliche Umsatzsteuerschuld 6250 Euro nicht übersteigt. Am Jahresende muss dann eine Umsatzsteuererklärung eingereicht werden.

Gerade Freiberuflern, die nur eine einfache Buchführung und keine getrennten Konten für private und geschäftliche Vorgänge haben, passiert es wie Jutta Kleinschmidt häufig, dass sie die in ihrem Bankguthaben enthaltene Umsatzsteuer nicht bedenken oder schlicht vergessen. Damit das nicht geschieht, ist es sinnvoll, zwei getrennte Konten für die getätigten Umsätze und die Umsatzsteuer einzurichten.

Gewerbesteuer

Die Gewerbesteuer ist von allen Gewerbetreibenden zu entrichten; ausgenommen sind lediglich Freiberufler und Landwirte. Für Gewerbetreibende gilt allerdings ein Freibetrag von 24 000 Euro, bis zu dem keine Gewerbesteuer bezahlt werden muss. Dies betrifft aber nicht die GmbHs, die bereits ab dem ersten verdienten Euro Steuern zahlen müssen.

Die Gewerbesteuer ist abhängig vom Gewinn und vom Gewerbekapital eines Unternehmens, aufgrund dessen das Finanzamt den so genannten Gewerbesteuermessbetrag ermittelt. Das Ergebnis multiplizieren die Gemeinden dann mit einem bestimmten Hebesatz, der je nach Standort zwischen einigen wenigen und über 500 Punkten liegt.

Die Gewerbesteuer ist also eine Gemeindesteuer, und der jeweilige Hebesatz wird von den Kommunen unterschiedlich festgelegt. So kommt es, dass selbst in nahe beieinander liegenden Orten der Betrag der zu zahlenden Gewerbesteuer variiert. Beträgt der Hebesatz in Köln zum Beispiel 500 Punkte, so liegt er im nahen Bonn bei 470 Prozent und im ebenfalls nahe gelegenenWesseling nur bei 380 Punkten.

Die Steuerlast der Gewerbesteuer können Sie aktiv beeinflussen, indem Sie eine entsprechende Standortwahl treffen. Erkundigen Sie sich bei den Kommunen nach den Hebesätzen in der gesamten für Sie in Frage kommenden Region. Durch eine geschickte Standortwahl können Sie unter Umständen viele Tausend Euro pro Jahr sparen!

Den letztendlichen Ausschlag für die Standortwahl sollte allerdings nicht der Gewerbesteuerhebesatz geben, sondern die Kernfrage, ob die betreffende Region genügend Kundenpotenzial für Sie hat. Denn es nützt Ihnen natürlich gar nichts, wenn Sie zwar niedrige Gewerbesteuern zahlen, aber dafür auch die Kunden weitgehend ausbleiben. Standortungebundene Unternehmen allerdings, wie etwa Online-Shops oder die wachsende Schar der Telearbeiter, sollten sich in einem sehr weiten Umfeld gründlich mit den diversen Hebesätzen der Kommunen vertraut machen, um die günstigste Wahl zu treffen.

Die Gewerbesteuer ist vierteljährlich zu bezahlen und die Gewerbesteuererklärung jährlich anzufertigen.

Viele Unternehmen bedenken nicht, dass zum Betriebskapital, entsprechend der doppelten Buchführung, auch Dauerschulden und Zinsen gehören. Das heißt, für diese zahlen Sie ebenfalls anteilig Gewerbesteuer! Einen Vorteil hat die Gewerbesteuer aber: Sie mindert als Betriebsausgabe Ihren Gewinn und senkt damit auch die zu entrichtende Einkommensteuer.

Körperschaftsteuer

Die Körperschaftsteuer ist ausschließlich von Kapitalgesellschaften (GmbH, AG) zu entrichten, und zwar auf den Gewinn. Dieser kann ausgeschüttet werden oder im Besitz der Gesellschaft bleiben. Nicht ausgeschüttete Gewinne (so genannte thesaurierte Gewinne) werden mit 40 Prozent besteuert, ausgeschüttete Gewinne mit 30 Prozent. Da jedoch auf die ausgeschütteten Gewinne zusätzlich die Einkommensteuer entfällt, entsteht hier für das Unternehmen eine Zwickmühle: Soll es mehr Gewinne ausschütten und der Unternehmer dafür höhere Einkommensteuer in Kauf nehmen? Oder soll der Betrieb durch Einbehaltung der Gewinne zwar die Einkommensteuer niedrig halten, aber eine höhere

Körperschaftsteuer entrichten? Auf diese Fragen gibt es keine allgemein gültige Antwort; sie sind vielmehr von Fall zu Fall zu entscheiden, und zwar am besten in Absprache mit einem Steuerberater.

> Eine geschickte Wahl der Rechtsform (zum Beispiel Einzelunternehmen oder Ein-Personen-GmbH) kann dazu beitragen, die Steuerlast niedrig zu halten.

Steuern

http://www.gruenderstadt.de/Infopark/steuern.html
Infos zu den verschiedenen Steuerarten mit Links.

http://www.personalverlag.de/produkte/buchfuehrung
Der Personalverlag bietet das Praxishandbuch *Buchführung & Steuern* an, außerdem einen kostenlosen Steuer-Newsletter.

http://www.steuerlinks.de
Umfangreiche Linksammlung zu vielen Detailfragen des Steuerrechts inklusive Download.

http://www.steuertips.de
Angebot von diverser Software und Loseblattwerken zum Thema Steuern.

http://www.dta.de
Die Deutsche Ausgleichsbank bietet im Gründerzentrum Informationen über die verschiedenen Steuerarten, einen Steuerkalender und Steuerberater.

http://www.tz-bg.de/tzappl/steuer.htm
Das Rheinisch-Bergische Technologiezentrum gibt eine sehr gute Übersicht über steuerliche Besonderheiten speziell bei der Unternehmensgründung. Sehr verständlich und auch für Klein(st)betriebe brauchbar!

http://www.ihk-koeln.de/existenzgruendung/merkblaetter/Steuern.htm
Die IHK Köln gibt Merkblätter zum Thema Steuern heraus.

http://www.ihk.de/3ber/diht035.htm
Übersicht über die Gewerbesteuersätze deutscher Städte mit über 50 000 Einwohnern.

http://www.fsai-fh-trier.de/~holert/steuer/steuertutorial.html
Sechs Lektionen rund um die Berechnung verschiedener Steuerarten.

http://www.steuer-newsletter.de
Hier wird ein kostenloser Newsletter zum Thema Steuern angeboten.

http://www.steuernetz.de
Zugang zu einem Steuer-Lexikon, zu Gesetzestexten und -urteilen, zu AfA-Tabellen usw.

5
Qualifizierte Unterstützung von Experten

Existenzgründungs- und Unternehmensberater

Laut Statistik des Bundeswirtschaftsministeriums macht jeder zweite Gründer den Schritt in die Selbstständigkeit ohne qualifizierte Beratung, was mitunter fatale Folgen haben kann: Da werden Finanzierungs- und Fördermöglichkeiten nicht genügend ausgeschöpft, unzureichende Marktanalysen vorgenommen, keine Verträge mit Partnern geschlossen oder viel zu hohe Investitionen getätigt. Die Gründer neigen dazu, in der ersten Phase der Euphorie falsche Prioritäten zu setzen, die dem geschäftlichen Erfolg abträglich sind, oder Probleme einfach zu verdrängen. Hinzu kommt meist die Unfähigkeit, eigene Fehler und persönliches Versagen einzugestehen – vor sich selbst und natürlich der Umwelt. Erst wenn Zahlungsunfähigkeit besteht oder der Krach mit dem Geschäftspartner eskaliert, nehmen manche Gründer Beratung in Anspruch, doch dann ist es oft schon zu spät und das junge Unternehmen muss Konkurs anmelden.

Jungunternehmer sollten in jedem Fall externe Hilfe und Beratung annehmen. Unabhängige beziehungsweise auf Existenzgründer spezialisierte Berater werfen einen nüchternen, neutralen, sachlichen und objektiven Blick auf das geplante Vorhaben und können von Anfang an auf Schwachstellen im Konzept hinweisen, Informationsdefizite ausgleichen und so manches Unheil verhindern helfen. Dabei ist nicht nur die Hilfe bei der Erstellung eines Businessplans oder bei der Aufspürung von Fördermitteln wichtig, sondern auch eine gewisse ganzheitliche Unterstützung über einen längeren Zeitraum hinweg.

Nehmen Sie in jedem Fall die diversen Beratungsangebote für Existenzgründer wahr. In Deutschland herrscht derzeit ein sehr gründerfreundliches Klima, so dass Sie keine Schwierigkeiten haben dürften, ein für Sie passendes Beratungsangebot zu finden. Existenzgründerberatungen werden finanziell gefördert.

Darüber hinaus gibt es viele fundierte, für Sie meist unentgeltliche Beratungen, beispielsweise bei den Industrie- und Handelskammern und der Deutschen Ausgleichsbank, aber auch spezielle Dienstleistungen wie »Alt hilft jung« oder »Senior Experten Service«. Auch die verschiedenen Messen, Existenzgründertage und nicht zuletzt Gründerzentren (vgl. Kapitel 2) bieten qualifizierte Beratung.

Allgemeine Gründungsberatung

http://www.bmwi.de
Das Bundeswirtschaftsministerium bietet zwar keine persönliche Beratung oder entsprechende Veranstaltungen, die für Sie kostenfreien umfangreichen Materialien sind jedoch ausgesprochen nützlich.

http://www.dta.de/noframes/services/berat_agentur.html
Umfangreiche Beratung und Information zu den unterschiedlichsten gründungsrelevanten Themen. In der Beratungsagentur der Deutschen Ausgleichsbank finden Sie ehrenamtlich tätige Paten, die für junge Betriebe in den neuen Bundesländern eine Patenschaft übernehmen und Ihnen mit Rat und Tat zur Seite stehen.

http://www.h-online.net/organ
Über die Homepage der deutschen Handwerkskammern gelangen Sie zu der für Sie zuständigen Handwerkskammer mit den dementsprechenden Angeboten für Gründer.

http://www.ihk.de
Homepage der Industrie- und Handelskammern. Wenn Sie Ihr Bundesland und ihre Stadt eingegeben haben, bekommen Sie eine Liste mit Veranstaltungen, die sich speziell an Existenzgründer richten, beispielweise Förderinitiativen, praxisorientierte Veranstaltungen und Spezialseminare.

Gründermessen

http://www.deutsche-existenz-gruendertage.de
Die Deutschen Existenzgründertage sind eine Fachmesse für Existenzgründung, Unternehmensauf- und -ausbau sowie -nachfolge.

http://www.start-messe.de
Für Existenzgründer ein Muss: Termine der bundesweit stattfindenden Existenzgründermesse *Start,* inklusive der erforderlichen Informationen über Aussteller, Öffnungszeiten und Vortragsprogramme sind hier zusammengestellt.

http://www.stern.de/startup
Neben den Infos zum Gründerwettbewerb Startup finden Gründer hier eine täglich aktualisierte Termindatenbank mit Gründermessen, Gründertreffen und Seminaren.

Themen für die Beratung

An der Fachhochschule in Trier wurde 1998 in einer großangelegten Studie ermittelt, in welchen Bereichen Gründer die größten Informationsdefizite und damit auch den größten Beratungsbedarf haben. Zum einen betrifft dies »harte« Faktoren betriebswirtschaftlicher Art: die kaufmännische Begleitung beim Start, die kaufmännische Abwicklung der Unternehmensführung, Betriebsübernahme, Verhandlungsführung, Vertrieb, Versicherungen, die Risikoverteilung zwischen Gründer, Bank, Kunden und anderen beim Start, die Bewertung des Gründungsvorhabens (nach Kennziffern), die Vergabe von Randleistungen »nach außen«, Einkaufsquellen/Konditionen sowie Einkauf und Lieferantenverhandlungen. Zum anderen betrifft dies »weiche« Faktoren wie Eignung/Qualifikation des Gründers, Marktchancen von Produkt oder Dienstleistung, Wahl und Prüfung der Geschäftsidee, Vorbereitung, Informationsbeschaffung, Gestaltung des Marketing-Mix sowie der Kontakte zu Geschäftspartnern.

Folgende Themen sollten Gegenstand einer qualifizierten Beratung sein:

- Konzept und Umsetzung der geplanten Gründung: Ist der Gründer von der Persönlichkeit her geeignet, verspricht die Geschäftsidee ein Erfolg zu werden?

- Erstellung eines Businessplans: Darstellung der Unternehmensziele und der dafür erforderlichen Aktivitäten, auch im Marketing-Bereich (vgl. Kapitel 4).
- Finanzierungskonzept: Wie kann eine Finanzierung aussehen, welche öffentlichen Fördermittel können in Anspruch genommen werden, sind Eigenmittel vorhanden, wie sieht ein geeigneter Finanzierungsmix aus?
- Planung der Rentabilität: Ein Rentabilitätsplan ermittelt den voraussichtlichen Gewinn zum eingesetzten Kapital. Kreditinstitute oder die Deutsche Ausgleichsbank fordern von Ihnen zur Gewährung eines Kredits eine Rentabilitätsplanung für drei bis fünf Jahre.
- Wahl der optimalen Rechtsform: GmbH, GbR, OHG oder Partnergesellschaft? Ein qualifizierter Berater wird Ihnen helfen, die für Sie und Ihr Unternehmen am ehesten geeignete Rechtsform festzulegen.

Die Beratersuche

An Existenzgründungs- und auf Gründer spezialisierten Unternehmensberatungen herrscht derzeit wahrlich kein Mangel. Man könnte schon von einem wahren »Beraterdschungel« sprechen. Umso wichtiger ist es, dass Sie Ihren richtigen Berater finden, der genau zu Ihnen und Ihren speziellen Bedürfnissen passt.

Als erste Orientierungshilfe kann zunächst einmal der Status Ihrer Gründung dienen: Bewegen Sie sich noch in einer Phase der allgemeinen Orientierung, sollten Sie auf die vielen unentgeltlichen Beratungsangebote zurückgreifen, wie sie von der IHK, den Handwerkskammern, der DtA, den Arbeitsämtern oder regionalen Initiativen angeboten werden. In den genannten Institutionen sitzen in der Regel Generalisten, die allgemeine Fragen rund um die Gründung beantworten können.

Hat Ihr Gründungsvorhaben ein fortgeschritteneres Stadium erreicht, in dem es um die Erstellung eines ausgefeilten Konzepts oder eines Businessplans geht, sollten Sie jedoch detaillierte und spezialisierte Beratung in Anspruch nehmen. Spezialisten zu den Gebieten Steuern, Betriebsführung, Recht, Vertragsgestaltung et cetera können Ihnen mit fundierten Kenntnissen zur Seite stehen. Existenzgründungsberater sind in der Lage, Ihnen ein Unternehmenskonzept zu erstellen und begleiten Sie beispielsweise auch zu Verhandlungen mit Kreditinstituten oder zukünftigen Geschäftspartnern. Auch kennen sie sich mit betriebswirtschaftlichen Themen wie Marketing, Controlling und Organisation aus. Unternehmensberater gibt es – da die Berufsbezeichnung nicht geschützt ist – wie Sand am Meer. Sie sollten darum bei der Auswahl eines solchen Beraters auf bestimmte Qualitätsmerkmale achten:

- Empfehlenswert, aber nicht unerlässlich ist die Mitgliedschaft im Bundesverband Deutscher Unternehmensberater. Bei der Aufnahme in diese Vereinigung werden Qualifikation, berufliche Eignung und Erfahrung überprüft.
- Ein weiteres, allerdings eher seltenes Qualitätsmerkmal ist der international anerkannte, im Rahmen eines strengen Verfahrens verliehene Titel »Certified Management Consultant«. Bedingung für die Verleihung sind unter anderem drei- bis acht-jährige Berufserfahrung, die Präsentation von drei Beratungsprojekten und ein Prüfungsinterview. Hält ein Berater die strengen Berufsregeln nicht ein, wird er durch einen Ehrenrat verwarnt oder aus dem Berufsregister ausgeschlossen.

Auf der Homepage des Bundesverbandes Deutscher Unternehmensberater finden Sie eine Liste der Unternehmensberater, die sich auf Existenzgründung spezialisiert haben: ***http://www.bdu.de/beraterauswahl.***

Für die Beantwortung von steuerrechtlichen sowie betriebswirtschaftlichen Fragen sollten Sie einen Steuerberater aufsuchen. Er kann auch feststellen, welche Rechtsform für Ihr Unternehmen am günstigsten ist. Erkundigen Sie sich nach der betriebswirtschaftlichen Ausbildung des jeweiligen Steuerberaters; ohne dieses Know-how wird der Steuerberater Ihnen die nötigen Zusammenhänge nicht erklären können. Von Vorteil wäre es auch, wenn Ihr Steuerberater Kenntnisse der Branche hat, in der Sie sich selbstständig machen wollen. Vielleicht betreut er ja andere Mandanten aus eben dieser Branche. Stellen Sie darüber hinaus sicher, dass sich der Steuerberater persönlich um Ihre Angelegenheiten kümmert und auch einmal kurzfristig für einen Termin zur Verfügung steht. Eine kleine, engagierte und junge Kanzlei erweist sich mitunter als flexibler als eine »große« Kanzlei, in der Sie ohne vorherige Terminvereinbarung gar nicht über die Schwelle kommen.

Unter ***http://www.steuerberater-suchservice.de*** finden Sie Steuerberater in Ihrer Nähe.

Rechtsanwälte und Notare unterstützen Sie bei vertraglichen Fragen aller Art. Bei der Entscheidung für einen Anwalt sollten Sie möglichst auf persönliche Empfehlungen zurückgreifen. Fragen Sie Freunde, Bekannte, Kollegen. Der bestausgebildete Spezialist nützt Ihnen nichts, wenn er Sie mit Ihrem Vorhaben nicht ernst nimmt. Gehen Sie zu unverbindlichen Beratungsgesprächen bei mehreren Anwälten, bevor Sie sich für einen entscheiden.

Im Internet finden Sie unter ***http://www.AnwaltAuskunft.de*** ein entsprechendes Verzeichnis. Auch die Bundesrechtsanwaltskammer bietet unter ***http://www.brak.de*** entsprechende Hilfe an.

Spezielle Beratungsangebote gibt es für diejenigen Gründer, die aus der Arbeitslosigkeit in die Selbstständigkeit starten wollen, sowie für Frauen und Hochschulabsolventen.

Es gibt ein eisernes Prinzip bei der Suche nach passenden Beratern: Greifen Sie auf persönliche Empfehlungen zurück, wo Sie nur können!

Folgende Zusammenfassung verdeutlicht noch einmal, welche Beratungsinstitutionen Sie in welchen Gründungsphasen aufsuchen beziehungsweise kontaktieren sollten:

- *Vor der Gründung:*
  Orientierungsphase: IHK, Handwerkskammern, regionale Initiativen, Wettbewerbe, Gründungsmessen, Gründertage, Unternehmensberater

Konzeptentwicklung: IHK, Handwerkskammern, Alt hilft jung, SES, Regionale Initiativen, Wettbewerbe, Unternehmensberater
Finanzierung: IHK, HWK, Kreditinstitute, regionale Initiativen, Wettbewerbe, Steuerberater, DtA-Beratungsdienst

- *Nach der Gründung:*
  Begleitung: Regionale Initiativen, DtA-Beratungsagentur, Alt hilft jung, SES, Wettbewerbe, Unternehmensberater
  Krisenberatung: Runde Tische der DtA, DtA-Beratungsagentur, Steuerberater, Unternehmensberater, Kreditinstitute

Wichtiges Qualitätskriterium, das für alle Arten von Beratern gilt, ist die unentgeltliche Erstberatung beziehungsweise das unentgeltliche und unverbindliche Erstinformationsgespräch. Wenn Sie sich für einen Berater entschieden haben, sollten Sie mit diesem einen Vertrag schließen. Halten Sie dort folgende Punkte fest: genaue Aufgabenstellung, Ziele (auch Modifizierung festhalten), Dauer der Beratung, Preis, Leistungsumfang, Termine, alle Kosten (auch Reisekosten). Zahlen Sie Ihre Rechnung erst dann, wenn der Berater erste Arbeitsschritte vorgenommen hat oder wenn erste Teilergebnisse vorliegen. Vereinbaren Sie in keinem Fall Pauschalsätze, die sich an Ihren zukünftigen Umsätzen orientieren!

Existenzgründungsberater

http://www.akademie.de
Die Learning Community bietet Beratung, Information und Seminare für Existenzgründer.

http://www.alt-hilft-jung.w3d.de/html/kontakt/main.html
Die Aktivsenioren von »Alt hilft jung« helfen auch Gründern bei der Realisierung ihres Vorhabens – und das ehrenamtlich beziehungsweise für eine geringe Aufwandsentschädigung. Es sind Manager oder Firmeninhaber im Ruhestand, die ihr auf jahrelanger Berufserfahrung aufbauendes Know-how an die nachwachsende Unternehmer-Generation weitergeben wollen. Kosten: Ersatz für Auslagen.

http://www.bdu.de
Register mit Unternehmensberatern, Broschüre mit Tipps zur Beraterauswahl und Liste mit spezialisierten Gründungsberatern erhältlich.

http://www.betriebsberatung.de
Eine auf EKS-Basis arbeitende Existenzgründungsberatung, die sich im Bereich der Fördermittel gut auskennt.

http://www.bio-regio.de
Beratung, Förderung, Informationen und Links für Gründer aus dem BioTech-Bereich.

http://www.bju.de/existenz
Dieses Existenzgründerforum ist eine Initiative des Bundesverbandes Junger Unternehmer. Hier haben Gründer die Möglichkeit, Kontakte zu Unternehmern oder anderen Gründern zu knüpfen, um praxisgerechte Ratschläge zu erhalten und Erfahrungen auszutauschen.

http://www.bju.de/Gruenderwerkstatt
Gründerwerkstatt des Bundes Junger Unternehmer: Forum mit Kurzvorträgen und Diskussionen von Unternehmern und Gründern, Kontakte zu Beratern, Venture Capitalists, Business Angels, Workshop.

http://www.cyberforum.de
Cyberforum ist ein virtueller Technologiepark in der Technologie-Region Karlsruhe. Interessant für Gründer sind die Veranstaltungshinweise, die Workshops, Seminare und Beratungen auflisten.

http://www.deutsche-wirtschaft.de
Deutsche-Wirtschaft.de hält Informationen, Hilfestellungen und Übersichten zum Thema Wirtschaft bereit und richtet sich in erster Linie an Unternehmen. Ein Sonderthema behandelt jedoch Existenzgründer und Jungunternehmer, und diese Linkliste kann sich sehen lassen: Beratung, regionale Anlaufstellen, Hochschulabsolventen als Gründer und Wettbewerbe.

http://www.dfg.de/ideenwerkstatt
Die Ideenwerkstatt der Deutschen Forschungsgemeinschaft unterstützt junge Wissenschaftler beim Start in die Selbstständigkeit durch »Ideen- und Kontaktmanagement«.

http://www.dta.de
Die Deutsche Ausgleichsbank hält eine Datenbank mit Existenzgründungsberatern für Sie bereit.

http://www.econsult24.de
eConsult ist eine virtuelle Kanzlei für Unternehmens-, Steuer- und Rechtsberatung, die Ihnen zunächst eine Datenbank zur Verfügung stellt, in der Sie recherchieren können, Ihnen dann aber auch die – natürlich kostenpflichtigen – Dienste von »echten« Beratern anbietet.

http://www.erfolgreich-selbstaendig.de
Das UnternehmerFörderZentrum Sachsen wartet mit folgendem Angebot für Gründungswillige, Existenzgründer und Jungunternehmer auf: Assessment Center, Workshops, Beratung, Information, Begleitung und Unterstützung, Bibliothek und einem jederzeit nutzbaren Internetzugang.

http://www.esa-n.de
Die Entrepreneurship-Akademie in Nordbayern bietet angehenden Existenzgründern in Workshops und Veranstaltungen Know-how und Beratung rund um Businessplan, Finanzierung und Marketing.

http://www.existenzgruendung-hessen.de
Spezielle Hilfe und Unterstützung finden hier Existenzgründer aus Hessen.

http://www.exzet.de
Das EXZET in Stuttgart betreut Gründer in den unterschiedlichsten Phasen ihrer Gründung. Die angehenden Unternehmer können darüber hinaus an Kursen teilnehmen und bekommen am Ende eine Bewertung ihrer Geschäftsidee. Das Projekt wird finanziell gefördert und kostet darum nur wenige hundert Mark für einen sechsmonatigen Service.

http://www.fh-lueneburg.de/netzwerk
Das Gründungsnetzwerk der Region Lüneburg verschafft Ihnen einen Überblick über Förderprogramme und bietet neben Seminaren und Veranstaltungen auch Informationsschriften für Gründer.

http://www.forumkiedrich.de
Die Gründerinitiative der IT-Unternehmensberatung CSC Ploenzke bringt angehende Unternehmer mit Mentoren aus Wirtschaft, Wissenschaft, Verwaltung und Politik zusammen; Gründermärkte.

http://www.group50.de
Erfahrene Manager bieten Ihnen und Ihrem Unternehmen Know-how

zur Bewältigung der in der Unternehmensführung auftretenden Probleme an.

http://www.gruender.net
Bildungswerk der Wirtschaft in Berlin und Brandenburg; dort gibt es Beratung für diejenigen, die sich mit innovativen oder technologieorientierten Produkten und Dienstleistungen selbstständig machen.

http://www.gruenderstadt.de
Seminare für Existenzgründer bieten nicht nur handfeste Beratung, sondern auch die unschätzbaren Kontakte zu Menschen, die sich in der gleichen Situation befinden wie Sie.

http://www.gruenderwerkstatt.de
Die Gründerwerkstatt ist eine Initiative des BJU und des Gerling Konzerns, die junge Gründer bei der Etablierung ihres Unternehmens am Markt unterstützt, und zwar in Form von Foren, Workshops und einem Wettbewerb.

http://www.idee-ev.de
Der Verein IDEE e.V. bietet praxisorientierte Wissensvermittlung, insbesondere für Existenzgründungswillige auf dem Weg in die Selbstständigkeit. Sowohl die Vereinsmitglieder als auch alle Mitstreiter sind selbstständige Unternehmer, die Know-how und Tipps für angehende Gründer in Form von Workshops weitergeben, auch speziell für Arbeitslose.

http://www.ihk-koeln.de/existenzgruendung/merkblaetter/ausland.htm
Die IHK Köln bietet Informationen zu den Bestimmungen, die ausländische Existenzgründer in Deutschland erfüllen müssen.

http://www.ist-web.de
Am IST-Studieninstitut für New Business in Düsseldorf können potenzielle Jungunternehmer einen siebenmonatigen Weiterbildungskurs absolvieren, der sie beim Start in die berufliche Selbstständigkeit unterstützt. Der Kurs heißt »Start up Business – Existenzgründung und Existenzsicherung«.

http://www.it-adventure.de
Beratung und Finanzierung von Start-ups aus dem IT-Bereich wird von dieser Aktiengesellschaft für Beteiligungen angeboten.

http://www.innovations-netz-bayern.de
Diese Seiten bieten Ihnen die Möglichkeit, sich schnell und gezielt über bayerische Institutionen mit öffentlich-rechtlichem Bezug zu informieren, die Technologie und Innovation fördern und unterstützen.

http://www.kroheck.de
»Rational« oder »emotional« kann man sich diese gut gemachte Homepage der Unternehmensberatung Kroheck und Partner zugänglich machen, die sich unter anderem auf die Beratung von Start-ups im IT-Bereich spezialisiert hat.

http://www.n-u-k.de
Berufsverband Neues Unternehmertum Köln-Bonn-Aachen e.V., der auf Initiative des Konzerns Gerling, der Unternehmensberatung McKinsey und der Stadtsparkasse Köln gegründet wurde. Ziel ist es, junge Menschen mit Geschäftsideen zu animieren, ihre Ideen auszubauen und zu realisieren. Unter anderem sollen unternehmerische Fähigkeiten vermittelt werden.

http://www.rkw.de
Das Rationalisierungs- und Innovationszentrum der Deutschen Wirtschaft hilft Existenzgründern, und zwar durch Veröffentlichungen und Weiterbildungsangebote. Das RKW hat seine Zentrale in Eschborn bei Frankfurt, es gibt jedoch Niederlassungen in allen Bundesländern.

http://www.science4life.de
Hessische Technologiestiftung für Gründer aus den Bereichen Pharma-, Medizintechnik, Labor.

http://www.SES-Bonn.de
Senior-Experten-Service: vertiefende Problemlösung durch ehemalige Fach- und Führungskräfte aus der Wirtschaft; Schwerpunkt: Lösung technischer Probleme bei Gründungen und Unternehmen im Ausland; Kosten: Ersatz der Auslagen vor Ort.

http://www.smb-consulting.de
Gründungswillige aus der Bundesrepublik können hier an kostenlosen Existenzgründungsseminaren teilnehmen. Das Projekt befindet sich noch in der Startphase, so dass das Angebot noch nicht in allen Regionen realisiert werden konnte, anschauen lohnt sich dennoch.

http://www.startconsult.de
Hier können Sie sich via Internet von Fachspezialisten kostenlos und ortsunabhängig eine Erstberatung »abholen«.

http://www.stern.de/startup/adressen/index.php3
In der hervorragende Adressen-Datenbank des Start-up-Wettbewerbs des Magazins *stern* finden Sie Beratungshilfen beziehungsweise Berater. Sie können gezielt nach Beratern in Ihrer Nähe suchen.

http://www.ugb-leipzig.de
Im Unternehmensgründerbüro Leipzig bekommen Existenzgründer eine Grundberatung sowie branchenspezifische Informationen und Hilfe bei der Geschäftsplanerstellung, Seminare und Trainings.

http://www.uni-erlangen.de/ifb
Das Institut für Freie Berufe Nürnberg bietet Gründungsberatung für Freiberufler im Kultur- und Medienbereich. Das Beratungskonzept umfasst die Besonderheiten der freiberuflichen Niederlassung, aber auch die Gründung im Allgemeinen sowie die Unterstützung in der Nachgründungsphase.

http://www.vbwu.com
Der Verband der Betriebs-Wirtschafts-Unternehmensberater bietet eine bundesweite Vermittlung des jeweils benötigten Beraters vor Ort an.

http://www.vdivde-it.de/gruenderleitfaden
Dieser Gründerleitfaden Multimedia ist ein hervorragendes Dokument, das Sie zu Chancen und Risiken der Gründung im Bereich Multimedia informiert.

Kosten für die Beratung

Unternehmensberater, Steuerberater und Rechtsanwälte verlangen selbstverständlich Honorare, die Sie aber nicht scheuen sollten. Qualifizierte Beratung zahlt sich spätestens dann aus, wenn etwas schief zu gehen droht.

Existenzgründer können staatliche Zuschüsse für 50 Prozent der Kosten beantragen, die ihnen durch die Beratung entstehen.

Im Rahmen der Förderprogramme von Bund und Ländern gibt es für Sie drei Möglichkeiten: Wenn Sie eine Beratung *vor* der Gründung in Anspruch nehmen, beträgt der staatliche Zuschuss 50 Prozent der Kosten beziehungsweise maximal 1 250 Euro. Wenn Sie innerhalb von zwei Jahren *nach* der Gründung eine Aufbauberatung benötigen, bekommen Sie ebenfalls 50 Prozent der Kosten erstattet, jedoch maximal 1 650 Euro. Jede weitere Beratung wird mit 40 Prozent der Kosten bezuschusst, es werden jedoch höchstens 1 600 Euro vom Staat übernommen. Innerhalb eines Bemessungszeitraums von fünf Jahren liegt die Höchstgrenze für alle Zuschüsse also bei 4 450 Euro.

Zuständig für Einzelheiten zur Beratungsförderung ist das Bundesamt für Wirtschaft, das Sie im Internet unter *http://www.bawi.de* finden. Auch das Bundeswirtschaftsministerium gibt hierzu Auskunft, nähere Infos unter *http://www.bmwi.de.* Ganz wichtig ist, dass Sie Ihre Anfragen zum Förderverfahren rechtzeitig stellen!

Finanzielle Förderung von Beratungen

http://www.ifex.de
Das Informationszentrum für Existenzgründungen (ifex) fördert die Angebote verschiedener Wirtschaftsorganisationen in Baden-Württemberg. Neben der kostenlosen Erstberatung bei Industrie- und Handelskammern sowie Handwerkskammern kann auf Beratungsdienste einzelner Verbände zugegriffen werden, die eine intensive Betreuung in der Gründungs- und Aufbauphase gewährleisten.

http://www.toka-beratung.de/Beratungsfoerderung/Bund/bund.htm
Der Personal- und Unternehmensberater Tobias Kafurke hat auf seiner Homepage eine Zusammenstellung aller Beratungsfördermöglichkeiten von Bund und Ländern zusammengetragen.

Beachten Sie zu diesem Thema auch die in Kapitel 4 gelisteten Internet-Adressen zu Fördermitteln.

Business Angels

Seit einigen Jahren setzt sich im Gründermilieu Deutschlands eine Idee aus Amerika durch: Die so genannten »Business Angels« – berufserfahrene Mentoren mit Know-how und Kapital – nehmen junge Unternehmen und deren Gründer unter ihre Fittiche und stehen ihnen mit Rat und Tat sowie Kapital zur Seite. Die Business Angels möchten aussichtsreichen Gründern zu geschäftlichem Erfolg verhelfen, indem sie ihre eigenen, in langjähriger Berufstätigkeit erworbenen Ideen weitergeben.

Außerdem wollen sie ihr eingesetztes Kapital durch eine Beteiligung am Unternehmen vermehren; allerdings geben die meisten Business Angels an, dass der Spaß an der Sache wichtiger als der Profit sei. Bisher waren es schon knapp 30 000 »Angels«, die in Deutschland ungefähr 0,7 Milliarden Euro in aufstrebende Betriebe investiert haben.

Für die Jungunternehmer sind die »Wirtschaftsengel« in zweierlei Hinsicht wichtig: Business Angels schließen mit ihren Investitionen genau die Lücke, die möglicherweise zwischen nicht gewährten Bankkrediten und abgesprungenen Wagniskapitalgebern (wegen des zu geringen Kapitalbedarfs) entstanden ist (vgl. dazu Kapitel 4). Aber auch das Know-how, die Erfahrung und nicht zuletzt die in jahrelanger Berufstätigkeit aufgebauten Kontakte des Business Angels stellen für Jungunternehmer einen unschätzbaren Wert dar.

Im Internet gibt es das Business Angels Forum, und zwar unter der Adresse ***http://www.business-angels.de***.

Dieses Forum ist wie ein Katalog aufgebaut, in dem sich sowohl die Jungunternehmen als auch die Business Angels darstellen können, auf Wunsch auch anonym. Bei Interesse kann via E-Mail Kontakt aufgenommen werden.

Voraussetzung für eine Aufnahme in das Forum ist, dass auf Seiten des Jungunternehmens ein gewisses Wachstumspotenzial gegeben ist, denn die Business Angels sind meist nur bei erfolgversprechenden Unternehmen zu einer Investition bereit. Auf Seiten des Business Angels sollte die Bereitschaft vorhanden sein, Know-how und Kontakte in die Verbindung mit einzubringen sowie Kapital zur Verfügung zu stellen. Aber auch Beratung und Coaching auf ehrenamtlicher Basis sind möglich. Die Aufnahmeunterlagen können Sie direkt von der Internetseite herunterladen.

Eine Partnerschaft mit einem Business Angel kann jedoch nur gut gehen, wenn die Erfahrungen auf der einen Seite genau die Schwachstellen der anderen Seite abdecken. Wenn Ihnen Kontakte in der IT-Branche fehlen, damit Ihr Unternehmen im Markt Fuß fassen kann, nützt Ihnen ein Angel aus der Baubranche natürlich nicht viel. Auch sollten Sie – wie bei jedem anderen Berater – Wert darauf legen, dass Sie ein persönliches Vertrauensverhältnis aufbauen können und mit Ihren Anliegen ernst genommen werden. Auch hier gilt:

Ohne Vertrag sollten Sie sich nicht auf eine Beziehung zu Ihrem Business Angel einlassen. Einen entsprechenden Mustervertragstext finden Sie ebenfalls auf der genannten Internet-Seite.

Generell sollten Sie als Jungunternehmer folgende Punkte beachten:

- Legen Sie von Anfang an Wert auf vertrauliche Behandlung Ihrer Geschäftsidee. Schließlich gewähren Sie einem zunächst Fremden Einsicht in Ihre Geschäftsaktivitäten. Es kann immer passieren, dass Sie nach einigen Begegnungen feststellen, dass Sie nicht zueinander passen; für diesen Fall sollten Sie sich schützen.
- Gewähren Sie Ihrem Business Angel erst bei Abschluss eines Vertrages die Exklusivität. Es kann selbst in letzter Minute noch geschehen, dass er »abspringt«; wenn Sie dann parallel mit anderen Kapitalgebern verhandelt haben, umso besser! Außerdem können Sie bessere Konditionen aushandeln, wenn Sie noch andere Investoren in petto haben.
- Gewisse Dinge sollten Sie unabhängigen und objektiven Experten überlassen, beispielsweise bei einer Betriebsübernahme die Ermittlung des Unternehmenswertes.
- Handeln Sie mit Ihrem Business Angel genau aus, welche Entscheidungen seiner Zustimmung bedürfen. Bedenken Sie dabei, dass der Angel meist nicht mehr als 10 Prozent Anteile an Ihrer Firma hält.
- Vereinbaren Sie auch hier – wie bei Verträgen mit anderen Beratern – schriftlich gewisse Zielvorgaben oder Meilensteine und legen Sie

fest, was passieren soll, wenn Ihr Unternehmen diese Zielvorgaben nicht erfüllen kann.

- Legen Sie auch die Konditionen für eine Auflösung der Partnerschaft mit Ihrem Business Angel fest. Denken Sie daran, was mit dem Unternehmensanteil passieren soll, den Ihr Angel hält.

Business Angels

http://www.angel-investors.de
Informationen über die Möglichkeiten der gesellschaftsrechtlichen Einbindung von Business Angels in junge Unternehmen.

http://www.baar-ev.de
Business Angels Agentur Ruhr mit Hinweisen zu Veranstaltungen, Fort- und Weiterbildungen sowie einem umfangreichen »Gründer Support«.

http://www.ba-hh.de
Das Netzwerk der Business Angels in Hamburg ist noch im Entstehen begriffen und bezieht solange seine Informationen noch von der »offiziellen« Business Angels Homepage (siehe oben).

http://www.business-angels.de
Vermittlung von Business Angels an Existenzgründer beziehungsweise von Jungunternehmen an die erfahrenen Mentoren und Investoren. Sie finden auch einen Mustervertrag zur Beteiligung des Förderers sowie Links zu den Regionalstellen der Business Angels oder den internationalen Anlaufstellen.

http://www.business-angels-nrw.de
»Zwei Flügel zum Erfolg« heißt es auf dieser Homepage der Business Angels in Nordrhein-Westfalen, die »Privates Kapital und Know-how für Innovation« versprechen.

http://www.clubbusinessangels.com
Homepage des französischen Business Angels Clubs.

http://www.equityinternational.com
Business Angels International mit Erfahrungsberichten über Investoren und Gründer aus der ganzen Welt sowie nützlichen Hinweisen zum US-Risikokapitalmarkt.

http://www.fntev.de
Im Munich Business Angel Network sind bereits mehr als 160 Gründerteams sowie 70 erfahrene Unternehmer und Manager als Angels registriert.

http://www.investitionsbank.de
Unter dem Stichwort »Wirtschaftsförderung« finden Sie den Business Angels Club Berlin, der innovative, technologieorientierte Gründer mit Business Angels zusammenführen will.

http://www.ispo.cec.de
Das European Business Angel Network EBAN unterstützt den Informationsaustausch innerhalb Europas und fungiert als Mittler zwischen den internationalen Netzwerken.

http://www.vipban.de
Gemeinsame Business-Angels-Initiative von den Niederlanden und der Region am Niederrhein.

6

Endlich: die Gründung – einige rechtliche Aspekte

Anmeldungen und Behördengänge

Bevor Sie Ihr Unternehmen offiziell eröffnen, müssen Sie eine Reihe von Formalitäten erledigen. Bei einigen Stellen sind Sie nur meldepflichtig, bei anderen müssen Sie sogar eine Erlaubnis einholen. Dieses Kapitel kann nicht detailliert auf alle Berufszweige und die jeweiligen Erfordernisse eingehen, sondern Ihnen nur einen pauschalen Überblick über die notwendigen Anmeldungen und Genehmigungen geben. Daher gilt:

> Erkundigen Sie sich *mehrere Monate vor* Ihrer geplanten Gründung bei Behörden, Verbänden, Kammern, Beratern oder in Existenzgründerseminaren über Ihre Melde- und Genehmigungspflichten. Fragen Sie auch nach, wie lange die Bearbeitungszeiten bei den jeweiligen Behörden bis zur definitiven Anmeldung oder Genehmigung durchschnittlich dauern. Stimmen Sie diese Zeiträume auf Ihren Unternehmensplan ab, und erledigen Sie *rechtzeitig* die notwendigen Behördengänge!

Es ist nicht möglich, erst einmal den Betrieb zu eröffnen und die Anmeldungen sowie Genehmigungen dann nachrangig zu behandeln. Bestenfalls halsen Sie sich damit eine Menge Ärger auf, schlimmstenfalls müssen Sie mit hohen Geldbußen oder gar einer Schließung Ihres Betriebs rechnen!

Der Gewerbeschein

Wenn Sie einen Gewerbebetrieb eröffnen wollen, brauchen Sie einen Gewerbeschein, den Sie je nach Organisation Ihrer Kommune entweder beim Gewerbeamt oder bei der Gewerbemeldestelle des Ordnungsamtes bekommen. Die Kosten betragen zwischen 10 und 30 Euro.

Ausgenommen von der Gewerbeanzeige sind Land- und Forstwirte sowie freie Berufe, sofern sie nicht durch die Wahl ihrer Rechtsform (GmbH) gewerbepflichtig werden.

Erlaubnisfreie und erlaubnispflichtige Gewerbe

Ungefähr 65 Prozent aller Gewerbebetriebe sind erlaubnisfrei und daher von größerem bürokratischen Aufwand verschont. Die Gewerbeanmeldung wird in diesem Falle innerhalb von drei Tagen bestätigt.

Eine Ausnahme bilden hier *überwachungsbedürftige* Gewerbe, auch wenn sie prinzipiell erlaubnis*frei* sind. Wollen Sie eine Auskunftei, eine Detektei, eine Ehevermittlung, einen Alt- oder Gebrauchtwarenhandel, ein Reisebüro oder ein anderes in § 38 Gewerbeordnung erfasstes Gewerbe eröffnen, so müssen Sie Ihrer Gewerbeanmeldung folgende Unterlagen beifügen:

- ein polizeiliches Führungszeugnis und
- einen Auszug aus dem Gewerbezentralregister, der klärt, ob es in der Vergangenheit Verstöße gegen die Gewerbeordnung gab.

Erlaubnispflichtige Gewerbe können nur mit einer Zulassung gestartet werden. Die Erlaubnis muss bei der zuständigen Behörde beantragt werden und hängt je nach Gewerbe von verschiedenen Nachweisen ab, die Sie als Gründer selbst beibringen müssen. Zum Beispiel müssen Sie bei der Eröffnung eines Lebensmittelgeschäftes, eines Supermarktes oder einer Apotheke eine amtsärztliche Bescheinigung vorlegen. Als Gastwirt müssen Sie zuvor an einem Seminar über Hygiene und den Umgang mit Lebensmitteln bei der IHK teilgenommen haben. Außerdem brauchen Sie ein Schreiben vom Gewerbeaufsichtsamt, das bestätigt, dass Ihre Räumlichkeiten für ein Lokal geeignet sind.

Die meisten Nachweise, die bei einem erlaubnispflichtigen Gewerbe beizubringen sind, lassen sich in drei Kategorien einteilen:

- *persönliche Zuverlässigkeit*, nachweisbar durch ein polizeiliches Führungszeugnis, einen Auszug aus dem Gewerbezentralregister sowie eine Unbedenklichkeitsbescheinigung des Finanzamtes,
- die Erfüllung *sachlicher Voraussetzungen* wie den Nachweis wirtschaftlicher Leistungsfähigkeit durch einen Auszug aus dem Insolvenzregister, aus dem Zentralverschuldungsregister und den Nachweis über den Zustand der Gewerberäume,
- die Erfüllung *fachlicher Voraussetzungen*, beispielsweise durch Teilnahme an bestimmten Seminaren, Ausbildungen oder ein Studium.

Bei Einzelunternehmen wird die Gewerbeerlaubnis für eine natürliche Person, also den Unternehmer, erteilt, bei Personengesellschaften für jeden persönlich haftenden Gesellschafter und bei Kapitalgesellschaften für die juristische Person der Gesellschaft.

Die Anmeldung für Freiberufler

Wenn Sie nicht ganz sicher sind, ob Sie zu den Freiberuflern gehören, weil Sie einen der so genannten »katalogähnlichen Berufe« ausüben wollen, so erkundigen Sie sich besser vorher, um nicht später mit der Nachzahlung saftiger Gewerbesteuern böse Überraschungen zu erleben (vgl. dazu die Ausführungen in Kapitel 2).

Freiberufler brauchen sich lediglich beim Finanzamt anzumelden und dort eine Steuernummer zu beantragen. Dazu genügt ein formloser Brief. Bei den so genannten »geregelten Berufen« ist zumeist ein Nachweis der beruflichen Qualifikation, also eines abgeschlossenen Studiums, zum Beispiel der Medizin oder der Jurisprudenz, notwendig.

Für manche Berufsgruppen wie Architekten, Anwälte, Mediziner, Notare und Steuerberater gilt darüber hinaus die Mitgliedschaft in bestimmten Standesorganisationen wie den Ärzte-, Rechtsanwalts-, Architekten- und Steuerberaterkammern, zu denen Sie rechtzeitig Kontakt aufnehmen sollten.

Die Anmeldung für Handwerker

Einen Handwerksbetrieb darf meist nur führen, wer eine *Meisterprüfung* abgelegt hat. Wenn Sie Ihren Meisterbrief bei der zuständigen Handwerkskammer vorlegen, so werden Sie in die Handwerksrolle eingetragen. Den Meisterbrief kann nur umgehen,

- wer einen Meister in seinem Betrieb einstellt,
- wer ein Diplom einer Hoch- oder Fachhochschule in der entsprechenden Fachrichtung und drei Jahre Berufspraxis nachweisen kann oder
- wer ein so genanntes »handwerksähnliches Gewerbe« ausübt (vgl. dazu das Beispiel in Kapitel 1).

In letzterem Falle muss man sich in das Verzeichnis des handwerksähnlichen Gewerbes eintragen lassen. Die Liste der handwerksähnlichen Berufe können Sie im Internet unter *http://www.zdh.de* einsehen.

Weitere Meldestellen

Haben Sie Ihr Gewerbe angemeldet, so informiert das Gewerbeamt von sich aus die folgenden Behörden und Organisationen:

- das Finanzamt,
- die Handwerkskammer oder die Industrie- und Handelskammer, bei der eine kostenpflichtige Pflichtmitgliedschaft besteht,
- das Statistische Landesamt, das die Daten der Gewerbeanmeldungen statistisch auswertet,
- das Arbeitsamt und
- die Berufsgenossenschaft, die zum Teil jedoch auf einer separaten Anmeldung besteht, selbst wenn Sie keine Mitarbeiter beschäftigen.

Fragen Sie bei Ihrer Gewerbeanmeldung zur Sicherheit nach, wohin genau die Durchschläge Ihrer Gewerbeanzeige geschickt werden. Verlassen Sie sich nicht darauf, dass alles »automatisch« klappt.

Als *Kaufmann* müssen Sie sich beim Registergericht, Abteilung Handelsregister, eintragen lassen. Als angehende *Partnerschaftsgesellschaft* ist für Sie ebenfalls das Registergericht, Abteilung Partnerschaftsregister, maßgeblich. Häufig kann der Notar diese Anmeldungen übernehmen.

Die Anmeldung von Mitarbeitern

Beschäftigen Sie Arbeitnehmer, so müssen Sie diese – gleich ob Sie Gewerbetreibender sind oder nicht – zusätzlich bei den Sozialversicherungsträgern, bei der Krankenkasse und bei der Berufsgenossenschaft anmelden. Fehlende Anmeldungen der Berufsgenossenschaften werden mit Beitragsnachforderungen geahndet, da Ihre Mitarbeiter ab Beginn des Geschäftsbetriebs unfallversichert sind. Die zuständige Adresse Ihrer Berufsgenossenschaft erfahren Sie beim Hauptverband der gewerblichen Berufsgenossenschaften, St. Augustin.

Von neuen Mitarbeitern müssen Sie sich als Arbeitgeber den Sozialversicherungsausweis von der Rentenversicherung vorlegen lassen. Falls Ihre Arbeitnehmer nebenher unrechtmäßig noch Arbeitslosengeld oder Sozialhilfe kassieren, so werden auch Sie haftbar gemacht. Umgekehrt dürfen Sie den Sozialversicherungsausweis Ihrer Mitarbeiter einziehen, solange sie krank sind. Geringfügig Beschäftigte müssen ihren Sozialversicherungsausweis beim Arbeitgeber deponieren, um zu verhindern, dass sie mehrere sozialversicherungsfreie Tätigkeiten gleichzeitig ausüben.

Die Anmeldung beim Finanzamt

Alle Existenzgründer, gleich ob Gewerbetreibende oder Freiberufler, erhalten nach ihrer Anmeldung einen Fragebogen des Finanzamtes, auf dem sie ihren erwarteten Umsatz und ihren Gewinn ausweisen müssen. Danach bemisst sich dann die Höhe ihrer Einkommensteuer-Vorauszahlung.

Zu Beginn ist es sicher ratsam, den Gewinn nicht zu hoch zu veranschlagen, eventuell sogar gar keinen Gewinn auf dem Formular auszuweisen, um sich nicht durch zu hohe Steuervorauszahlungen gleich zu Beginn in der Liquidität einzuengen. Wenn Sie keine Gewinne erwarten, so wird Sie das Finanzamt fragen, wovon Sie leben wollen. Möglicherweise unterstellt man Ihnen, dass Sie Vermögen in früheren Steuererklärungen verschwiegen haben. Besonders wenn Sie zuvor arbeitslos waren oder keiner Dauerbeschäftigung nachgegangen sind, erweckt ein fehlender Gewinn unter Umständen Misstrauen.

Klären Sie daher mit Ihrem Steuerberater vorher ab, wie hoch Sie den Gewinn zu Beginn veranschlagen sollten. Ihr Businessplan sollte eine realistische Einschätzung ermöglichen.

Weisen Sie keinen Gewinn aus, erwirtschaften aber dennoch einen, so legen Sie rechtzeitig die dafür fällige Einkommensteuer beiseite, um nicht bei der in jedem Falle fälligen Nachzahlung nach Einreichung der Jahressteuererklärung in Liquiditätsengpässe zu geraten.

Gewerbeanmeldung und Behördengänge

http://www.tz-bg.de/tzapll/gewerbe.htm
Das Rheinisch-Bergische Technologiezentrum hilft mit detaillierten Informationen zur Gewerbeanmeldung.

http://www.ihk-koeln.de/existenzgruendung/merkblaetter/gewerbe.htm
Die IHK stellt nützliche Merkblätter zum Thema Gewerbe zur Verfügung.

http://www.gruenderservice.net, Rubrik Amtswege
Der Gründerservice behandelt detailliert die Amtswege, die vor einer Unternehmensgründung zu erledigen sind.

http://www.berlin.de/Land/SenArbSozFrau/arbeit/sw_illegal.htm
Hier werden konkrete Fälle der unrechtmäßigen Ausübung eines Gewerbes oder eines Handwerks vorgestellt.

http://www.focus.de, Rubrik Beruf & Kariere, Existenzgründung
Focus behandelt ausführlich Themen wie die Erlangung eines Gewerbescheins, den Eintrag ins Handelsregister, Sozialversicherung usw.

http://www.ifex.de
Ifex stellt ein Lernmodul zur Gründungsbürokratie zur Verfügung.

Scheinselbstständigkeit

Kriterien der Scheinselbstständigkeit

Wenn Sie den in diesem Buch gegebenen strategischen Ratschlägen gefolgt sind, sollten Sie eigentlich nicht der Gefahr unterliegen, scheinselbstständig zu werden. Aber vielleicht sind Sie nicht ganz freiwillig zum Existenzgründer geworden, sondern von Ihrem ehemaligen Arbeitgeber »outgesourct« worden, um danach sogleich als Auftragnehmer wieder in Anspruch genommen zu werden.

Das Thema Scheinselbstständigkeit verunsichert noch immer viele Selbstständige. Die ursprünglich sehr scharfen Bestimmungen zur Einschränkung der Scheinselbstständigkeit sind jedoch inzwischen gesetzlich etwas gelockert worden, um Menschen die Existenzgründung zu erleichtern. Im Folgenden werden die seit dem 1. Januar 1999 geltenden gesetzlichen Regelungen in ihren wesentlichen Zügen erläutert.

Ob jemand scheinselbstständig ist, hängt davon ab, inwieweit er seine Tätigkeit inhaltlich, örtlich und zeitlich frei gestalten kann. Besonderer Anhaltspunkt ist daher, ob jemand *weisungsgebunden* arbeitet und ob er in die Arbeitsorganisation des Weisungsgebers – sprich: »Scheinarbeitgebers« – eingebunden ist.

Als Maßstab dafür ziehen die Sozialversicherungsträger folgende Kriterien heran. Sind sie ganz oder teilweise erfüllt, so spricht dies für eine Weisungsgebundenheit:

- Der Mitarbeiter hat einen eigenen Schreibtisch oder Arbeitsplatz im Unternehmen,
- er taucht in Dienstplänen oder Telefonregistern auf,
- die benötigten Arbeitsmittel werden ihm zur Verfügung gestellt,
- er muss sich an feste Arbeitszeiten halten,
- seine Arbeit unterliegt einer permanenten Kontrolle,
- der Mitarbeiter muss jeden Arbeitsauftrag annehmen,
- er wird auch bei Urlaub, Krankheit oder an Feiertagen bezahlt,

- er muss seinen Urlaub beantragen,
- er darf nach außen nicht als eigener Unternehmer, sondern nur im Namen des fraglichen »Scheinarbeitgebers« in Erscheinung treten,
- der Mitarbeiter darf keine eigenen Mitarbeiter beschäftigen.

Zusätzlich zu diesen Kriterien gelten fünf neu formulierte Merkmale. Sind mindestens drei davon erfüllt, liegt eine Scheinselbstständigkeit vor.

1) Der Auftragnehmer beschäftigt keine versicherungspflichtigen Arbeitnehmer, die mehr als 630 Mark im Monat verdienen.
2) Der Auftragnehmer ist im Wesentlichen nur für *einen* Auftraggeber tätig. Im Klartext: Er bezieht fünf Sechstel seines Einkommens ausschließlich von Aufträgen eines einzigen Auftraggebers.
3) Der Auftraggeber lässt vergleichbare Tätigkeiten üblicherweise von Angestellten verrichten.
4) Die Tätigkeit des Auftragnehmers lässt typische Merkmale unternehmerischen Handelns nicht erkennen. Leider lässt der Gesetzgeber hier offen, was er unter »typisch« versteht. Die Verbände der Sozialversicherungsträger sollen dazu branchenspezifische Kataloge erarbeiten.
5) Der Auftragnehmer verrichtet dieselbe Tätigkeit, die er zuvor als Angestellter verrichtet hat.

Es sind sechs Institutionen, die darüber entscheiden, ob jemand scheinbar, tatsächlich oder teilweise selbstständig ist: Die Finanzverwaltung, die Renten- und die Krankenversicherung, die Arbeitsämter, die Arbeitsgerichte und die Berufsgenossenschaften sind sämtlich dazu angehalten, eventuellen Hinweisen nachzugehen und auch eigenständig Prüfungen durchzuführen. Sie sind beauftragt, jeden der fünf genannten Punkte im Einzelfall zu prüfen. Treffen Merkmale, die für eine Scheinselbstständigkeit sprechen, mit solchen zusammen, die dagegen sprechen, so müssen sie abwägen und entscheiden, welchen Merkmalen eine größere Bedeutung zukommt.

> Leider ist die Entscheidung einer der Institutionen nicht verbindlich für die übrigen. So kann es sein, dass die Krankenkasse dem fraglichen Auftragnehmer Selbstständigkeit attestiert, die Rentenversicherung jedoch nicht – mit der Folge, dass rückwirkende Rentenzahlungen fällig werden!

Wenn Sie bemüht sind, gegenüber den Sozialversicherungsträgern Ihre Selbstständigkeit zu beweisen, so können folgende Indizien, sofern vorhanden, *für Sie* sprechen:

- Sie haben nachweislich Anzeigen aufgegeben, um neue Auftraggeber zu finden.
- Sie beschäftigen Angestellte, die mehr als 630 DM im Monat verdienen.
- Sie verfügen über eigene Geschäftsräume, ein eigenes Geschäftskonto und -bücher sowie eigenes Briefpapier.
- Sie können Ihre Tätigkeit für den Auftraggeber frei gestalten.
- Sie setzen eigenes Betriebskapital ein.
- Sie sind im Begriff, eine GmbH, eine KG oder OHG zu gründen.

All dies sind aber nur Indizien, die noch nichts darüber aussagen, inwieweit Sie sich als Selbstständiger wirklich engagiert oder nur »so getan haben, als ob«.

Gesetzliche Lockerungen

Die Lockerungen gegenüber der früher gültigen gesetzlichen Regelung betreffen zwei Punkte:

1) Existenzgründer bleiben in den ersten drei Jahren nach ihrem Start in die Selbstständigkeit grundsätzlich unbehelligt.
2) Ältere arbeitnehmerähnliche Selbstständige, die eigentlich Rentenversicherungsbeiträge entrichten müssten, können sich unter bestimmten Umständen davon befreien lassen: Wer zum Jahresbeginn 1998 bereits 50 Jahre alt war oder bei vorgerücktem Alter eine private Altersvorsorge nachweisen kann (z. B. eine Lebensversicherung oder eine betriebliche Versorgungszusage), kann sich befreien lassen. Das gilt auch für Leute, die nach einer zuvor ausgeübten selbstständigen Tätigkeit erst mit dem 58. Lebensjahr zu arbeitnehmerähnlichen Selbstständigen geworden sind. Allerdings hat das letzte Wort immer der Rentenversicherungsträger.

Was passiert, wenn jemand als scheinselbstständig eingestuft wird?

Stellt die Bundesversicherungsanstalt für Angestellte (BfA) eine Scheinselbstständigkeit fest, so müssen die Sozialversicherungsbeiträge nachgezahlt werden, und zwar

- bis zu vier Jahren, wenn die Beiträge »irrtümlich« nicht abgeführt wurden, aber
- bis zu 30 Jahren, wenn die Beiträge »vorsätzlich« vorenthalten wurden.

> Die gute Nachricht: Die Nachzahlungen hat bis auf einen kleinen Anteil der Arbeitgeber zu leisten. Lediglich für die letzten drei zurückliegenden Monate können sie vom Lohn einbehalten werden.

Wird ein abhängiges Beschäftigungsverhältnis festgestellt, so bedeutet das nicht automatisch, dass der Scheinselbstständige nun den Arbeitnehmerstatus erhält, also fest angestellt wird. Lediglich die Sozialversicherungsbeiträge werden kassiert.

Auswege aus der Scheinselbstständigkeit

Grundsätzlich gibt es drei Wege, die den Ausweg aus der Scheinselbstständigkeit weisen:

1) Sie erkämpfen sich den Arbeitnehmerstatus, bemühen sich also, von Ihrem bisherigen Auftraggeber fest angestellt zu werden.
2) Sie suchen nach einer festen Anstellung, aber in einem anderen Unternehmen.
3) Sie machen aus der Not eine Tugend und setzen alles daran, Ihre momentane Scheinselbstständigkeit in eine *echte* Selbstständigkeit oder Existenzgründung umzuwandeln.

Das Erkämpfen des Arbeitnehmerstatus sieht vordergründig einfach aus. Sie lassen über ein Sozialgericht oder die Krankenkasse feststellen, dass Sie »abhängig beschäftigt« sind. In diesem Falle muss der Arbeitgeber Ihnen aber nicht automatisch eine Festanstellung zusichern; schlimmstenfalls müssen Sie den Arbeitgeber sogar verklagen. Stellt man Sie ein, so wird Ihr Gehalt möglicherweise gegenüber früher gekürzt, wozu Ihr Arbeitgeber berechtigt ist. Außerdem wird man unter Umständen versuchen, Sie auf dem schnellsten Wege wieder loszuwerden. Fazit:

Das Erkämpfen des Arbeitnehmerstatus ist ein mühsames Unterfangen mit ungewissem Ausgang; daher ist davon abzuraten.

Vielversprechender ist es schon, auf der Basis Ihres beruflichen Könnens einen anderen Arbeitgeber zu suchen. Dazu müssen Sie den üblichen Bewerbungsprozess durchlaufen; Hilfe auf strategischer Basis unter Einbeziehung des Internets gibt das Buch von Köhler/Klug: *Stellenmarkt Internet* (siehe Literaturverzeichnis).

Sollten Sie in die missliche Lage gekommen sein, momentan nur einen einzigen Auftraggeber zu haben, so räumen Sie diesem nicht mehr als 50 Prozent Ihrer Arbeitskapazität ein. Bemühen Sie sich, innerhalb der ersten drei Jahre Schonfrist, die das Gesetz Ihnen einräumt, mit den übrigen 50 Prozent weitere Auftraggeber zu finden. Ohnehin ist die Abhängigkeit von *einem* Auftraggeber auf die Dauer keine Lösung. Springt der eine ab, so sind Sie arbeitslos!

Durchlaufen Sie die in Kapitel 1 und 2 dargelegten strategischen Schritte und überlegen Sie, welche Zielgruppe Sie mit Ihren beruflichen Qualifikationen ansprechen und welche Marktlücke Sie bedienen könnten.

Möglicherweise kommen Sie zu dem Ergebnis, dass eine andere als die bisher ausgeübte Tätigkeit Ihnen mehr Spaß machen würde und auch auf dem Markt erfolgversprechender wäre. Konzentrieren Sie sich dann mit der ganzen Kraft Ihrer verbleibenden 50 Prozent darauf, in dem betreffenden Markt Fuß zu fassen.

Wenn es klappt – und das tut es bei richtigem Vorgehen immer –, können Sie Ihrem »Scheinarbeitgeber« bald Ade sagen, weil Sie eine bessere Alternative gefunden und ein solides Geschäft statt einer wackeligen Scheinselbstständigkeit aufgebaut haben.

Scheinselbstständigkeit

http://www.nebenjob.de/scheinselbst.html
Hier werden Informationen zur Scheinselbstständigkeit zur Verfügung gestellt.

http://www.focus.de, Rubrik Beruf & Karriere, Berufswelt, Scheinselbstständige
Focus hat auch zu diesem Thema Ausführliches zu bieten.

http://www.infoquelle.de/Wirtschaft/Steuern/Scheinselbständigkeit_Arbeitgeber.htm
Die *Infoquelle* informiert ausführlich über das Thema, und zwar sowohl aus Arbeitgeber- wie auch aus Arbeitnehmersicht.

http://www.scheinselbständig.com
Eine von freiberuflichen EDV-Spezialisten ins Leben gerufene Initiative, die durch das Gesetz zur Scheinselbstständigkeit ihre Existenz bedroht sehen.

http://www.kanzlei-dr-schmidt.de
Informationen zum Arbeitsrecht, auch zur Scheinselbstständigkeit.

630-Mark-Jobs und Teilzeitbeschäftigungen

Als Franz Kroll sich selbstständig machte, beschäftigte er sofort eine Reinigungskraft auf 630-Mark-Basis, um seine Geschäftsräume regelmäßig putzen zu lassen. Die Reinigungskraft beteuerte, dass der Job bei Kroll ihr einziger sei, so dass Kroll lediglich 10 Prozent ihres Verdienstes an die Krankenversicherung und 12 Prozent an die Rentenversicherung überwies. Im Trubel der Geschäftsgründung vergaß Kroll, sich von seiner Reinigungskraft eine Freistellungsbescheinigung vorlegen zu lassen.

Doch nach einem Jahr kam eine böse Überraschung: Es stellte sich heraus, dass seine Kraft noch weiteren 630-Mark-Jobs nachging und

Kroll nicht nur die Arbeitslosenversicherung, sondern auch die Lohnsteuer, den Solidaritätszuschlag und die Kirchensteuer nachzahlen musste. Denn als Arbeitgeber haftet er für die korrekte Entrichtung aller Beiträge und Steuern. Hätte er dies vorher gewusst, so hätte er die Steuern von den 630 Mark Lohn einbehalten können!

Die neue gesetzliche Regelung

Wenn Sie sich selbstständig machen, so können 630-Mark-Jobs* im doppelten Sinne für Sie interessant sein: Entweder Sie verdienen am Anfang noch nicht genug und gehen selbst einer 630-Mark-Beschäftigung nach oder Sie stellen eine oder mehrere Kräfte auf dieser Basis ein.

Seit dem 1. April 1999 gelten für Aushilfen neue gesetzliche Regelungen. Der Gesetzgeber hat damit einer Ausuferung dieser Minimalbeschäftigungen Einhalt geboten und sie gegenüber früher teilweise unattraktiv gemacht. Ziel ist es, dass die Arbeitgeber mehr Vollzeitkräfte einstellen, anstatt sich wie zuvor mit einer Vielzahl geringfügig Beschäftigter zu begnügen. Inwieweit dies funktioniert, mag dahingestellt bleiben. Auf jeden Fall unterliegen Sie als Existenzgründer den neuen Regelungen. Auch hier ist die Gesetzeslage kompliziert und nur in groben Zügen darstellbar. Detailfragen sollten Sie mit Ihrem Steuerberater abklären.

Die Regelungen im Einzelnen

Als geringfügig Beschäftigter gilt, wer regelmäßig, aber weniger als 15 Stunden pro Woche arbeitet und damit höchstens 630 Mark monatlich verdient. Die Grenze von 630 Mark wird übrigens in Zukunft nicht mehr wie in den Jahren vor 1999 angehoben, und sie gilt bundesweit.

Unternehmer müssen alle 630-Mark-Jobs bei der Krankenkasse des betreffenden Beschäftigten melden. Dies gilt auch für Privathaushalte, die ihre Putzfrau oder ihr Kindermädchen beim Arbeitsamt und bei der Krankenkasse melden müssen.

---

* Bei Redaktionsschluss lagen noch keine Informationen darüber vor, wie die 630-Mark-Jobs ab 2002 in Euro umgerechnet werden. An den dargestellten Regelungen wird sich jedoch nichts ändern.

Wer nur einen einzigen 630-Mark-Job hat und sonst keine weiteren Einkünfte, der jobbt steuerfrei. Zu den Einkünften rechnet das Finanzamt allerdings nicht nur weitere Beschäftigungen, sondern auch Mieteinnahmen, Pensionen und Einkünfte aus Kapitalvermögen.

Nicht mitgerechnet werden jedoch das Einkommen des Ehepartners und steuerfreie Einnahmen wie Mutterschaftsgeld, Wohngeld und Arbeitslosengeld oder -hilfe. Ein Mitarbeiter, der in diese Kategorie gehört, muss beim Finanzamt eine *Freistellungsbescheinigung* beantragen und sie seinem Arbeitgeber vorlegen, dies allerdings monatlich! Der Arbeitgeber zahlt in diesem Falle nur 22 Prozent des Lohnes an die Renten- und die Krankenversicherung.

Wer außer dem 630-Mark-Job noch weitere Einkünfte hat, muss dem Arbeitgeber eine Lohnsteuerkarte vorlegen, und es werden Lohnsteuer, Solidaritätszuschlag und Kirchensteuer fällig, und zwar je nach Einkommen und Steuerklasse des minimal Beschäftigten. Der Arbeitgeber *darf* die Steuern vom 630-Mark-Lohn abziehen und zahlt dem Beschäftigten entsprechend weniger aus; eine Verpflichtung dazu besteht jedoch nicht.

Statt der Entrichtung der Steuern entsprechend dem Gesamteinkommen des Jobbers stellt sich der *Arbeitgeber* häufig mit einer 20-prozentigen Pauschalsteuer zuzüglich Solidaritätszuschlag und Kirchensteuer besser. Dies ist möglich, wenn der Stundenlohn unter 22 Mark liegt.

Sonderregelungen gelten für Rentner, pensionierte Beamte, geschiedene Frauen und Studenten. Bei Rentnern wird das komplette Einkommen inklusive Rente steuerpflichtig, aber erst wenn die Rente 3 050 Mark übersteigt. Bei pensionierten Beamten werden bereits bei einer Pension ab 1 385 Mark Steuern fällig. Für geschiedene Frauen, die jährlich mehr als 20 000 Mark Unterhalt bekommen, rentiert sich ein 630-Mark-Job überhaupt nicht, denn ihre Steuerlast steigt um mehr als 1 500 Mark. Seltsam ist die Gesetzeslage bei Studenten: Verdienen diese bis zu 630 Mark, so muss der Arbeitgeber 10 Prozent an die Krankenkasse zahlen; ab der 631. Mark jedoch kann er sich die Beiträge ersparen.

Völlig unattraktiv sind 630-Mark-Jobs für Leute geworden, die *zusätzlich* einen *Hauptberuf* ausüben. Sie müssen nicht nur erhebliche Abzüge von ihrem Lohn in Kauf nehmen, sondern sind voll sozialversicherungspflichtig. Häufig bleibt in diesem Falle weniger als die Hälfte der 630 Mark übrig.

Eine günstige Konstellation für Selbstständige

Angenommen, Sie erwarten am Anfang noch wenig Aufträge und wollen daher einer 630-Mark-Beschäftigung nachgehen. Besonders günstig ist für Sie dann folgende Konstellation: Auf dem Formblatt des Finanzamtes haben Sie ausgewiesen, dass Sie im ersten Jahr der Geschäftsgründung noch keinen Gewinn erwarten. Sie sind daher von der Einkommensteuer befreit und können eine Freistellungsbescheinigung beantragen. Dies geht natürlich nur, sofern Sie über keine anderen eigenen Einkünfte verfügen und beispielsweise vom Einkommen Ihres Ehepartners leben. Als Selbstständiger sind Sie entweder privat oder überhaupt nicht krankenversichert.

In dieser Konstellation muss Ihr Arbeitgeber für Sie keine Sozialversicherungsbeiträge entrichten, und es wird, wenigstens zunächst einmal, keine Lohnsteuer fällig, so dass Sie die vollen 630 Mark ausbezahlt bekommen. Erwirtschaften Sie jedoch entgegen Ihrer ursprünglichen Erwartung einen Gewinn, so muss die Lohnsteuer später nachgezahlt werden.

Viel einfacher und für Sie vielleicht auch lohnenswerter ist die Überlegung, ob Sie von Ihrem Arbeitgeber nicht statt einer 630-Mark-Beschäftigung einen *Auftrag* über 630 Mark erhalten können. Sofern die von Ihnen ausgeübte Arbeit derjenigen Ihrer selbstständigen Tätigkeit sehr ähnlich oder sogar gleich ist, wäre dies für Sie die einfachste Lösung, mit der Sie und Ihr Auftraggeber sich alle Probleme vom Hals halten. Sie stellen einfach eine Rechnung über 630 Mark zuzüglich Mehrwertsteuer aus und brauchen sich keine Gedanken über später nachzuzahlende Lohnsteuer oder Sozialversicherungsbeiträge zu machen!

Teilzeitkräfte

Teilzeitkräfte sind Mitarbeiter, die *dauerhaft* für Sie tätig sind, aber wöchentlich weniger Stunden arbeiten als Vollzeitbeschäftigte. Die Arbeitsdauer und ihre Verteilung können Sie frei vereinbaren; auch eine Arbeit auf Abruf ist möglich.

Sowohl Ihren Teilzeitkräften als auch Ihren Aushilfen auf 630-Mark-Basis steht eine *Gleichbehandlung* mit Vollzeitkräften zu. Das bedeutet, dass Sie anteilig Feiertags- und Nachtzuschläge, Weihnachts- und Urlaubsgeld zahlen müssen, zur Entgeltfortzahlung im Krankheitsfall verpflichtet sind, Mutterschutz, Erziehungsurlaub, Kündigungsschutz und Urlaub gewähren müssen.

Empfehlenswert ist es, wenn Sie sowohl mit Ihren Aushilfen als auch mit Ihren Teilzeitkräften *schriftliche Arbeitsverträge* abschließen, die die Tätigkeit, die Arbeitszeit sowie die sozialversicherungsrechtlichen und steuerlichen Aspekte klar regeln.

630-DM-Jobs und Teilzeitarbeit

http://www.jurathek.de/troewue/Texte/st630.html
Informationen zur Neuregelung der geringfügigen Beschäftigungsverhältnisse.

http://www.recht-achim.de/downloads/uebersicht.htm
Eine tabellenartige Übersicht über die 630-Mark-Jobs und die je nach Einkommen damit verbundene Einkommensteuer sowie Sozialversicherungspflicht.

http://www.fachanwalt-arbeitsrecht.de/eigene-cd.htm
Ein Anwalt bietet eine herunterladbare Information zur Neuregelung der 630-Mark-Jobs.

http://www.focus.de, Rubrik Beruf & Karriere, Existenzgründung
Focus erläutert detailliert alles, was bei 630-Mark-Jobs zu beachten ist.

http://www.sozialnetz-hessen.de/ergo-online/recht/arbschg
Rechtliche Infos zum Thema Arbeitsschutz.

http://www.vdr.de/Internet/vdr
Der Verband der Deutschen Rentenversicherungsträger bietet eine kostenlose Broschüre zum Herunterladen mit Informationen zum Meldeverfahren bei Mitarbeitern und zu Versicherungen.

http://www.home.t-online.de/home/arbeitgeberinfo/neurege.htm
Die Journalistin Nadja Riedel bietet umfassende Infos zur Neuregelung der geringfügigen Beschäftigung. Sehr empfehlenswert!

http://www.bma.de/de/arbeit/arbeitsmarkt/630.htm
Das Bundesministerium für Arbeit hält viele Informationen und Links zu 630-Mark-Jobs sowie zur Urlaubsregelung für geringfügige Beschäftigte und zur Teilzeitarbeit parat. Es gibt auch Broschüren zum Herunterladen.

http://www.nebenjob.de/meinung6.htm
Die Nebenjob-Zentrale bringt übersichtliche Informationen zum Thema mit vielen Links.

Teil 3
Nach der Gründung

7
Systematisch Kunden gewinnen

Maßnahmen der Kundengewinnung und -bindung

Wozu überhaupt Werbung?

Schon während seines Studiums versuchte Corey Rudl Geld mit PKW-Ratgebern zu verdienen, bis er mit 20 000 US-Dollar Schulden dastand. Doch der geborene Autonarr gab nicht auf und überlegte sich, wie er an Kunden kommen könnte. Schließlich studierte er monatelang die Tipps und Tricks von Marketingexperten im Web, bis er seinen eigenen Marketing-Auftritt optimiert hatte. Sein Autoratgeber wurde schließlich zum Online-Bestseller, der ihm jährlich 140 000 US-Dollar Gewinn bringt.

Daraufhin hatte Rudl die Idee, zusätzlich zu seinen PKW-Ratgebern mit seinem inzwischen erworbenen umfangreichen Marketing-Know-how Geld zu verdienen. Er bietet einen Online-Marketing-Kurs an, nach dessen Teilnahme er Kunden eine Umsatzverdoppelung innerhalb von sechs Monaten garantiert, sofern sie seiner Strategie folgen. Mittlerweile erwirtschaftet er mit neun Mitarbeitern einen Umsatz von 2,6 Millionen US-Dollar pro Jahr. Sein Resümee: »Erst wenn Sie eine gute Beziehung zu Ihren Kunden aufgebaut haben, dürfen Sie von einem Geschäft sprechen.«

Vor dem Wort »Marketing« schrecken viele Existenzgründer, vor allem Kleinunternehmen und Freiberufler, zurück. »Werbung« – das ist diese marktschreierische und aufdringliche Anpreisung von Waren, die uns heute überall »entgegenspringt«: auf Tausenden von Plakatwänden, in der Zeitung, im Radio, im Fernsehen, im Internet, in unseren täglich überquellenden Briefkästen ... »*Und so was muss ich dann auch machen?*«, fragen sich viele Existenzgründer entsetzt, wobei allein schon der Gedanke daran ihnen kalte Schauer über den Rücken treibt und sie daran zweifeln lässt, ob ihre Idee zur Existenzgründung richtig gewesen ist. »*Klappern gehört zum Handwerk*«, meinen wiederum andere Gründer achselzuckend und nehmen es locker.

In der Tat hat die »Werbung« keinen guten Ruf – vor allem deswegen, weil wir damit so übersättigt sind und weil so viele Werbeversprechen sich als leere Worthülsen erwiesen haben, die in den Augen der Käufer nur zu oft als »Lügen« zu entlarven sind. Aber die Werbung hat auch eine positive Kehrseite: Sie ist *Information* – Information über interessante, notwendige, wichtige, neue Produkte und Leistungen, die wir täglich brauchen. Ohne Werbung würden wir über so manches wichtige und nützliche Produkt, so manche Dienstleistung nichts erfahren.

Haben Sie sich je darüber Gedanken gemacht, warum wir überall mit Werbung bombardiert werden? Die Unternehmen, die uns all die vielen Produkte verkaufen wollen, haben zu einem großen Teil *an den Bedürfnissen* der Menschen *vorbeiproduziert!* Wozu brauchen wir die 573. Sorte Zahnpasta, die 256. Sorte Rasierapparate, die 661. Sorte Joghurt, die 5 324. Sorte Pullover, den 77. Handytarif und die 23. Sorte Kleinwagen? All dies sind so genannte »Me-too-« oder Austauschprodukte, die in einem harten Verdrängungswettbewerb mit Unterstützung von viel Werbung versuchen, auf dem Markt Fuß zu fassen.

Mit anderen Worten: Das überall gegenwärtige Werbe-Bombardement ist beredter Ausdruck dafür, dass sehr viele Produkte *nicht strategisch* geplant und produziert worden sind – sich also nicht an den besonderen Bedürfnissen und Wünschen jeweils klar festgelegter Zielgruppen orientieren. Stattdessen sind sie Ausdruck eines *Nachahmertriebs:* Die Konkurrenz hat irgendetwas Neues auf den Markt gebracht, also glauben andere Unternehmen, hinterherziehen zu müssen. »Me too – ich auch«, schreien sie und stürzen sich mit einem sehr ähnlichen Produkt ohne klares Alleinstellungsmerkmal in den Konkurrenzkampf – völlig überflüssigerweise. Was dann an Strategie bei der Produktentwicklung gefehlt hat, soll nun durch das Marketing mit entsprechender Werbe-Penetranz wieder wettgemacht werden.

Wenn Sie den bisher in diesem Buch dargelegten strategischen Ratschlägen gefolgt sind, dann haben Sie es deutlich leichter und besser als die skizzierten Unternehmen: Sie haben ein Produkt oder eine

Dienstleistung entwickelt, für die ein klar erkennbares Bedürfnis einer klar umrissenen Zielgruppe vorliegt – ein möglichst »brennender« Bedarf. Sie begeben sich mit Ihrem Produkt oder Ihrer Dienstleistung in eine Marktlücke beziehungsweise -nische, müssen also vorerst keine Konkurrenz befürchten, da Ihr Angebot ein *deutliches Alleinstellungsmerkmal* aufweist. Ihre Chancen, von Ihrer Zielgruppe, Ihren potenziellen Kunden, wahrgenommen zu werden, sind daher auch viel größer, selbst wenn Sie mit Ihrer Werbung kein Dauerbombardement veranstalten.

Im Idealfall ist der Bedarf Ihrer Zielgruppe bereits so groß, dass Mundpropaganda und Weiterempfehlung schneller sind als Ihr Werbeauftritt. Nicht wenigen Unternehmen, die sich mit Hilfe der EKS (Engpass-Konzentrierten Strategie, vgl. Einführung) selbstständig gemacht haben, ist es so ergangen.

Man nennt diese Art des Marketings übrigens *Sog-* oder *Pull-Marketing:* Die Attraktivität eines Angebotes ist so groß, dass die Interessenten von allein angezogen, »angesaugt«, werden. Im Gegensatz dazu wird die Art von Werbung, die wir überall als unangenehme Dauerberieselung wahrnehmen, als *Druck-* oder *Push-Marketing* bezeichnet. Dabei müssen die Waren, weil kein echter Bedarf vorhanden ist, durch entsprechenden Werbeaufwand in den Markt »gedrückt« werden, indem die Leute zum Kauf überredet oder verführt werden.

Je besser Sie Ihr Angebot von Anfang an auf den dringenden Bedarf einer Zielgruppe zugeschnitten haben, desto geringer ist Ihr Werbeaufwand.

Doch auch, wenn Sie gleich mit gefüllten Auftragsbüchern starten, werden Sie über kurz oder lang nicht um Werbung herumkommen, unter anderem, um sich bereits gewonnene Stammkunden langfristig zu sichern. Möglicherweise möchten Sie auch *vor* Ihrer Unternehmensgründung einen *Test* veranstalten, wie Ihre Zielgruppe auf Ihr Angebot anspricht; dafür benötigen Sie ebenfalls bereits Werbung. Ein Test ist übrigens sehr empfehlenswert.

Wenn Sie nicht zu denjenigen Freiberuflern gehören, die einem Werbeverbot unterliegen (z. B. Medizinern, Rechtsanwälten, Steuerberatern), so können Sie die im Folgenden gegebenen Hinweise für sich nutzen. Für Freiberufler, die nicht werben dürfen, wie auch für alle anderen Existenzgründer sind die im nächsten Kapitel zur Presse- und Öffentlichkeitsarbeit gegebenen Ratschläge empfehlenswert.

Engpass-Konzentrierte Werbestrategie

Gerade am Anfang sind die Werbemittel begrenzt. Viele Existenzgründer fragen sich, wo sie überhaupt mit der Akquisition von Kunden anfangen und welche Werbewege sie einschlagen können. Die Strategie gibt eine klare Richtung vor, die auch für Tests vor der Unternehmensgründung gilt: Teilen Sie die Zielgruppe, für die Sie Ihr Angebot entwickelt haben, in mehrere *kleinere Teilzielgruppen* auf. Wählen Sie sich diejenige Teilzielgruppe aus, die Sie persönlich am erfolgversprechendsten halten, etwa weil dort der Bedarf besonders groß ist oder weil Sie schon über persönliche Kontakte verfügen. Statt nun Ihre Werbung über Ihre gesamte Zielgruppe zu streuen, bewerben Sie zunächst nur die ausgesuchte Teilzielgruppe.

Je geringer Ihre Mittel, je kleiner Ihr Werbebudget ist, desto konzentrierter müssen Sie vorgehen, um einen Erfolg zu erreichen.

Ein einfaches Beispiel macht klar, warum das so ist: Nehmen Sie einen Bleistift und ein Stück Papier. Stechen Sie mit der Bleistiftspitze durch das Papier; dies ist mit geringer Kraftanstrengung möglich. Drehen Sie den Bleistift jetzt um und versuchen Sie, mit der stumpfen Seite und der gleichen Kraftanstrengung durch das Papier zu stechen. Funktioniert das? Nein! Dahinter steht ein einfaches physikalisches Gesetz, das schon Newton erkannte: Druck = Kraft : Fläche. Im zweiten Fall ist die Fläche so groß, dass die Kraft zu sehr »streut«, um einen hinreichend großen Druck auszuüben.

Die *stumpfe* Seite des Bleistifts steht für Ihre *gesamte* Zielgruppe, die Sie mit Ihrer Kraftanstrengung, Ihrem Werbebudget, erreichen wollen. Durch die hohen »Streuverluste« werden Sie jedoch keinen Durchbruch erzielen. Die *spitze* Seite des Bleistifts steht für Ihre *Teil*zielgruppe, bei der Sie mit der gleichen Kraftanstrengung, dem gleichen Werbebudget, viel leichter einen Durchbruch bewirken können.

Dies ist eine der zentralen Grundlagen strategischen Handelns nach EKS! Haben Sie in der kleinen Teilzielgruppe einen Durchbruch erreicht, können Sie nun problemlos Ihr Angebot auf weitere Teilzielgruppen ausdehnen. Denn die Ihnen jetzt infolge von abgewickelten Kundenaufträgen zur Verfügung stehenden Mittel haben sich bereits deutlich vergrößert. Auf diese Art und Weise gehen erfolgreiche Unternehmen vor!

Gezielter Einsatz von Werbemitteln

Anzeigen, Plakate, Broschüren, Briefe, Internet ... – bei den Werbemitteln gibt es eine so große Auswahl, dass sich auch hier die Frage stellt, wo und wie man überhaupt beginnen soll. Gehen Sie wiederum strategisch vor: Sehen Sie Ihr eigenes Angebot aus der Sicht Ihrer Zielgruppe. Wenn Sie Ihr eigener Kunde wären und Ihr Produkt bräuchten, wo würden Sie dann am ehesten danach suchen? Mit anderen Worten:

> Operieren Sie beim Werben aus der Sicht Ihrer Zielgruppe. Gehen Sie dorthin, wo auch Ihre potenziellen Kunden hingehen. Werben Sie dort, wo Sie am ehesten wahrgenommen werden.

Es gibt eine Vielzahl von Werbekanälen, die in der Tabelle (s. S. 242) übersichtlich zusammengestellt sind. Sicher kommen nicht alle davon für Sie in Frage, und das Ausprobieren sämtlicher Kanäle wäre nur eine Verzettelung, die Ihren Werbeetat überdehnt, ohne Erfolg zu bringen. Andererseits wird wahrscheinlich ein einzelner Werbekanal sowie eine einzelne Werbeaktion nicht ausreichen, und zwar deshalb, weil wir alle heutzutage so mit Informationen überfüttert sind, dass es immer eine Weile dauert, bis etwas Neues überhaupt wahrgenommen wird. Werbeuntersuchungen belegen eine hohe Vergessenskurve, die nach wenigen Tagen gegen Null absinkt.

Werfen Sie also nicht gleich die Flinte ins Korn, wenn auf Ihre *erste* Anzeige, Ihren *ersten* Brief oder Ihren *ersten* Kontakt niemand reagiert, sondern probieren Sie es weiter. Mindestens drei Wiederholungen sollten Sie von Anfang an einplanen. Experten gehen heute viel-

Planung Ihrer Werbestrategie

Werbekanal	1. Kontakt	2. Kontakt	3. Kontakt	4. Kontakt	5.Kontakt
Anzeigen					
• Tageszeitungen • Fachzeitschriften • Hörfunk • Kinowerbung • Plakatwände/ Litfaßsäulen • Verkehrsmittelwerbung					
Flugblätter / Postwurfsendungen					
persönliche Werbebriefe					
Werbebroschüren, Prospekte					
Persönliche Kontakte • Kollegen • Freunde, Bekannte • Verwandte • Vereinsmitglieder					
Empfehlungsgutscheine					
Messen, Ausstellungen • eigener Stand • Messebesuch • Konferenzen • Tage der offenen Tür • regionale Leistungsschauen					
Internet • eigene Homepage • Werbebanner auf anderen Homepages • eigener E-Mail-Newsletter					
Vorträge, Seminare • in Verbänden, Vereinen • bei VHS					
Telefonate • über Call Center • persönliche Telefonate • Hotlines					
Kundenzeitschrift • per E-Mail • als Printausgabe					
Multiplikatoren • Unternehmensberater • Steuerberater • Banken • Venture-Capital-Geber					

fach aufgrund der Werbe-Übersättigung von einer Rücklaufquote von nur 0,1 bis 1 Prozent bei Werbeaktionen aus.

Die Tabelle ist dazu gedacht, dass Sie Ihre Werbestrategie übersichtlich planen können. Die Tabelle sieht fünf Werbemaßnahmen, so genannte »Kontakte«, vor, die Sie auf zwei bis drei Werbekanälen durchführen können.

Der Kundentrichter

Ziel- und Teilzielgruppen kann man grob in Interessenten und Kunden aufteilen. Diese Einteilung lässt sich aber durch den so genannten »Kundentrichter« von Horst-Sven Berger noch weiter verfeinern. Nehmen wir an, auf Ihre ersten Kontakte haben sich bereits mehrere Interessenten gemeldet, aber noch nicht gleich einen Auftrag erteilt. Keinesfalls sollten Sie diese nun enttäuscht »fallen« lassen, sondern vielmehr weiter bewerben, da nun die Chance hoch ist, dass bei einem oder zwei weiteren Kontakten eine Auftragserteilung erfolgt!

Der Kundentrichter teilt Ihre Interessenten und Kunden in fünf verschiedene Kategorien ein, die mengenmäßig eine trichterartige Verengung nach unten hin zeigen:

- *Zielgruppenadressen:* das gesamte Ihnen zur Verfügung stehende Potenzial,
- *Wissensinteressenten:* Leute, die noch keinen Auftrag erteilt, aber nach Werbeaktionen bereits Interesse bekundet haben,
- *Auftragsinteressenten:* Leute, die schon kurz davor sind, einen Auftrag zu erteilen;
- *Erstkunden* haben bereits einen Auftrag erteilt, und
- *Stammkunden* kommen immer wieder und erteilen mehrfach Aufträge.

Ihr Ziel ist es, aus den Zielgruppenadressen in mehreren Schritten durch mehrfache Kontakte Stammkunden zu gewinnen. Pflegen Sie daher Ihre Adressensammlung gut und werfen Sie die Adressen von »Nur«-Interessenten nicht weg.

Stammkunden sind das Ziel jedes Geschäftes. Ihre Pflege verlangt sehr viel weniger Aufwand als die Akquisition von Neukunden. Untersuchungen zeigen: Wenn Sie für den Erstauftrag 100 Prozent Energie benötigen, so brauchen Sie für einen Folgeauftrag nur noch 35 Prozent und für alle weiteren Aufträge noch 15 Prozent. Außerdem folgt das Geschäft mit Stammkunden dem Pareto-Prinzip, der so genannten 80:20-Regel. In den meisten Fällen werden mit nur 20 Prozent der Kunden 80 Prozent des Umsatzes erwirtschaftet. Je schneller diese 20 Prozent zu Stammkunden werden, desto schneller steht Ihr Geschäft »auf sicheren Füßen«.

Es kostet sehr viel weniger Energie – Zeit, Geld, Mühe –, einen einmal gewonnenen Kunden langfristig an das Unternehmen zu binden, als immer wieder neue Kunden zu suchen. Deshalb kommt der Stammkundenpflege eine besondere Bedeutung zu.

Dialogfähigkeit der Werbung

Ganz wichtig ist, dass Sie Ihre Werbebotschaften »dialogfähig« machen. Dies gilt vor allem dann, wenn Sie mit Ihrer Zielgruppe vorerst nur schriftlich kommunizieren können. »Dialogfähig« heißt:

1) Ihre Unterlagen (Werbebriefe, Anzeigen, Online-Auftritt usw.) müssen eine *eindeutige Handlungsaufforderung* enthalten. Sobald der Kunde Ihr Angebot gelesen hat, möchte er wissen, was er tun soll, um es zu bekommen. Aufforderungen wie »Bestellen Sie unter ...«, »Rufen Sie uns an unter der Nummer ...«, »Schicken Sie uns ein Fax ...« oder »Klicken Sie hier ...« im Internet zeigen dem Kunden, wie er an das von ihm vielleicht schon begehrte Produkt kommen kann.
2) Fügen Sie Ihren Unterlagen ein *dialogfähiges Element* bei. Das ist zum Beispiel in einer Broschüre oder einem Werbebrief ein Antwortcoupon oder eine Postkarte, auf der der Interessent nur das von ihm Gewünschte anzukreuzen braucht. Nicht immer muss er gleich etwas bestellen, häufig ist auch die Vereinbarung eines Termins oder die Zusendung einer ausführlichen Broschüre der sinnvolle erste Schritt einer Kontaktanbahnung. Sogar Anzeigen lassen

sich so gestalten, dass ein Bestellcoupon am unteren Ende angefügt wird.

Zahlreiche Marketing-Untersuchungen haben immer wieder zu dem Ergebnis geführt, dass dialogfähige Unterlagen zu höheren Rückläufen und mehr Aufträgen führen als solche, in denen das Dialogelement fehlt (vgl. dazu ausführlich Vögeles *Dialogmethode*, siehe Literaturverzeichnis).

Dass Sie selbst »dialogfähig« sind, und zwar im persönlichen Gespräch oder am Telefon, ist natürlich ebenfalls wichtig. Freundlichkeit und Servicebereitschaft sollten selbstverständlich sein.

> Wer nicht lächeln kann, sollte keinen Laden eröffnen. (Chinesisches Sprichwort)

Vertriebswege

Mark Maron handelt mit Zelluloidaufnahmen aus Zeichentrickfilmen wie dem Dschungelbuch, *der* Meerjungfrau Arielle *oder* Winnie Pooh. *Als Existenzgründer hatte er es nicht leicht und verkaufte die ersten Jahre seine Sammlerstücke mühselig einzeln per Telefon – bis er vom Internet-Auktionshaus E-Bay hörte und dessen Grundidee kopierte.*

Er begann mit dem Verkauf seiner Animationsaufnahmen per Internet (http://www.animationsart.com), *wobei ein Link zu seinen Auktionen führt. Heute veranstaltet Maron mehr als 9 000 Versteigerungen pro Jahr mit mehreren Millionen US-Dollar Umsatz. Auch international werden seine Aufnahmen versteigert. Inzwischen beschäftigt er fünf Angestellte, die 14 Stunden täglich Kundengeschäfte abwickeln.*

Der richtige Vertriebsweg ist das A und O für den Verkaufserfolg. Umgekehrt kann der falsche Weg den Erfolg total blockieren, wie das Beispiel zeigt.

Die Werbewege sind von den Vertriebswegen klar zu unterscheiden. Während die *Werbe*wege verschiedene Kanäle sind, um Kunden zu *akquirieren*, sind die *Vertriebs*wege verschiedene Kanäle, um das Produkt zu *verkaufen*. Grob ist zwischen drei Vertriebs- beziehungsweise Distributionswegen zu trennen:

- dem *Direktvertrieb*, bei dem der Hersteller direkt an den Endverbraucher verkauft,
- dem *Einzelhandel*, bei dem ein Händler zwischen den Hersteller und die Käufer geschaltet ist, und
- dem zweistufigen Weg mit *Groß- und Einzelhandel*, bei dem zwischen dem Hersteller und den Käufern außer dem Einzelhandel noch der Großhandel steht.

Es ist zu erwarten, dass sich in Zukunft, besonders über das Internet, zahlreiche neue Vertriebswege herauskristallieren werden. Die speziellen *Internet-Auktionshäuser* gehören bereits in den Bereich neuer Vertriebswege, die sich in das obige Schema nicht mehr streng einordnen lassen.

Ein ungelöstes Problem ist schon heute der »Handel« mit Dienstleistungen: Es gibt eine unglaublich schnell wachsende Zahl selbstständiger Dienstleister aller Branchen, doch diese stehen immer noch vor dem Problem, ihre Leistungen wie vor Hunderten von Jahren im »Direktverkauf« selbst an den Mann oder die Frau bringen zu müssen. Denn einen Einzel- oder Großhandel für immaterielle Produkte wie Dienstleistungen gibt es bis heute nicht!

Dabei wären viele Dienstleister froh, wenn sie auf Agenten (Vermittler) zurückgreifen könnten, die ihnen gegen eine Provision die zeitraubende Suche nach Kunden abnähmen, so dass sie sich ganz auf die »Produktion« ihrer Leistung konzentrieren könnten. Zwar ist in vielen Branchen ein kontinuierlicher Anstieg an Agenten und Vermittlern zu beobachten, doch liegt nach unserer Meinung noch ein riesengroßes unausgeschöpftes Feld brach, das viele Chancen eröffnet – gleich ob via Internet oder nicht.

Der wachsende Bedarf an Vermittlern ist auch ein Spiegelbild der steigenden Komplexität und Unübersichtlichkeit unserer Wirtschaftswelt, die mit der rasant zunehmenden Anzahl neuer Produkte und Dienstleistungen nahezu exponenziell zunimmt: Viele Leute brauchen spezielle Leistungen, wissen aber nicht, wo sie suchen sollen; andere haben etwas Interessantes anzubieten, wissen aber nicht, wo ihre Kunden sein könnten. Das Vermittlungsgeschäft ist sicher auch ein spannendes Betätigungsfeld für pfiffige Existenzgründer, die über die nötigen bilateralen Kontakte zwischen Dienstleistungserbringern und potenziellen Käufern verfügen.

Wählen Sie Ihre(n) Vertriebsweg(e) sorgfältig aus, um beim Verkauf Ihres Produktes oder Ihrer Dienstleistung nicht unnötige Engpässe zu erleiden. Probieren Sie auch ungewöhnliche neue Wege aus, zum Beispiel im Internet, wenn die eingefahrenen Gleise keinen Erfolg zeigen.

Umgang mit Fehlschlägen

Lassen Sie sich gerade in der Anfangszeit durch Fehlschläge nicht entmutigen. Reagiert niemand auf Ihre ersten Werbemaßnahmen, so kann das folgende Ursachen haben:

- Sie haben Ihr Produkt oder Ihre Dienstleistung noch nicht klar genug den Bedürfnissen Ihrer Zielgruppe angepasst. *Lösung:* Ändern Sie Ihr Angebot ab und bieten Sie als Test verschiedene Varianten an. Wenn möglich, sprechen Sie direkt mit Interessenten und fragen Sie, wie Ihr Angebot aufgenommen wurde.
- Sie haben die falsche Zielgruppe angesprochen. Möglicherweise wird Ihr Angebot von ganz anderen Menschen benötigt, als Sie zunächst geglaubt haben. *Lösung:* Testen Sie verschiedene Zielgruppen – besser: *Teil*zielgruppen.
- Sie haben den falschen Vertriebskanal gewählt. *Lösung:* Probieren Sie auch andere, gegebenenfalls ungewöhnliche und neue Vertriebskanäle.
- Sie haben das falsche Werbemedium gewählt. Ihre Zielgruppe ist über andere Kanäle besser erreichbar. *Lösung:* Testen Sie verschiedene Medien.
- Ihre Werbung ist nicht professionell genug formuliert oder sieht ungünstig aus. Sie ist zum Beispiel zu klein, zu versteckt, unleserlich oder enthält unverständliche Fachwörter. *Lösung:* Ziehen Sie einen Werbeprofi heran, der Ihnen bei der Gestaltung und Platzierung der Werbung helfen kann. Oder erarbeiten Sie sich mit Hilfe von Fachliteratur grundlegende Werbekenntnisse. Empfehlenswert sind zum Beispiel die Bücher von Gebhardt-Seele und Seiwert (siehe Literaturverzeichnis). Was die optische Präsentation Ihrer Werbung wie auch Ihres Geschäftes angeht, so gibt der übernächste Abschnitt einige Hinweise.

- Der Preis Ihres Angebotes stimmt nicht; er ist zu hoch oder auch zu niedrig. *Lösung:* Denken Sie über Ihre Preiskalkulation neu nach und testen Sie auch andere Preise in Ihren Werbeaktionen.

Die Preiskalkulation

Bei der Preisgestaltung zu berücksichtigen sind: die Kosten, die Menge beziehungsweise Stückzahlen, das Gewinnziel, die markt- und branchenüblichen Preise, Umsätze und Gewinne Ihrer Kunden, die Entwicklung der Nachfrage und Ihre angestrebte Marktpositionierung (eher hochpreisig = Mercedes-Strategie oder eher niedrigpreisig = Aldi-Strategie).

Noch immer ist es in vielen Branchen üblich, Preise von den Herstellungskosten her zu kalkulieren, indem man auf diese einen angemessenen Gewinn »draufschlägt«. Doch unter strategischem Aspekt muss dies nicht die beste Lösung sein. Die EKS rät zu einer *dynamischen* Kalkulation, die die Attraktivität des neuen Produktes durch einen günstigen Preis stärkt. Dabei wird der Gewinn nicht von vornherein einkalkuliert, sondern über die zu erwartende größere Stückzahl herbeigeführt. Der Gewinn entsteht dann durch die steigende Stückzahl und die damit verbundene Kostendegression infolge sinkender Herstellungskosten. Im Klartext heißt dies:

> Die bessere Lösung, das bessere Produkt kann zu einem gleichen oder sogar zu einem niedrigeren Preis angeboten werden als die schlechteren Konkurrenzprodukte. Der Vorteil besteht in diesem Fall darin, dass die Hemmschwelle von Interessenten, das Produkt zu kaufen, sehr niedrig ist, was sich insbesondere in der Markteinführungsphase positiv bemerkbar macht und die Nachfrage stark ankurbeln kann.

Diese so genannte *kybernetische Kalkulation* setzt ein wenig Mut voraus: Es muss sich wirklich um eine *klar erkennbare* Innovation mit *zwingendem* Nutzen für eine Zielgruppe handeln, und Sie müssen davon überzeugt sein, dass Sie eine entsprechend große Stückzahl verkauft bekommen.

Diese Art der Kalkulation eignet sich vor allem im Bereich materieller Produkte, kann aber auch bei Dienstleistungen angewandt werden. Aufgrund wachsender Routine ist es auch bei vielen Dienstleistungen möglich, Aufträge in immer kürzerer Zeit abzuwickeln, so dass sich hier ebenfalls eine Art Kostendegression durch eingesparte Zeit einstellt. (Wer sich mit der kybernetischen Kalkulation näher beschäftigen möchte, dem sei der EKS-Lehrgang empfohlen, *http://www.eks.de.*)

Repräsentation

Egal, ob Sie ein Büro zu Hause, ein Ladenlokal oder einen Online-Shop haben, Sie müssen sich nach außen professionell präsentieren durch ein einheitliches Erscheinungsbild. Fachleute sprechen von »Corporate Identity« und »Corporate Design«. Sie brauchen:

- einen aussagefähigen Geschäftsnamen,
- ein Logo – eine Wortbildmarke, die Sympathie erweckt und vielleicht sogar eine symbolische Bedeutung hat,
- einheitlich gestaltete Geschäftspapiere: Visitenkarten, Briefbögen, eventuell Rechnungsbögen, Broschüren in einheitlicher Typografie (Schrift) und Grafik.
- Wenn Sie ein Ladenlokal oder ein Büro mit Publikumsverkehr haben, sollte dies ansprechend eingerichtet und sauber sein.

Sofern Sie – übertrieben ausgedrückt – grüne Visitenkarten mit Apfel-Motiven herausgeben, Ihr Ladenlokal blau tapeziert ist und Sie in der Tageszeitung in kanariengelber Farbe mit Vogel-Motiven werben, ist Ihr Wiedererkennungswert gleich Null! In der Werbung ist es gerade die *Wiederholung* des immer Gleichen, die einprägend wirkt und Kaufentscheidungen auslöst.

Man nehme: einen Tintenstrahl-Farbdrucker, eine einfache Grafik-Software und interessantes buntes Papier – und fertig ist die Corporate Identity für Ihren Geschäftsauftritt ... Nein, so geht es wirklich nicht! Es ist heute scheinbar so leicht geworden, sich am PC selbst seine Broschüren, Papiere und Visitenkarten zu gestalten. Überall wird neuerdings mit bunten und originellen Papiersorten geworben, den Drucker hat man sowieso und meistens bietet die Software auch genügend Spielraum, um sich etwas »zusammenzubasteln«.

Wo allerdings die Schwierigkeiten liegen, verrät Ihnen die Werbung der Software- und Hardwarehersteller nicht, daher verraten wir sie Ihnen: Die handelsüblichen »bezahlbaren« Laser- oder Tintenstrahldrucker ziehen das Papier niemals hundertprozentig korrekt ein, sondern lassen es immer ein wenig verrutschen, meist nur um einen halben bis einen Millimeter. Dies sieht man aber auf dem Ausdruck von Geschäftspapieren und Visitenkarten sofort, denn es wirkt, selbst auf untrainierte Augen, »schief«.

Als Laie des Grafikdesigns hat man oft kein Gefühl dafür, wie Farben, Symbole und Schriften in ihrer Kombination und Anordnung auf dem Papier wirken. Laien verfahren oft nach der Devise: »Hauptsache auffällig und bunt«. Profis und sicher auch etliche Kunden erkennen allerdings sofort den »Heimwerker-Pfusch«. Besonders ein wildes Herumoperieren mit verschiedenen Schriftarten, aber auch das Einfügen der sattsam bekannten 0815-Cliparts von Microsoft sieht schlicht dilettantisch und einfallslos aus.

Bei Werbebroschüren, egal ob gedruckt, kopiert oder auf dem PC erstellt, kommt es zudem auf die *Verständlichkeit* Ihrer Darstellung an. Insbesondere bei technischen Produkten, aber auch bei Dienstleistungen, die erst bei der Auftragsvergabe sichtbar werden, ist es wichtig, dass der Kunde Ihre Argumentation nachvollziehen kann und nicht mit Fachchinesisch oder irrelevanten Produktaussagen abgespeist wird. Auch dafür gibt es professionelle Hilfe.

> Lassen Sie sich, vor allem in der Anfangsphase, von selbstständigen *Grafikern* oder *Werbeagenturen*, von *Werbetextern* oder von *Druckereien* bei der Gestaltung Ihres Unternehmensauftritts beraten. Denn das entworfene Image muss mit Ihrem Angebot und Ihrer Zielgruppe harmonieren. Scheuen Sie nicht die Kosten, Ihre Geschäftspapiere professionell entwerfen und auch drucken zu lassen, sondern planen Sie sie von Anfang an in Ihren Werbeetat ein.

Wenn Sie professionell auftreten, wird man Sie auch für einen Profi halten, denn »Kleider machen Leute«.

Ein betont junger, frecher Auftritt für ein Unternehmen, das eine konservative Zielgruppe anspricht, geht daneben! Und wenn Ihr Ladenlokal nach außen »billig« signalisiert, Sie aber hochpreisige Produkte verkaufen wollen, funktioniert das ebenso wenig. Hilfe für professionelle Gestaltung finden Sie am Kapitelende.

Marketing und Werbung – Allgemeines

http://www.marketing-marktplatz.de/Grundla.htm
Hier können Sie, übersichtlich gegliedert, Grundlagenwissen in allen Bereichen des Marketings erwerben – gleich ob es sich um Corporate Identity, Image-Broschüren, Marketing-Instrumente, Schreiben von Texten oder Telefonmarketing handelt. Sehr empfehlenswert!

http://www.gruenderlinx.de/langtext.html?id=1544&thema=40&NewsBegin=0
Nachschlagewerke zum Thema Marketing mit Links.

http://www.diegruender.at/marketing/Marketing_erst2.htm
Auf dieser österreichischen Seite wird in Form kurzer Artikel Wichtiges zu den Themen Marketing-Forschung, -plan, -mix, -telefon und -trends vermittelt.

http://www.werbung.de
Hier können Sie nützliche Artikel recherchieren zu Themen wie Mediaplanung und Marktforschung. Außerdem können Sie freie Mitarbeiter suchen.

http://www.salesprofi.de
Eine Zeitschrift, die sich mit Verkauf und Vertrieb befasst.

http://www.marketingundwerbung.de
Hier gibt es zu allen nur erdenklichen Themen in Marketing und Werbung ausführliche Artikel.

http://www.zingel.de/index0.htm
Sie finden umfangreiche Infos zu den Themen Marketing und Absatz, Marktsegmentierung, Produktlebenszyklen, Werbung, Verkaufsförderung, PR et cetera.

http://www.white-lion.de
Ein Webkatalog mit vielen Links zu allen Aspekten von Marketing, Werbung und PR.

http://www.selbstmarketing.de
Eine Website mit vielen nützlichen Infos zur Selbstvermarktung von Selbstständigen.

http://www.grid-net.de/marketing_4.html
Ein Artikel, der die Voraussetzungen zur Kundengewinnung erläutert.

http://www.handwerk-bw.de/marketing/home.htm
Eine Homepage, die sich speziell an Handwerk und kleine Unternehmen wendet und viele nützliche Infos für deren Marketinggestaltung bereithält.

http://members.aol.com/Knollmann/private/aut.htm
Joachim Knollmann stellt Aufsätze zu vielen Marketingthemen bereit.

http://www.direktportal.de
Das Direktportal versteht sich als Startseite für Direktmarketing mit Links, Suchmaschine, Grundlagenartikeln und aktuellen Neuigkeiten.

http://www.marketing.de
Eine wichtige Adresse für Recherchen aller Art zum Thema Marketing.

http://www.kommdesign.de/links/werbung.htm
Auf dieser Seite hat ein Kommunikationsdesigner Themen aus allen Marketingbereichen zusammengestellt. Es gibt zahlreiche Links.

http://www.freepage.de/ShowMembers/Werbung
Viele Links zu Berufszweigen der Werbewirtschaft.

http://www.sponsoring-verband.de
Informationen eines Fachverbandes über Sponsoring und Sonderwerbeformen.

Marketing und Werbung – Planung von Werbeaktionen

http://www.businesskontakt.de
Geschäftsanzeigen mit eigenen Insertionsmöglichkeiten.

http://www.fachpresse.de/media-info
Datenbank mit über 1 000 Titeln von Fachzeitschriften, deren Mediadaten sich herunterladen lassen.

http://www.horizont.de
Homepage der Werbefachzeitschrift *Horizont.*

http://www.wuv.de
Homepage der Werbefachzeitschrift *werben und verkaufen.*

http://www.deutschepost.de/direktmarketing
Die Deutsche Post AG informiert über das Direktmarketing und bietet diverse Serviceleistungen sowie Übersichten über die Portokosten an.

http://www.infoquelle.de/community/index.htm
Kostenlose Anzeigen für Existenzgründer zur Vermarktung ihrer Produkte oder Dienstleistungen. Ideal, nicht nur für Tests vor der Unternehmensgründung! Außerdem lassen sich hier auch Kooperationspartner aller Art finden.

http://www.mediadaten.de
Planungsdaten von über 7300 Zeitschriften und Tageszeitungen. Wichtig für die Planung von Anzeigen oder PR: Sie erhalten einen Überblick über alle für Sie infrage kommenden Printmedien und die jeweiligen Anzeigenpreise!

Marketing und Werbung – Freie Dienstleister und Agenturen

http://www.werbetexter.de
In dieser Datenbank für Werbetexter können Sie einen Textprofi in Ihrer Nähe finden.

http://www.gwa.de
Der Gesamtverband Werbeagenturen mit zahlreichen Infos und Suchfunktionen für die Suche nach einer Werbeagentur.

http://www.freelancehotline.de
Eine Münchener Agentur vermittelt gegen Provision Freiberufler aus dem Werbebereich.

http://www.medienhandbuch.de
Zugriff auf mehr als 38000 Branchenadressen der Medien- und Kommunikationsbranche.

http://www.freie-mitarbeit.de
Eine Vermittlungsdatenbank für freie Mitarbeiter aller Branchen.

http://www.sitebysite.de
Freelancer aus den Bereichen Internet, Multimedia, Werbung, Medien, IT.

http://www.werbetexter-ffw.de
Der Fachverband freier Werbetexter bietet Zugang zu seiner Datenbank.

http://www.farbatelier.de
Ein Berater, der sich auf die farbliche Gestaltung von Unternehmensgebäuden spezialisiert hat.

Marketing im Internet

Worauf es beim Net-Marketing ankommt

Für das Marketing bietet das Internet Ihnen Möglichkeiten, von denen Sie früher nur träumen konnten. Nirgendwo sonst können Sie so schnell Kontakt zu Ihren Kunden herstellen, mit ihnen kommunizieren und herausfinden, wo genau deren Bedürfnisse liegen. Auf der anderen Seite müssen Sie aber auch mit Herausforderungen ganz neuer Art rechnen: Die 24-stündige Erreichbarkeit von Unternehmen und Einkaufsmöglichkeiten rund um die Uhr allein ziehen heute keinen Kunden mehr hinter dem Ofen vor. Nur wenn Sie sich mit Ihren Marketing-Maßnahmen genau auf Ihre Kunden ausrichten und einstellen, werden Sie erfolgreich sein.

Nehmen Sie beispielsweise den Internet-Buchhändler Amazon *(http://www.amazon.de)*, der als Vorbild in Sachen Kundenorientierung gelten kann. Jeder Besucher des Online-Buchladens hinterlässt bei seinem Besuch ein Profil seiner Vorlieben und Interessenschwerpunkte. Bei seinem nächsten Besuch wird er bzw. sie namentlich begrüßt und bekommt eine Liste mit Neuerscheinungen zu seinem Thema genannt, darüber hinaus weiterführende Links zu Veranstaltungen oder Diskussionsforen.

Dahinter steht ein ausgeklügeltes Wissensmanagement, dessen Implementierung natürlich nicht von heute auf morgen zu bewerkstelligen ist. Dieses Beispiel mag jedoch zeigen, worum es im Net-Marketing gehen sollte: Im Vordergrund steht die Lösung von Kundenproblemen, nicht der Verkauf bestimmter Produkte. Kundenwünsche bestimmen mit ihren Impulsen das Angebot.

Das Internet bietet mehr als jedes andere Werbemedium die Möglichkeit, sich auf die *individuellen Kundenbedürfnisse* einzustellen.

Dies gilt jedoch nur für den Fall, dass man die Käufer bereits erfolgreich auf die eigene Homepage gelockt hat. Sie dort aber hinzubekommen, ist weitaus schwieriger. Denn genauso wie für das Offline-Marketing sind auch für das Net-Marketing möglichst genaue *Nutzerdaten* wichtig. Deren Generierung ist jedoch sehr schwierig, da die komplexe Struktur des Internets es beinahe unmöglich macht, repräsentative Ergebnisse zu erlangen. Daten von Online-Befragungen sind mehr als kritisch zu betrachten. Eine einigermaßen akzeptable Lösung dieses Problems scheinen daher Offline-Befragungen zum Online-Verhalten zu sein, die mittlerweile auch in verschiedenen Media-Studien erhoben werden. Internet-Adressen dazu finden Sie hier:

Zahlen und Studien zum User-Verhalten im Internet und zum E-Commerce

http://www.berlecon.de
Berlecon erstellt wirtschaftsbezogene Analysen für die Informationsgesellschaft, evaluiert potenzielle Märkte und untersucht die ökonomischen Auswirkungen neuer Informations- und Kommunikationstechnologien. Ein Newsletter informiert Sie über aktuelle Kurzanalysen.

http://www.comcult.de/ccstudie/business.htm
Studien zu Nutzerverhalten, E-Commerce, Online-Werbung, Unternehmen im Netz und Wachstum des Internets sind Ihnen hier zugänglich gemacht.

http://www.comcult.de/ccstudie/zielgruppen.htm
Die Studie »Interessen der Internet-Anwender – Zielgruppen« im Netz beschreibt für elf Zielgruppen ihren Umgang mit dem Netz und ihre Präferenz bei der Nutzung von Online-Angeboten.

http://www.deutschepost.de/direktmarketing/informationen/dmm/dmm99/studie9.html
Im Auftrag der Deutschen Post hat Infratest Burke diese Untersuchung zu Internet und Direktmarketing durchgeführt. Gefragt wurde, wie Unternehmen mit Internet-Präsenz die klassischen Direktmarketing-Instrumente einsetzen und das Internet für Direktmarketing-Maßnahmen nutzen.

http://www.ecc-handel.de
Das Electronic Commerce Center Handel verfolgt das Ziel, relevante Fragestellungen des E-Commerce in Bezug auf kleine und mittelständische Unternehmen zu untersuchen und entsprechende Erkenntnisse an diese Unternehmen weiterzuleiten.

http://www.ems.guj.de
Bei der Media Service AdSales von Gruner + Jahr können Sie sich rund um das Thema E-Commerce und Online-Werbung informieren. Sie haben Zugang zu den vom Unternehmen initiierten Online-Marktforschungsuntersuchungen mit einer Zusammenfassung der wesentlichen Ergebnisse und Bestellmöglichkeit für die entsprechenden Berichtsbände.

http://www.focus.de/marktanalysen
Marktanalysen zu den unterschiedlichsten Bereichen finden Sie im Angebot von *Focus Medialine,* unter anderem zu Computer-Hard- und Software, Urlaubs- und Geschäftsreisen, Online-Kommunikation, Kreditkarten und Electronic Cash sowie Multimedia-Kommunikation.

http://www.gfk.de
Die Gesellschaft für Konsumforschung liefert unter dem Stichwort »Medien« Informationen qualitativer und quantitativer Art zur Nutzung aller Mediengattungen, insbesondere auch zu den neuen Online- und Offline-Medien.

http://www.i-analytic.de
Dies ist wieder ein nervenaufreibendes Beispiel für schlechte Website-Gestaltung: endlos lange Wartezeiten, bis sich die Seite »entblättert« hat. Das Unternehmen erstellt in Ihrem Auftrag Online-Userstatistiken.

http://www.imafdi.de/statistik.htm
Hervorragende Listen mit Links zu internationalen, europäischen und

deutschen Internet-Statistiken. Imafdi ist eine Community für Studierende, die sich mit Themen wie Marketing in den neuen Medien und E-Commerce beschäftigen.

http://www.imafdi.de/studien.htm
Bei Imafdi gibt es eine weitere sehr gute Linkliste zu Online-Studien und diversen Studiendatenbanken. Da dürften keine Fragen mehr offen bleiben.

http://www.mediendaten.de
Internet-Besucher-Statistiken und Prognosen für die weitere Entwicklung finden Sie hier in diesem gut aufbereiteten Angebot von Mediendaten Südwest.

http://www.mmxi.com
Hier bekommen Sie aktuelle und zuverlässige, zudem international vergleichbare Online-Nutzungsdaten zu Internet und digitalen Medien.

http://www.nfoeurope.com
Infratest Burke ist ein Anbieter von Marktforschung und Beratung für strategisches und taktisches Marketing sowie für Marken- und Customer Relationship Management.

http://www.online-Forschung.de/kom/gir-l
German Internet Research List – Mailingliste für Sozial-, Kommunikations- und Marktforschungsfragen.

http://www.w3b.de
Der Anbieter führt Online-Befragungen zu verschiedenen Themen, unter anderem Online-Shopping, durch und macht Ihnen die Ergebnisse auf dieser Website zugänglich.

http://www.webstudie.de
Webstudie.de bietet viele interessante Berichte, Zahlen und Daten rund um die Themen E-Business, E-Commerce, E-Marketing. Diese quantitativen und qualitativen Studien bilden die Basis für strategische Entscheidungen.

http://www.wiwo.de/b2b-umfrage.htm
Dialego ist ein Marktforschungsinstitut für Online-Erhebungen. Es erhebt nicht nur Daten über das Internet, sondern nutzt das Medium auch zur Erstellung individueller Entscheidungsgrundlagen für das Web-Marketing.

http://www.wuv-studien.de
In der Online-Version des Branchen-Magazins *Werben und Verkaufen* gibt es jede Woche neue Analysen zu Zahlen, Daten, Fakten der Marketing-, Medien- und Multimediabranche.

Einsatz des Internets für Ihre Werbung

Christel Schumacher nutzte ihre Babypause, um den ersten deutschen Eltern-Informationsdienst mit dem Namen »Babynet« im Internet aufzubauen. Mittlerweile zählt http://www.babynet.de *zu den meistbesuchten Websites zum Thema Schwangerschaft und Kleinkind. Ähnlich wie eine virtuelle Messe bietet das Babynet Unternehmen und Organisationen die Möglichkeit, mit einem virtuellen Messestand an ihre Zielgruppe heranzukommen.*

Die Agentur Christel Schumacher konzipiert, realisiert und betreut für diese Unternehmen eigene Internet-Homepages und vernetzt sie mit dem Informationsdienst des Babynet. Zum wachsenden Kundenkreis von Schumacher gehören inzwischen neben den »klassischen« Baby- und Kinderausstattern auch Kinder- und Frauenärzte, Krankenkassen, Babynahrungsmittelhersteller, Kinderspielzeugversender und Au-Pair-Agenturen.

Auf den ersten Blick erscheint es sehr schwierig, via Internet eine eindeutige Zielgruppe zu finden. Die meisten Unternehmen setzen das Internet daher als ergänzendes Marketing-Instrument ein, wie die Kunden von Christel Schumacher; ihre Internet-Präsenz ist kein Ersatz-, sondern ein *Zusatzangebot*, für das zusätzliche finanzielle und zeitliche Ressourcen benötigt werden.

Bei genauerem Hinsehen stellt sich heraus, dass es nach einiger Recherche sehr wohl möglich ist, zielgruppenspezifisch zu agieren. Zu nahezu allen Themen- und Interessengebieten gibt es mittlerweile Communitys, Newsgroups, Mailinglisten, Newsletter, Marktplätze und Webringe. Wie Sie diese Foren für wirksames Net-Marketing einsetzen, erfahren Sie weiter unten. Zuvor möchten wir gerne noch zwei Warnungen aussprechen:

Warnung Nr. 1:
Nehmen Sie davon Abstand, Werbe-E-Mails an Teilnehmer in Newsgroups oder Communitys zu verschicken. Werbebriefe per E-Mail erscheinen zwar als kostengünstiges und wirkungsvolles Marketing-Instrument, allerdings sind unerwünschte Werbe-E-Mails (Spamming) gesetzlich verboten. Sie können dafür abgemahnt werden.

Ausnahme: Bei schon bestehenden Kunden können Sie ein Interesse an Werbe-E-Mails voraussetzen. Besser als die Werbe-E-Mails kommen jedoch *Newsletter* für Kunden und Interessenten an; lesen Sie dazu mehr in Kapitel 8.

Verzichten Sie nach Möglichkeit auf Bannerwerbung! Unter Bannerwerbung versteht man, dass auf der Werbeträger-Website eine kleine grafisch gestaltete Werbefläche mit Ihrem Logo und einem kurzen Text oder Ähnlichem dargestellt wird. Durch einen Klick auf diesen Werbebanner gelangt der Benutzer auf Ihre Website. Banner gibt es auch in Form von »Pop-ups«, das heißt mitten auf dem Bildschirm als die Lektüre der eigentlich angeklickten Website behindernde, selbstaufklappende Fenster.

Die Preise für die Werbebanner schwanken, üblich sind 10 bis 50 Euro für 1 000 Einblendungen. Die wenigsten Internet-User klicken sich jedoch über ein Banner zur jeweils verbundenen Homepage durch, eine Klickrate von 0,5 bis 2 % ist normal. Das bedeutet, dass ein purer »Sichtkontakt« mit der Homepage Ihres Unternehmens Sie 2,5 Euro kostet! Wir halten diese Methode für wenig effektiv und nennen Ihnen in diesem Kapitel weitaus pfiffigere Arten, wie Sie Ihre Internet-Präsenz promoten können. Um es noch einmal deutlich zu machen:

Warnung Nr. 2:
Bannerwerbung ist ineffizient, weil
1) teuer,
2) vom Erfolg her schwer zu überprüfen,
3) einfallslos.

4) Angelockte Besucher kommen meist nur einmal und dann nie wieder.
5) Andere Aktionen bringen deutlich bessere Erfolge.

Wer sich dennoch ein Bild von den verschiedenen Formen der Bannerwerbung und deren Konditionen verschaffen möchte, findet hier entsprechende Internet-Adressen:

Bannerwerbung

http://www.adlink.de
Adlink ist eine der großen Online-Werbevermarkter in Europa, der Werbeträgern und Werbetreibenden ein attraktives Netzwerk für europaweite Online-Werbung bietet.

http://www.bannertips.com
Infos über Banner und darüber, wie Sie die Klickraten eines Banners steigern können.

http://www.doubleclick.com
Die Macher von Doubleclick bezeichnen sich als »Die Experten für Internetwerbung« und bieten Lösungen sowohl für Werbetreibende als auch für diejenigen an, die ihre Website bekannter machen wollen.

http://www.glreach.com
Global Reach ist eine Marketing-Kommunikationsberatung und ein Netzwerk europäischer und weltweit tätiger Webpromotion- und Internet-Marketing-Spezialisten.

http://www.ivw.de
Die Informationsgemeinschaft zur Feststellung der Verbreitung von Werbeträgern macht genau das – feststellen, welche Werbeträger wie und wo verbreitet sind: Die Online-Nutzungsdaten werden monatlich ermittelt und veröffentlicht.

http://www.link4link.de
Fachleute für Internetwerbung erreichen Sie auf dieser Seite. Durch die Bündelung von weit über tausend Websites erschließen sich Ihnen jede Menge Möglichkeiten zur Online-Werbung.

http://www.newsmarketing.de
Umfangreiche Auswahl verschiedener Newsletter, in denen eine Schaltung von Werbeanzeigen möglich ist.

http://www.omdb.de
Dies ist die OnlineMediaDatenBank der deutschen Online-Werbeträger, die Eintragungen aller deutschen Online-Medien über Inhalte, Leistung und Preise der Online-Angebote als Werbeträger enthält.

http://www.werbeformen.de
Der Arbeitskreis Werbung des Deutschen Multimedia Verbandes hat sich hier eine eigene Plattform geschaffen, die einen Überblick über die Grundmechanismen und Begriffe der Online-Werbung gibt.

Die Vorbereitung Ihrer Online-Werbung

An die Online-Kommunikation werden von Seiten der User hohe Erwartungen geknüpft. Viele Homepage-Betreiber glauben, dass es ausreicht, ihre Seite bei einigen Suchmaschinen anzumelden, um einen hohen »Traffic«, also hohe Besucherzahlen, auf ihrer Seite zu generieren. Die hohen Erwartungen an Online-Kommunikation können jedoch nur dann erfüllt werden, wenn in die Planung und Gestaltung der Homepage die spezifischen Bedingungen des neuen Mediums miteinbezogen werden (lesen Sie dazu Kapitel 8 zum Thema Homepagegestaltung).

> Das Internet bietet neue Dimensionen – wie Interaktivität und Unabhängigkeit von Zeit und Raum –, denen in Form von neuen Kommunikationsstrategien und -konzepten Rechnung getragen werden muss. Es reicht nicht aus, die schon existierende Unternehmensbroschüre einfach 1:1 ins Internet zu übernehmen!

Bevor ein wirksames Net-Marketing greifen kann, sollten Sie folgende Punkte grundsätzlich beachten und durchführen:

- Machen Sie in allen Unternehmenspublikationen wie Broschüren, Briefkopf, Visitenkarten et cetera auf Ihre Website aufmerksam. Achten Sie auch umgekehrt darauf, dass auf Ihrer Homepage Ihre postalische Adresse mit Telefon- und Faxnummer steht. Es gibt Kunden, die lieber anrufen oder ein Fax schicken oder gar persönlich bei Ihnen vorbeischauen wollen, weil sie in der Nähe wohnen und Ihre Produkte selbst in Augenschein nehmen möchten.

- Achten Sie darauf, dass die gestalterischen Richtlinien, die für Ihre Print-Produkte gelten, auch in der Homepage wiederzufinden sind.
- Aktualisieren Sie Ihre Seiten regelmäßig. Es gibt nichts Schlimmeres als ein Hinweis auf der Homepage, dass die letzte Aktualisierung mehr als ein Jahr zurückliegt. Auch Hinweise auf Veranstaltungen, die schon längst vorbei sind, sprechen nicht gerade für Aktualität. Solche Seiten sind für Nutzer schlichtweg unattraktiv. Das gleiche gilt für Links, die Sie auf Ihren Seiten platziert haben. Überprüfen Sie regelmäßig, ob sie noch funktionieren. Nichts ist ärgerlicher als Links, die ins Nichts führen.

Achtung: Nach einem aktuellen Gerichtsurteil sind Sie für die Inhalte von Websites, zu denen Sie einen Link gelegt haben, mitverantwortlich. Wenn sich also dort Informationen von zweifelhaftem Ruf befinden, die möglicherweise sogar gegen das Gesetz verstoßen, so können auch Sie dafür haftbar gemacht werden! Überprüfen Sie daher die Inhalte des Websites, mit denen Sie sich vernetzen wollen, sehr genau.

- Bieten Sie dem Nutzer Ihrer Homepage die Möglichkeit zur Kontaktaufnahme per E-Mail und beantworten Sie eingehende Emails schnell! Es macht keinen guten Eindruck, wenn Sie erst nach zwei Wochen reagieren.
- Vergessen Sie nicht, Ihre Homepage in die gängigsten Suchmaschinen eintragen zu lassen! Ausführliche Informationen dazu finden Sie in Kapitel 9.
- Platzieren Sie Ihre www-Adresse in Zeitungen und Zeitschriften. Viele Unternehmen machen immer wieder die Erfahrung, dass sich durch Print-Anzeigen mehr Besucher auf die Homepage locken lassen als zum Beispiel durch Bannerwerbung. Print-Werbung hat zudem immer noch eine größere Reichweite als Internet-Werbung. Veröffentlichen Sie die Web-Adresse ebenfalls auf Plakaten, die Sie bei Messen und Ausstellungen verwenden. Überlegen Sie, wie Sie

Print- und Online-Medium inhaltlich sinnvoll miteinander verbinden: Wecken Sie im Print-Medium Neugier, die Online eingelöst werden kann, oder verweisen Sie im Print-Medium auf ein Informationsangebot – beispielsweise eine Datenbank –, das nur im Online-Medium zu erhalten ist.

Ohne Content geht es nicht

Was im Netz der Netze zählt, sind Inhalte oder auf Neudeutsch »Content«. Sie müssen den Besuchern Ihrer Homepage einen *Mehrwert* bieten. Nutzer erwarten eine Antwort auf die Fragen: Warum sollte ich mir gerade diese Homepage anschauen? Was finde ich hier, das mir Millionen andere Sites nicht bieten können? Überzeugen Sie Ihre (potenziellen) Kunden von Ihrer Kompetenz und von Ihrer Eignung als Problemlöser. Die Informationen, die potenzielle Kunden auf Ihrer Homepage finden, sind Ihre Referenzen.

Überlegen Sie sich, welche allgemeinen Informationen Ihre Kunden interessieren könnten: Jemand, der bei einem virtuellen Reisebüro einen Urlaub bucht, will wissen, welche Wassertemperaturen in seinem Urlaubsland herrschen, Computerfreaks wollen kostenlose Download-Möglichkeiten für Software geboten bekommen, die Kunden eines Friseursalons wollen online ausprobieren können, wie sie mit der neuen Frisur aussehen, und Kunden von Beratungsunternehmen wollen schon vorab möglichst umfangreiche Tipps für das jeweilige Problemfeld haben. Das Geld verdienen Sie immer noch damit, dass Sie die angebotenen Leistungen auch erbringen.

Möglichkeiten zur Mehrwerterzeugung gibt es also viele: Informationen, spezieller Service und Support, gute Such- und Recherchemöglichkeiten, günstiges und schnelles Einkaufen, kurze Lieferzeiten.

Beispiele dafür wollen wir Ihnen jetzt aufzeigen. Bitten Sie Geschäftspartner, Kunden oder befreundete Institutionen, dass ein Link von deren Homepage auf Ihre Seiten gelegt wird. Pflegen Sie einen Linkaustausch mit branchenspezifischen Websites und anderen Kooperаtionspartnern. Diese Möglichkeit zur Bekanntmachung Ihrer Website ist denkbar einfach und funktioniert meist sehr gut. Recherchieren Sie, welche Linklisten und Verzeichnisse es im World Wide Web zu Ihrem Thema gibt, und lassen Sie sich dort eintragen: *Vernetzung von Informationen durch Links ist das Kernelement des Internets.* Gepflegte themenspezifische Linklisten sind darüber hinaus für viele Nutzer der Einstiegspunkt für ihre Touren durchs Internet. Der Katalog von Yahoo ist im Übrigen auf diese Art entstanden! Sie können auch die Einrichtung einer eigenen themenspezifischen Linkliste in Erwägung ziehen.

Unter ***http://www.webmasterplan.com/de*** können Sie überprüfen lassen, von welchen Seiten Links zu Ihrer Seite gelegt sind. Allerdings werden nur solche Seiten erfasst, die in den Suchmaschinen Alta Vista, Fireball und Infoseek gelistet sind.

Eine spezielle Form von themenbezogener Kooperation sind die *Partnerprogramme.* Die Teilnehmer bilden dabei ein Netzwerk, wobei ein Teilnehmer finanziell an Verkäufen beteiligt wird, wenn über dessen Homepage Geschäfte zustande kommen. Der Internet-Buchhändler Amazon beispielsweise bietet solche Partnerprogramme an. Angenommen, Sie haben sich mit einer Personalberatung selbstständig gemacht und bieten auf Ihrer Homepage entsprechende Fachliteratur an, so können Sie den Besuchern durch einen Link die Möglichkeit geben, diese Bücher über Ihre Website gleich bei Amazon zu bestellen. Amazon beteiligt Sie an allen Umsätzen, die über Ihre Homepage zustande kommen, zu einem gewissen Prozentsatz.

Unter ***http://www.partnerprogramme.com*** finden Sie ein Verzeichnis mit über 800 deutschen Partnerprogrammen, an denen Sie kostenlos teilnehmen können.

Seien Sie dagegen vorsichtig mit Bannertausch-Aktionen: Wie bereits dargelegt, nerven diese blinkenden und zuckenden Werbeflächen. Sie werden vielfach als Belästigung empfunden und sind außerdem im Internet mittlerweile allgegenwärtig. Ist dagegen eine Site ohne Werbung in Form dieser Banner gestaltet, kann dies eine sehr wohltuende Wirkung auf den Betrachter haben.

Veröffentlichen Sie Werbeanzeigen in *Newslettern*. Der Anzeigentext ist dabei Bestandteil eines E-Mail-Newsletters, ähnlich wie bei einer Zeitungsanzeige. Diese Werbeanzeigen sind eine recht erfolgversprechende Methode zur Werbung im Internet, denn sie werden offline gelesen, das heißt die Leser nehmen sich mehr Zeit dafür als für Lektüre von online gelieferten Inhalten. Meist sind nur wenige Anzeigen in einem Newsletter (ca. zwei bis fünf), sodass Ihre Anzeige eine erhöhte Aufmerksamkeit erfahren dürfte. Diese Anzeigen werden meist nach Aussendungen berechnet, das heißt, pro Aussendung müssen Sie zwischen 0,1 und 0,05 Euro bezahlen. Bei 4 000 Newsletter-Abonnenten und einem Preis von 0,05 Euro würden Sie für eine solche Anzeige 200 Euro bezahlen. Manche Anbieter rechnen auch in TKP (Tausender-Kontakt-Preis) ab.

Auch im Internet gibt es *Branchenbücher* beziehungsweise Marktplätze, in denen Sie mit Anzeigen und Links Präsenz zeigen sollten! Meist sind die Angebote nicht sehr teuer.

Vergessen Sie die *Webringe* nicht. Auf den Seiten von Webringen sind Links zu Anbietern ähnlicher Angebote gesammelt, so dass sich die Besucher von einer verwandten Site zur nächsten fortbewegen und beispielsweise Angebote direkt vergleichen können. Jeder Webring wird dabei von einem Webmaster kontrolliert und verwaltet. Der Vorteil: Die Zielgruppe innerhalb eines Webrings ist homogen.

Unter ***http://www.webringe.de*** finden Sie ein Verzeichnis aller deutschsprachigen Webringe, an denen Sie sich beteiligen können.

Bieten Sie den Besuchern Ihrer Homepage *Servicethemen* an: Listen Sie beispielsweise die in Ihrer Branche relevanten Beratungsstellen (Produkt- oder Dienstleistungsberatung, Hotlines) auf, platzieren Sie eine branchenspezifische Jobbörse oder stellen Sie in regelmäßigen Abständen neue Check- oder Tipplisten zu relevanten Themen zusammen. Interessant sind auch ausführlichere Informationen zum kostenlosen Herunterladen.

Geben Sie den Benutzern Hinweise auf spezielle Veranstaltungen, Messen und Seminare. Haben Sie beispielsweise einen Naturkost-Laden, können Sie auf Vorträge rund um gesunde Ernährung hinweisen oder auf Vermarkter von regionalen Bioprodukten aufmerksam machen. Sie erreichen dadurch, dass Ihre Zielgruppe immer wieder zu Ihrer Homepage zurückkommt. Verschicken Sie diese Listen über einen speziellen E-Mail-Verteiler an alle Kunden. Aber Vorsicht: Fragen Sie lieber vorher nach, ob der Kunde diese E-Mails auch bekommen möchte, denn unerwünschte Werbe-E-Mails sind verboten.

Wirksames Net-Marketing ist auch mittels *Gewinnspielen* möglich, die zu den beliebtesten Angeboten im Web überhaupt gehören. Attraktive Preise müssen Sie natürlich anbieten. Gewinnspiele bringen jede Menge Besucher auf Ihre Seite, die Sie in diesem Rahmen gleich um ein Feedback bitten sollten (»Was gefällt Ihnen an dieser Website, was nicht, an welchen Informationen sind Sie besonders interessiert?«) Es gibt wichtige Gewinnspielsites, bei denen Sie Ihre Aktion bekannt geben sollten: *http://www.gewinnspiele.de*, *http://www.gewinnspiele.com*, *http://www.kostenlos.de*, *http://www.gewinntipps.com*, *http://www.geizkragen.de*. Vergessen Sie auch nicht, die Presse über das anstehende Gewinnspiel zu informieren!

Auf Ihrer Site können Sie ebenso Versteigerungen veranstalten, wie das Beispiel von Corey Rudl am Anfang dieses Kapitels zeigte. Nicht nur Auslaufmodelle, Saisonware oder Restbestände lassen sich so werbewirksam an den Mann oder die Frau bringen.

Spannen Sie die Besucher Ihrer Website in das Marketing mit ein, indem Sie zu jedem Produkt oder Content ein so genanntes »Recommandation Tool« einbauen. Das kann beispielsweise ein »Send-to-a-Friend-Mail-Button« sein, den Ihre Besucher anklicken. Daraufhin öffnet sich ein Mail-Formular, in das nur noch die Empfänger-Adresse eingegeben werden muss und das dann abgeschickt wird. Schon haben Sie – in der Regel – einen neuen Besucher.

Wenn Sie einen *Online-Shop* eingerichtet haben, ist es sinnvoll, Ihre Kunden, Geschäftspartner und natürlich auch die Presse zu einer Vorführung in Ihre Geschäftsräume einzuladen.

In der Offline-Werbewelt ködern Sie Ihre Kunden mit emotionalen Bildern. Dem Internet-Benutzer müssen Sie dagegen handfeste Informationen bieten, aktuell und möglichst exklusiv. Gute, webgerechte Texte, eine klare Benutzerführung, kurze Ladezeiten und wenig Animationen sorgen für weitere positive Aha-Effekte und machen aus Ihren Kunden Stammkunden.

Net-Marketing

http://adguide.de
Webkatalog zu den Bereichen Internet-Advertising, Online-Marketing, Bannerwerbung, Site-Promotion und E-Commerce.

http://www.amann.de
Unternehmensberatung mit kostenlosem Internet-Marketing-Newsletter, bietet auch Internet-Marketing-Seminare für Kleinunternehmer an.

http://www.audettemedia.com
In dieser »Community for Internet Professionals« mit mehr als 250 000 Teilnehmern bekommen Sie Zugang zu Mailinglisten rund um die Bereiche Marketing, Sales, PR und viele mehr.

http://www.autoresponder.de
Gesammeltes Know-how zu den Themengebieten Autoresponder, Online-Marketing und E-Commerce. Sie können sich die Hintergründe, Interviews, Artikel, Tipps, Buchhinweise auch als Newsletter zuschicken lassen.

http://www.diplomarbeit.com
Internet-Marketing-Tipps nicht nur für Diplomanden. Vorbeischauen lohnt sich immer, aktuell gibt es beispielsweise eine Arbeit zum Thema »Multimediales Marketing im World Wide Web«.

http://www.dmmv.de
Der Deutsche Multimedia Verband veröffentlicht immer wieder Interessantes, auch zum Thema Net-Marketing.

http://www.emar.de
<e>market ist ein Wochenmagazin für Online-Marketing und E-Commerce und bietet viele branchenrelevante Hintergrundinfos: Reports,

Agenturporträts, Links zu PR-Agenturen, Vermarktern und Werbeträgern.

http://www.horizont.net/interactive/netmarketing
Nach Angaben des Betreibers finden Sie hier die größte deutsche Online-Marketing-Mailingliste.

http://www.infotrust.de
Sehr gute Adresse rund ums Online-Marketing mit vielen Tipps und Fakten. Eigentlich ein Dienstleister, der Online-Marketing anbietet, aber trotzdem viele Infos weitergibt. Toller Aufbau der Seite, sehr übersichtlich und gut formuliert.

http://www.imafdi.de
Imafdi ist eine Community für Studierende, die sich mit Themen wie Marketing in den neuen Medien und E-Commerce beschäftigen. Dieses gut aufbereitete Angebot sollten Sie sich nicht entgehen lassen!

http://www.klaus-arnhold.de
In der Online Marketing Werkzeugkiste finden Sie regelmäßig neue Tipps, Links und Artikel für die tägliche Marketing-Arbeit.

http://www.marketing.de
Wie der Name schon vermuten lässt: Hier geht es um das Thema Marketing, und zwar in Form einer Mailingliste, in der immer wieder auch das Thema Net-Marketing angeschnitten wird.

http://www.netb2b.com/NetMarketing
Sie finden hier unter anderem ein mehrteiliges Lernprogramm (Erstellen einer Website, Einsatz von Werbung, Marktforschung, Direktmarketing und E-Commerce).

http://www.netzpertise.de
Checkt Ihre Website auf verkäuferische Aspekte und verrät Ihnen, wie Sie das Internet pro-aktiv nutzen können, um Ihr Business zu intensivieren.

http://www.newsmarketing.de
Umfangreiche Auswahl verschiedener Newsletter, in denen eine Schaltung von Werbeanzeigen möglich ist.

http://www.oms-kombi.de
Der Online Marketing Service ist ein Anbieter für Werbeschaltungen

in Online-Diensten regionaler Tageszeitungen. Repräsentiert werden 51 Titel aus 35 Verlagen.

http://www.online-marketing-duesseldorf.de
Verschiedene Firmen, die auf der Online-Marketing Düsseldorf Vorträge über neue Werbeformen gehalten und Links zu den Vorträgen auf den Seiten hinterlegt haben.

http://www.online-marketing-praxis.de
Das Net-Marketing eröffnet gerade für Selbstständige, kleine und mittlere Unternehmen eine ganz neue Dimension zur Vermarktung der Produkte und Dienstleistungen. Unter dieser Adresse können Sie einen kostenlosen Newsletter mit praktischen und umsetzbaren Tipps abonnieren.

http://www.white-lion.de
Nach eigenen Angaben das größte Marketing-Portal im Internet sowie führende Discount-Werbeagentur.

http://www.wilsonweb.com/webmarket
Über 3 000 Verweise zu Internet-Marketing von Dr. Ralf Wilson. Unter dem Stichwort »Web-Marketing« gelangen Sie zu zahlreichen Artikeln, Tipps und Tricks zum Thema.

http://www.www-marketing.de
Diese Seiten richten sich an Unternehmer und Angestellte in kleinen und mittelständischen Unternehmen, die sich mit dem Thema Net-Marketing auseinandersetzen. Es gibt eine Mailingliste, einen Newsletter und einen Bereich, in dem ein zusammenhängender Überblick über die Möglichkeiten des Marketings im Internet gegeben wird.

E-Commerce und Aufbau eines Online-Shops

Was versteht man unter E-Commerce?

E-Commerce ist der Verkauf von Waren und Dienstleistungen über das Internet. Es gibt Definitionen, denen zufolge E-Commerce schon da anfängt, wo ein Unternehmen sich mit einer eigenen Homepage präsentiert; diese Definition scheint uns aber etwas zu weit gegriffen.

E-Commerce hört unserer Ansicht nach mit der Auslieferung der über das Internet bestellten Produkte an den Kunden jedoch noch lange nicht auf, denn es bedeutet gleichwohl die *Integration aller Geschäftsprozesse* in das neue Medium beziehungsweise deren Unterstützung durch das Internet.

Der unschlagbare Vorteil von E-Commerce gegenüber dem herkömmlichen Handel liegt darin, dass neue Leistungen angeboten werden, die erst durch Computer- und Online-Technologien möglich gemacht werden, beispielsweise der internationale Vergleich von 50 Millionen Flugtarifen sämtlicher Airlines, individuell auszuwählen und zu buchen, wie ihn das Unternehmen Tiss anbietet (***http://www.tiss.com***). Auch ermöglicht das Internet gerade kleineren Unternehmen große Chancen.

Kleine Unternehmen, die pfiffige Konzepte haben und flexibel auf die unterschiedlichsten Kundenwünsche reagieren können, werfen mitunter die großen Unternehmen blitzschnell aus dem Rennen.

Mit einem Online-Shop können Sie darüber hinaus Ihre Produkte weltweit anbieten. Sie erreichen im besten Falle auf einen Schlag Millionen von Menschen. Sie bieten Ihren Kunden einen Laden, der 24 Stunden am Tag, sieben Tage in der Woche geöffnet hat, was kein »reales« Geschäft bieten kann. Sie verbessern dadurch auch den Kundenservice, denn die zusätzlichen Produktinformationen stehen permanent zur Verfügung.

Nicht zuletzt sparen Sie durch einen Online-Shop Personalkosten in immenser Höhe. Nehmen Sie beispielsweise das eingangs angeführte Unternehmen Tiss mit seiner Flugdatenbank. Dieses Unternehmen hat in Deutschland das umfangreichste Angebot und verkauft täglich Tickets im Wert von mehr als 125 000 Euro. Beschäftigt wird dort aber nur eine Handvoll Leute.

Es gibt Prognosen, denen zufolge im Jahr 2005 in Europa eine Billion Euro im E-Commerce umgesetzt werden sollen; zum Vergleich: 1998 lag der traditionelle Handelsumsatz in Deutschland bei 450 Milliarden Euro. In den Medien häufen sich dagegen die Berichterstattungen über Unternehmen, die mit E-Commerce schnell, groß und (umsatz)stark geworden sind, aber nun genauso schnell wieder in der Versenkung verschwinden.

Spezielle Internet-Adressen zu User-Statistiken und Studien zum E-Commerce in Deutschland finden Sie im Kapitel »Net-Marketing«.

Die Elemente des E-Commerce

Die meisten Online-Shop-Betreiber scheitern, weil sie entweder mit logistischen Problemen zu kämpfen haben, sich mit ihrem Angebot nicht klar genug von den konkurrierenden Unternehmen unterscheiden oder die Serviceleistungen zu wünschen übrig lassen. Es reicht nicht mehr aus, einfach nur günstige Produkte im Angebot zu haben. Liefersicherheit, Flexibilität und Qualität sind ebenso entscheidende Wettbewerbsfaktoren. Gerade die Probleme mit der Logistik haben schon so manchem Unternehmen das Aus beschert, denn dieser hochsensible Bereich wird oft in seiner Tragweite unterschätzt. Was nützt es dem Kunden, wenn er in zwei Minuten seine gewünschte Ware bestellen kann, aber vier Wochen darauf warten muss? Ein gut organisiertes Zustellsystem verschlingt zudem mehr Geld, als manchen Jungunternehmern lieb sein kann. All dies gilt es bei der Einrichtung eines Online-Shops zu berücksichtigen.

Wenn Sie einen Laden im Internet eröffnen, sollten Sie nicht vergessen, dass E-Commerce viele verschiedene Unternehmensbereiche umfasst wie Marketing, Vertrieb, Beschaffung, Kommunikation, EDV. Alle Prozesse hängen zusammen und bedingen einander. Das beste Marketing hilft nichts, wenn die Beschaffung nicht hinterher kommt oder die EDV-Systeme schlappmachen. Der Bereich E-Commerce darf nicht von einer einzelnen Abteilung vorübergehend und zusätzlich zum Tagesgeschäft übernommen werden, »so lange, bis alles läuft«. Wenn nicht von vornherein das Management diese Aufgabe übernimmt, läuft nämlich bald gar nichts mehr.

Übersehen wird dabei oft, dass es bei E-Commerce *nicht* in erster Linie um die Technik geht; meist wird die Übernahme dieser Aufgaben von Führungskräften mit dem Hinweis abgelehnt, dass sie davon sowieso keine Ahnung hätten.

Beim E-Commerce geht es um einen *ganzheitlichen* Ansatz, der eine Vereinfachung aller Geschäftsprozesse nach sich zieht.

E-Commerce bedeutet beispielsweise auch die Einrichtung eines Intranets, eines firmeninternen Netzwerks, über das die Mitarbeiter auf elektronischem Wege miteinander kommunizieren, Prozesse organisieren und kontrollieren. Oder die Einrichtung eines Online-Beratungscenters, in dem Kundensupport in Form eines Chats geleistet wird. Außerdem die Bereitstellung eines passwortgeschützten Bereiches auf der Website, in dem ausgewählte und registrierte Kunden spezielle Informationen bekommen oder Transaktionen vornehmen können. Um es noch einmal deutlich zu machen:

Beim E-Commerce geht es erst in zweiter Linie um die *Technik* – die zwar schon beherrscht und gezielt eingesetzt werden will –, in erster Linie geht es jedoch um die *Lösung von Problemen für eine klar umrissene Zielgruppe*, also ums Geschäft!

Die Internet-Technik allein bringt noch keine Wettbewerbsvorteile. Diese ergeben sich vielmehr aus einem klaren Alleinstellungsmerkmal, das Sie mit Ihrer Produkt- oder Dienstleistungsinnovation auf dem Markt haben sollten.

Wenn Sie im E-Commerce mitmischen wollen, sollten Sie folgende Faustregel beachten: Je erklärungsbedürftiger ein Produkt ist, desto weniger ist es für E-Commerce geeignet. Wollen Sie Lottoscheine, Bücher, Videos, Eintrittskarten oder Flugtickets verkaufen, so ist dies über einen Online-Shop – zumindest theoretisch – relativ problemlos möglich.

Sofern Sie digitalisierbare Waren wie Film- und Tonbeiträge, Software oder Texte verkaufen wollen, haben Sie ein großes Plus: Der Versand kann direkt über das Internet erfolgen und Sie können sich Kosten und Stress der Logistik ersparen. Qualifizierte Beratung, maßgeschneiderte Kleidung, Bodenbeläge oder Einbaumöbel dagegen sollten Sie besser in der realen als in der virtuellen Welt verkaufen. Hier kann eine Homepage nur allgemeine Informationen liefern, aber mehr nicht.

Ähnlich wie bei der Gestaltung der Homepage gilt auch bei der Konzeption eines schlagkräftigen E-Commerce-Konzepts: Billiger Standardservice reicht nicht aus, Sie müssen Ihren Kunden Mehrwert bieten.

Verschiedene Shop-Systeme

Wenn Sie sich dafür entschieden haben, einen Online-Shop einzurichten, kommen die nächsten Herausforderungen auf Sie zu: Welches Shop-System wollen Sie dafür benutzen, welche Lösung ist am besten für Sie und Ihre Produkte geeignet? Ein *Shop-System* ist ein Software-Programm, das alle benötigten Elemente wie Produktkatalog, Warenkorb, Bestell- und Bezahlmöglichkeit, Formulare zur Kontaktaufnahme sowie ein »Back Office« zur Bearbeitung der Bestellungen, Verwaltung der Lagerbestände, Rechnungsstellung, Kundendateien, Statistik enthält.

Um eine solche Entscheidung treffen zu können, müssen Sie zunächst einmal die grundsätzliche Frage klären, ob Sie einen eigenen Server anschaffen wollen, über den die Daten zu Ihnen gelangen, oder ob eine preiswertere Mietlösung zunächst einmal ausreichend ist. Wenn Sie beispielsweise eine eher geringe Artikelmenge anbieten, die Daten dieser Artikel sich selten ändern, die Umsatzerwartungen eher niedrig sind und Sie den Online-Shop erst einmal als zweites Standbein betrachten, reicht eine Mietshop-Lösung aus. Ein Mietshop-System hat den unschlagbaren Vorteil, dass Sie sich nicht um die eventuell auftretenden technischen Probleme kümmern müssen; das können Sie getrost anderen überlassen, während Sie sich auf Ihre Kernkompetenz konzentrieren. Außerdem sind diese Lösungen meist sehr günstig und kosten nur ein paar Mark im Monat. Nachteile dieser Mietshops sind auf der anderen Seite, dass Sie oftmals das Layout und die Grundeinstellungen nicht an Ihre Bedürfnisse anpassen können und auch nicht der einzige Anbieter sind, der dieses Shop-System benutzt.

Mietshop-Lösungen

http://www.e-cs.de
eCommerce Services ist ein Geschäftsfeld der Deutschen Telekom und

spezialisiert auf E-Business-Lösungskonzepte. Ein Shop-System können Sie anmieten.

http://www.frontstore.de
Von der einfachen, fast fertigen Standardlösung bis hin zu einem vollständig individuell gestalteten Shop finden Sie hier alles, was Sie für die schnelle Einrichtung eines Online-Shops brauchen.

http://www.mietshop.de
Bis zu einer Artikelanzahl von 30 Stück ist die Nutzung dieses Online-Shops sogar kostenlos. Es gibt ein Modul, das Ihnen hilft, die einzelnen Transaktionen sicher zu machen.

http://www.mondus.de
Für 2 Prozent Provision auf den Verkaufspreis übernimmt dieser virtuelle Marktplatz für kleine und mittelständische Unternehmen den Verkauf Ihrer Produkte. Über eingegangene Bestellungen werden Sie per E-Mail informiert.

http://www.netkauf.de
Dieser Anbieter ist nicht ganz billig, kann auf Wunsch jedoch eine Datenbankanbindung realisieren.

http://www.netstore.convar.com
Die Classic-Version dieses Shop-Systems mit maximal 20 Artikeln in 10 Kategorien ist kostenlos, 1 000 Artikel in 100 Kategorien kosten 125 Euro monatlich.

http://www.partnershop.de
Dieser Dienstleister vermietet Ihnen nicht nur ein Shop-System, sondern übernimmt die Gestaltung gleich mit dazu – inklusive Anmeldung bei den wichtigen Suchmaschinen.

http://www.shop-direkt.de
Intermedien entwickelt für Sie innovative und schlüsselfertige Shopping- und Vertriebslösungen für die digitalen Handelsplätze.

http://www.telemall.de
»Creating Internet Shopping Centers« heißt es auf der Homepage des Anbieters, der vom Hessischen Wirtschaftsministerium als eines von zehn hessischen Vorzeigeunternehmen ausgewählt wurde, die innovative Lösungen im Bereich Neue Medien erfolgreich umgesetzt haben.

http://www.websale.de
Websale realisiert für Sie unterschiedliche Lösungsmodelle, von kleineren bis zu sehr großen Shops und Malls.

Wenn Sie viele Artikel anbieten, deren Daten sich häufig ändern, und Sie den Schwerpunkt Ihrer Geschäftstätigkeit auf das Online-Geschäft gelegt haben, sollten Sie Ihre Online-Shop-Lösung besser mit einem eigenen Server und einem gekauften Shop-System realisieren. Die Kosten für einen solchen Server richten sich nach dem monatlich anfallenden Übertragungsvolumen – unabhängig davon, ob dieser Server bei einem Provider oder mit einer Festverbindung bei Ihnen im Hause steht. Im letzteren Fall müssen Sie jedoch auch über das entsprechende Know-how für die Netzwerkfunktionen verfügen.

Wenn Sie Ihren Server bei einem Dienstleister platzieren, sollten Sie einige Punkte beachten: Wie viel Anschlusskapazität steht Ihnen zur Verfügung? Müssen Sie sich diese Kapazitäten mit anderen Kunden teilen? Steht Ihnen nachts und am Wochenende ein Notdienst zur Verfügung? Ist die Stromversorgung ausreichend und unterbrechungsfrei? Wird ein tägliches Backup der Daten gewährleistet? Fallen zusätzliche Gebühren für spezielle Dienstleistungen an?

Die Kosten für ein Shop-System variieren sehr stark. Kleine Shops gibt es schon ca. ab 500 Euro, nach oben sind kaum Grenzen gesetzt. Die Entwicklung eines eigenen Shop-Systems, das ganz nach Ihren Bedürfnissen ausgerichtet ist und von einem Dienstleister gestaltet wird, sollten Sie aus Kostengründen nur in Erwägung ziehen, wenn Sie ein reines Internet-Unternehmen haben und »ganz groß« ins E-Commerce einsteigen wollen.

Unter ***http://www.ludewig.com*** finden Sie eine ausführliche Checkliste zur Funktionalität eines Online-Shops. Auch der TÜV hat Anforderungen an einen E-Shop aufgestellt und vergibt ein entsprechendes Prüfsiegel. Sie finden diese Anforderungen unter ***http://www.tuev-secure-it.com***.

Shop-Systeme

http://www.commercy.de
Die Software »Easy Market 3.0« für Ihren Online-Shop kostet 399 Euro. Die bereitgestellte Demo-Version ist voll funktionstüchtig, allerdings kann sie nur einhundert Mal aufgerufen werden.

http://www.neugeschaeft.de
E-Commerce-Komplettangebot von Deutscher Post und IBM. Die Betreuung reicht von der technischen Einrichtung Ihrer Internet-Filiale bis zur Warenauslieferung.

http://www.openshop.de
Verschiedene Lösungen für das Errichten und Betreiben unterschiedlicher Marktplatz-Modelle finden Sie hier.

http://www.shopmaker.de
Umfassende Standardlösungen für großen Artikelstamm.

http://www.shopsite.de
Kostengünstige Lösung für E-Shops, die allerdings nicht auf jedem Betriebssystem läuft.

http://www.viseller.com
Online-Shop, den Sie ohne große Vorkenntnisse auf Ihrem PC installieren und von dort aus auch betreiben können. Die Demo-Version ist voll funktionsfähig.

http://www.webcat.de
Mit diesem Software-Tool ist die Entwicklung von individuellen elektronischen Katalogen und Infosystemen möglich. Sie können sowohl eine Shop- als auch eine Mall-Lösung realisieren.

http://www.webfruits.de
Diese Online-Shops-Software hat eine modulare, offene Struktur und kann so jederzeit mit Ihren Anforderungen wachsen. Die Basis-Version »Stand alone« kostet 450 Euro.

Zahlungssysteme

Auch über die Zahlungssysteme müssen Sie sich informieren. Rechnungen per Nachnahme einzutreiben erfordert relativ hohen administrativen Aufwand, zudem kommen bei dieser Zahlweise Gebühren auf Sie zu. Wenn Sie Ihre Waren gegen offene Rechnungen versenden, können Sie schnell in Liquiditätsschwierigkeiten kommen. Unter folgenden Internet-Adressen bekommen Sie Informationen zu etlichen E-Commerce-Zahlungssystemen.

E-Commerce-Zahlungssysteme

http://www.berlecon.de/studien/zahlungssysteme/index.html
Das Unternehmen Berlecon Research hat für die Studie »Kassieren im E-Commerce – Eine Analyse relevanter Zahlungssysteme aus Händlersicht« nicht nur die zugänglichen Daten konsolidiert, sondern auch eine Umfrage unter Online-Händlern durchgeführt.

http://bak-information.ub.tu-berlin.de/software/e_comm.html
Diese Seite sieht zwar zum Fürchten aus, bietet aber umfangreiche und gut recherchierte Infos rund um elektronische Zahlungssysteme, Online-Shops und integrierte E-Business-Lösungen.

http://www.gzs.de
Die GZS ist ein Spezialist für das Processing von realen und virtuellen Zahlungs- und Informationstransaktionen, der auch für die sichere Abwicklung Ihrer virtuellen Zahlungen sorgt. Die Homepage ist etwas umständlich und undurchsichtig aufgebaut, die relevanten Infos finden Sie unter »Handel & Industrie«.

http://www.sparkasse.de/ecommerce
Bodenständige Hinweise von den Sparkassen zu den eigenen Systemen – Geld- und Kreditkarten.

http://www.userpage.fu-berlin/˜gordiana/bezahlen.htm
Tipps zur Sicherheit im Internet-Zahlungsverkehr und eine Linkliste zu den gängigsten Zahlungssystemen machen diese Site zu einem Angebot, bei dem Sie sich gut informieren können.

Do's und Dont's im E-Commerce

Setzen Sie nicht auf das falsche Geschäftsmodell! Sie müssen eine einmalige Ausgangsidee haben und dürfen keinesfalls bereits bestehende

E-Shops kopieren. Mit dem fünften Online-Bürobedarfshandel gewinnen Sie keinen Blumentopf. Setzen Sie auf einen klaren Unterschied!

Wenn Sie Ihre E-Commerce-Aktivitäten und die Homepage- und E-Mail-Betreuung dem Praktikanten überlassen oder einem sowieso schon überlasteten Mitarbeiter aufbürden, tun Sie sich und Ihrem geschäftlichen Erfolg keinen Gefallen. Nehmen Sie diese Dinge selbst in die Hand, erklären Sie sie zur Chefsache! Ziehen Sie gegebenenfalls kompetente Dienstleister zu Rate und entwickeln Sie in Zusammenarbeit mit ihnen Ziele und Strategien. Kontrollieren Sie deren Einhaltung!

Probeläufe mit der neuen Website, dem neuen Shop-System sind die Voraussetzung für den Erfolg! Wenn Sie diese Dinge zu hastig angehen, werden Sie hinterher vor einem Scherbenhaufen in Form von Fehlfunktionen, Serverüberlastungen und Beschwerde-E-Mails genervter Kunden stehen. Stellen Sie sich technisch, finanziell und personell auf die Geister ein, die Sie gerufen haben.

Denken Sie auch an ein *Sicherheitskonzept*, das sowohl das interne System als auch die Kundendaten schützt (Firewalls, Verschlüsselungen). Erstellen Sie einen Notfall-Plan.

Engagieren Sie einen Dienstleister, wenn Sie intern keine Kapazitäten haben oder nicht extra dafür jemanden einstellen wollen. Aber: Kontrolle muss auch hier sein. Vereinbaren Sie schriftlich einen Pflichtenkatalog, legen Sie Probelaufzeiten sowie Zielvereinbarungen fest.

Ihre Kunden bestellen in zwei Minuten online die Produkte, deren Auslieferung in der wirklichen Welt wochenlang dauert? So verlieren Sie garantiert! Überprüfen Sie daher genau Ihre logistische Abwicklung – von Lagerhaltung, Verpackung, Kommissionierung über Versand, Verfolgung der Lieferung, Zahlungssystem, Debitorenmanagement, Kundendienst bis hin zur Retouren- und Garantieabwicklung – und passen Sie sie an das Internet-Tempo an.

Verflechten Sie Ihr Online- sinnvoll mit dem Offline-Angebot, indem Sie beispielsweise Ihren Kunden die Möglichkeit geben, online erworbene Produkte im realen Laden wieder umzutauschen. Geben Sie zum Beispiel Surfern einen Rabatt im Ladengeschäft.

Denken Sie an die *Zielgrupp*pe: Der »typische« Internet-Nutzer ist im Moment Mitte dreißig, männlich und relativ gut verdienend. Wenn Sie mit Ihren Produkten oder Dienstleistungen genau diese Zielgruppe ansprechen wollen, dann sind Sie im E-Commerce richtig.

Weitere Daten, Fakten und Informationen rund um E-Commerce

http://adguide.de
Webkatalog zu den Bereichen Internet-Advertising, Online-Marketing, Bannerwerbung, Site-Promotion und E-Commerce.

http://www.bsi.de
Bundesamt für Sicherheit in der Informationstechnik. Hier geht es um Sicherheit im Internet, Digitale Signaturen, IT-Sicherheitskriterien und Hinweise zum Virenschutz.

http://www.e-business.iao.fhg.de
Electronic Business-Seite des Fraunhofer Instituts. Sie erhalten einen Überblick zur kommerziellen Nutzung des Internets in Deutschland.

http://www.e-commerce-magazin.de
Online-Version des E-Commerce-Magazins, das aktuelle E-Commerce- und E-Business-Nachrichten für Entscheider bringt und Sie per Newsletter über die neuesten Entwicklungen auf dem Laufenden hält.

http://www.eco.de
Der Verband der deutschen Internetwirtschaft *eco* will die kommerzielle Nutzung des Internets beleben und die Geschäftsentwicklung seiner Mitglieder fördern. Darüber hinaus berät *eco* alle Unternehmen, die ihre Produkte und Dienstleistungen im Internet anbieten.

http://www.ecommercity.org
Aktuelle Themen des E-Commerce stehen im Rampenlicht einer neuen Kongress-Reihe, die – von der Hochschule Bremen initiiert – im halbjährigen Wechsel in Bremen und in Hamburg stattfinden soll.

http://www.electronic-commerce.org
Informationen zur Gründung von E-Shops. Es wird erklärt, welche Anforderungen ein Shop-System erfüllen sollte und welcher Aufbau sinnvoll ist.

http://www.emar.de
<e>market ist ein Wochenmagazin für Online-Marketing und E-Commerce und bietet viele branchenrelevante Hintergrundinfos: Reports, Agenturporträts, Links zu PR-Agenturen, Vermarktern und Werbeträgern.

http://www.e-startup.org/
Das Forschungsprojekt e-Startup.org an der European Business School hat sich in einer Studie mit 9 000 Gründungen im Bereich Internet/E-Commerce beschäftigt und zusätzlich annähernd 2 000 Unternehmen befragt.

http://www.ieb.net
Hervorragende Seite des *Institute of Electronic Business* in Berlin, das 1999 in Berlin von Unternehmen und Wissenschaftlern in Berlin gegründet wurde. Allein schon die themenorientierten Linklisten machen es zu einer Goldgrube.

http://www.mediamit.de
E-Commerce-Basiswissen in verständlichen Texten, die von keinerlei Grundkenntnissen im E-Commerce ausgehen und bis zu konkreten Lösungsangeboten führen.

http://www.netb2b.com/NetMarketing
Die Website bietet unter anderem ein mehrteiliges Lernprogramm (Erstellen einer Website, Einsatz von Werbung, Marktforschung, Direktmarketing und E-Commerce).

http://www.newsboard.de
Kostenloser Newsletter über Internet und E-Commerce von akademie.de.

http://www.online-Forschung.de/kom/gir-l
Die German Internet Research List ist eine Mailingliste für Sozial-, Kommunikations- und Marktforschungsfragen.

http://www.wilsonweb.com/webmarket
Über 3 000 Verweise zu E-Commerce von Dr. Ralf Wilson. Unter dem Stichwort »E-Commerce« gelangen Sie zu zahlreichen Artikeln, Tipps und Tricks zum Thema.

8

Gestaltung und Platzierung einer eigenen Homepage

Wozu überhaupt eine eigene Homepage?

Die Kommunikationsstrukturen in Wirtschaft und Gesellschaft haben sich durch das Internet weitgehend verändert. Derzeit gibt es ca. 100 Millionen Nutzer des Internets, wobei Experten von einer jährlichen Steigerung von 25 Prozent bis zum Jahr 2002 ausgehen. Immer mehr Haushalte verfügen über einen PC mit Internet-Zugang. Die Umsätze im E-Commerce steigen kontinuierlich.

Auch kleine und mittelständische Unternehmen erkennen, welche Bedeutung das Internet als Instrument zur Kundenbindung und zur Erschließung ganz neuer Marktsegmente hat – von der Imagesteigerung einmal ganz abgesehen. Wirksame Presse- und Öffentlichkeitsarbeit ohne das World Wide Web ist kaum noch vorstellbar.

An die Online-Kommunikation werden sehr hohe Erwartungen gestellt. Es reicht nicht aus, eine mehr schlecht als recht zusammengeschusterte Homepage ins Netz zu stellen, sie wahllos bei einigen Suchmaschinen anzumelden und auf den dann hoffentlich einsetzenden Kundenstrom zu warten.

Die hohen Erwartungen an die Online-Kommunikation können nur erfüllt werden, wenn den spezifischen Bedingungen des neuen Mediums adäquat begegnet wird. Neue Kommunikationsstrategien und -konzepte sind hierfür erforderlich. Kunden müssen die Möglichkeit haben, schnell Kontakt zu Ihnen aufzunehmen, und auch schnell Antwort bekommen; der unbegrenzte »Geschäftsraum«, den Sie im Web zur Verfügung haben, muss sinnvoll genutzt werden.

Wenn Sie noch nicht genau wissen, ob Sie eine Homepage für Ihr Unternehmen erstellen wollen oder nicht, sollten Sie sich folgende Frage stellen (und sie natürlich auch beantworten): *Hilft Ihnen das Internet bei der Erreichung Ihrer Unternehmens- und Kommunikationsziele? Nutzt Ihre Zielgruppe, die Sie mit Ihrem Angebot erreichen wollen, das Internet so intensiv, dass sie Sie dort suchen würde?*

Wenn Sie diese Fragen mit Ja beantworten können, sollten Sie Ihre Ausgangssituation analysieren: Sind Sie in der Lage, der Dynamik, Aktualität und Offenheit des Internets Rechnung zu tragen? Haben Sie jemanden, der sich um die Erstellung und Betreuung einer Homepage sowie gegebenenfalls um einen Online-Shop kümmern kann? Machen Sie in keinem Fall den Fehler, dieses Gebiet einer Aushilfe zu überlassen oder es einem Mitarbeiter zusätzlich zu einem anderen Betätigungsfeld aufzubürden. Ein halbherziger und schlecht gepflegter Internet-Auftritt ist schädlicher als gar keiner.

Klären Sie im Vorfeld, ob die Betreuung der Homepage intern oder extern vorgenommen werden soll. Oft ist es einfacher, diesen Bereich außer Haus zu geben und Profis zu überlassen, damit Sie sich auf Ihr Tagesgeschäft konzentrieren können.

Machen Sie sich Gedanken darüber, welche Zielgruppe und welche Nutzergruppen Sie mit Ihrem Internet-Auftritt erreichen wollen (vgl. dazu Kapitel 7). Planen Sie eine effizientere Gestaltung der Kommunikation mit Ihren Kunden. Übertragen Sie diese Kommunikationsstrukturen auch nach innen und optimieren Sie die unternehmensinterne Kommunikation, falls erforderlich, durch den Einsatz eines Intranets.

Ein Heim für die Homepage

Ihre Internet-Präsenz braucht eine permanente »Heimstatt« im Internet, von wo aus sie dann abgerufen werden kann. Dazu gibt es für Sie zwei Möglichkeiten: Entweder Sie schaffen sich einen eigenen Server an, der bei Ihnen im Hause von Fachleuten betreut wird und über eine Standleitung ans Internet angebunden ist. Diese Lösung kommt eher für größere Unternehmen in Frage, die ihren Schwerpunkt im E-Business haben. Oder Sie nehmen das Angebot eines entsprechenden Dienstleisters in Anspruch. *Web-Hosting* ist das diesbezügliche Stichwort. Das bedeutet, dass Sie weder einen teuren Server noch teures Personal dafür bezahlen müssen, sondern Ihre Homepage bei dem jeweiligen Dienstleister »geparkt« ist. Solche Lösungen gibt es schon für circa 5 Euro im Monat inklusive mehrerer E-Mail-Konten. Das ist die gute Nachricht.

Die »schlechte« Nachricht lautet, dass es für diese Art von Dienstleistung mittlerweile Tausende von Anbietern gibt. Das Angebot reicht von kostenlosen Homepages für Privatleute über kleine Einstiegslösungen für Firmen bis hin zu Servern, die für jeweils nur einen Kunden bereitgestellt werden.

Die Steigerung davon ist das *Web-Housing* oder auch *Web-Colocation*, was so viel heißt, als dass der Server des Kunden beim jeweiligen Provider aufgestellt wird. Der Provider agiert in diesen Fällen als Vermieter, der nicht nur den Platz für den Server, sondern auch die Infrastruktur in Form von Strom, Klima und Internet-Anbindung zur Verfügung stellt.

Da Sie Ihre Homepage beruflich nutzen wollen, sollten Sie in jedem Fall davon absehen, kostenlose Angebote zu nutzen, die werbefinanziert sind. Das heißt, jeder Kunde wird durch die Werbebanner oder Pop-ups des Web-Space-Anbieters belästigt und auch gleich darüber in Kenntnis gesetzt, dass Sie nicht das Geld für ein entsprechendes Angebot investieren wollen oder können.

Web-Hoster

http://www.colt.de
Colt Telecom bietet ein breites Spektrum an Telefon-, Daten- und Internet-Diensten, die auf den jeweiligen Bedarf zugeschnitten sind.

http://www.cybernet-ag.net
Spezielle Web-Hosting-Pakete, Colocation, Rent-a-Server, Server Homing – dieser Anbieter lässt kaum Wünsche offen.

http://www.cw.com/de/
Wenn Sie »Hosting« in die Produktsuchmaske eingeben, gelangen Sie zum entsprechenden Angebot von Cable & Wireless Deutschland.

http://www.dpn.de
Das Deutsche Provider Network ist ein Zusammenschluss von Providern in Deutschland. Von hier aus gelangen Sie zu den Homepages aller angeschlossenen Partner und können die Angebote vergleichen.

http://www.energis-deutschland.de
Die Dienstleistungen dieses Anbieters umfassen Web-Sharing, Colocation, Managed Webserver und Application Service Providing. Die Informationen bekommen Sie, wenn Sie auf das Hochhaus mit der Schrift »Wir über uns« klicken.

http://www.esprit-telecom.de
»Solutions for a borderless world« werden hier angepriesen, und zwar in Form von IP-Lösungen für ein reibungsloses E-Business.

http://www.mediaways.net
Grellgrün kommt diese Seite daher, das Unternehmen ist nach der Telekom einer der größten Betreiber eines IP-Netzwerks in Europa und bietet unter anderem das Serverhosting an.

http://www.t-mart.de
Professionelle Lösungen rund ums Web bietet auch die Deutsche Telekom AG. Die erste Seite der Homepage glänzte zum Zeitpunkt der Recherche mit dem Spruch »an error occured while processing this directive«. Keine gute Werbung.

Web-Housing

http://www.abovenet.de
AboveNet wirbt mit einer speziell für geschäftskritische Internet-Anwendungen entwickelten Internet-Service-Exchange-Architektur.

http://www.psinet.de
Psinet ist ein globaler Anbieter von Internet-Lösungen mit einem Fokus auf Geschäftskunden.

http://www.spacenet.de
Die Produktpalette von *SpaceNet* reicht vom einfachen Dial-Up-Zugang bis hin zu kompletten Netzwerkanbindungen im High-Speed-Bereich.

http://www.topnet.de
Dieser Anbieter hat sich auf audiovisuelle Datenübertragung spezialisiert und hilft Ihnen beim Aufbau maßgeschneiderter Lösungen für die Bereiche Video-Konferenzen, E-Learning, E-Training sowie Bereitstellung von Videos on Demand.

http://www.uunet.de
Uunet zählt bereits 40 Prozent der deutschen Top-100-Industrie- und Handelsunternehmen zu seinen Kunden, denen es umfassende Internet-Dienstleistungen anbietet.

Achten Sie darauf, dass Ihr Internet-Angebot unter *http://www.ihrname.de* oder *http://www.ihrprodukt.de* zu erreichen ist, ebenso Ihre E-Mail-Adresse. Gehen Ihre geschäftlichen E-Mails an einen Freemailer, so hinterlässt dies keinen professionellen Eindruck.

Unter ***http://www.denic.de*** können Sie überprüfen, ob Ihre Wunsch-Domain noch zu haben ist. Dort können Sie sie auch reservieren lassen. Ihr Provider übernimmt das gegebenenfalls für Sie, verlangt jedoch Gebühren dafür. Im Falle eines Provider-Wechsels könnte es zudem sein, dass Sie Ihren eigenen Domain-Namen zurückkaufen müssen. Falls Sie also Ihren Domain-Namen über einen Provider »bestellen«, achten Sie darauf, dass der Domain-Name wirklich für Sie persönlich angemeldet ist und nicht für den Provider. Unter ***http://www.vertragstexte.de*** finden Sie im Übrigen Musterverträge rund um den Internet-Auftritt und unter ***http://www.domainstreit.de*** weitere grundlegende Informationen (rechtliche Unsicherheiten im Verhältnis zum Webdesigner, Eigentum am Domainnamen, Domain-Verkauf oder -Kauf, Anmietung von Werbeplätzen für Bannerwerbung etc.).

Provider

http://www.addcom.de
Addcom bietet Internet by Call, das heißt, Sie wählen sich einfach ins Internet ein, als ob Sie ein Telefongespräch führen würden. Grundgebühren und Mindestumsatz entfallen.

http://www.einsunseins.de
1&1 ist ein Provider mit umfangreichem Angebot. Es reicht von DSL über E-Shops bis hin zu einem Internet-Komplett-Angebot.

http://www.puretec.de
Puretec stellt einfache und leicht zu findende Internet-Präsenzen für alle zur Verfügung: Von Studierenden mit schmalem Geldbeutel bis zu Unternehmen mit festem Maketingbudget werden hier alle zufriedengestellt.

http://www.schlund.de
Mit mehr als 40 000 Kunden ist Schlund + Partner einer der größten deutschen Anbieter für gewerbliche Internet-Präsenzen.

http://www.t-online.de
T-Online bietet seinen Kunden auch bei der Erstellung einer Homepage Hilfe und Unterstützung in Form Schritt-für-Schritt-Anleitungen.

Konzeption des Web-Auftritts

Grundregeln der Gestaltung

Regel Nummer 1: Stellen Sie nicht Ihre Unternehmensbroschüre 1:1 ins Netz!

Die an die Online-Kommunikation geknüpften hohen Erwartungen führen oft dazu, dass viele Homepage-Betreiber denken, sie müssten ihre Website »nur« bei einigen Suchmaschinen anmelden, um viele Kunden auf ihre Seite zu locken. Die hohen Erwartungen können jedoch nur dann erfüllt werden, wenn in die Planung und Gestaltung der Homepage die spezifischen Bedingungen des neuen Mediums miteinbezogen werden.

Schauen Sie sich als Erstes die Homepages der Konkurrenz an: Was gefällt Ihnen, was nicht? Was möchten Sie bei Ihrer eigenen Site anders machen? Was gefällt Ihnen so gut, dass Sie Ähnliches für sich übernehmen möchten? Lassen Sie sich inspirieren!

An dieser Stelle nennen wir Ihnen einige Grundregeln für die grafische und inhaltliche Gestaltung von Homepages; nähere Informationen dazu finden Sie in den nachfolgenden Texten.

- Über den Erfolg im Netz entscheidet der Inhalt einer Homepage und nicht »abgefahrener« technischer Schnickschnack oder teures Design.
- Ganz schlecht ist ein langsamer Seitenaufbau; dauert er länger als zehn Sekunden, ist der Besucher unwiederbringlich fort! Eine Seite sollte nicht mehr Daten als 50 kB umfassen, auch das sorgt für kurze Ladezeiten.
- Unübersichtliche Seiten und unvollständige Inhalte sind ebenso schädlich.
- Störende Werbung in Form von selbstaufklappenden Pop-up-Fenstern, die sich zudem nicht wegklicken lassen, vergraulen die Besucher.
- Ein wahrer Besucherschreck ist der Zwang, eine zusätzliche Software installieren zu müssen, um bestimmte Angebote ansehen zu können.
- Sorgen Sie dafür, dass Ihre Besucher sich auf Ihrer Homepage zurechtfinden. Eine klare Navigation und ein übersichtliches Menü ist die Voraussetzung dafür.
- Spezialisierung auf ein bestimmtes Thema sowie hohe Aktualität und Exklusivität der gebotenen Informationen sind unerlässlich, will man Besucher zur häufigen Wiederkehr auf die Homepage bewegen.
- Geben Sie besonders ausführliche Hintergrundinformationen und detaillierte Produktbeschreibungen weiter und bieten Sie darüber hinaus Beratung in Form von konkreten Hilfestellungen und Tipps, dann werden auch erstmalige Besucher zu Stammkunden.

Der Einstieg in einen fruchtbaren *Dialog* mit Ihren Homepage-Besuchern und Internet-Kunden funktioniert also nur über Information, den so genannten Content. Wenn Sie die nützlichen Hintergrundinformationen noch in gute Texte verpacken (siehe Ausführungen unter »Schreiben fürs Web«), für eine gute Strukturierung sowie Navigation sorgen, multimedialen Ballast vermeiden und schnell ladende Seiten haben, sorgen Sie für dauerhaften »Traffic« auf Ihrer Website.

Technische und grafische Gestaltung

Wenn Sie sich zur Gestaltung Ihrer Homepage Gedanken machen, sollten Sie eine grobe Planung erst einmal auf dem Papier entwerfen. So behalten Sie einen besseren Überblick, ohne sich gleich in technischen Spielereien zu verlieren. Und Sie können sich uneingeschränkt auf das konzentrieren, was den Kunden und dem Nutzwert Ihrer Homepage dienlich ist.

- Achten Sie darauf, dass das Corporate Design, das Sie einheitlich für Ihre Print-Produkte haben entwerfen lassen, auch auf der Homepage wiederzuentdecken ist: Firmenlogo, Firmenslogan oder -philosophie, Farbgestaltung, Wahl von Symbolen etc.
- Sorgen Sie für eine klare und einfache Navigation, indem Sie dazu verschiedene Möglichkeiten anbieten: Rubriken, Sitemap, Suchmaske, schnelle Text-Links.
- Achten Sie auf kurze Aufbauzeiten. Wenn eine Homepage nicht spätestens nach zehn Sekunden steht, ist der Besucher wieder weg. Schaffen Sie einfach zu bedienende Kontaktmöglichkeiten über Formulare und E-Mail. Beantworten Sie Anfragen zügig!
- Verzichten Sie auf aufwändige Animationen, sie strapazieren nur unnötig Nerven und Geldbeutel Ihrer Kunden.
- Auf einen ruhigen Seitenhintergrund sollten Sie Wert legen. Hintergrund der farbig oder in der Optik von zerknittertem Papier daherkommt, ist mega-out und strapaziert unnötig die Augen.
- Weniger ist mehr: Beherzigen Sie diesen Satz besonders bei der Homepagegestaltung. Reduzieren Sie auf das Wesentliche, lassen Sie viel leere Flächen »stehen«. So findet das Auge des Betrachters immer wieder Ruhe- und Erholungspunkte.
- Achten Sie darauf, dass Links und Site-Bereiche auf allen Seiten gleich benannt sind.
- Das gilt auch für Farben, Schriftarten und Platzierung von einzelnen Elementen: Letztere behalten immer den gleichen Platz im Layout.
- Bieten Sie den Besuchern immer auch eine separate Druckversion Ihrer Seiten an; viele User wollen sich Inhalte gern ausdrucken, und es ist ärgerlich, wenn dies nur im Querformat gelingt und auf jeder Seite die – für einen Ausdruck überflüssigen – wiederkehrenden Elemente abgedruckt sind.

- Falls Ihre Homepage die Benutzer an einer Stelle auffordert, Daten in ein Formular einzugeben, sollte die Möglichkeit zur Kontrolle und zur Verbesserung dieser Daten gegeben sein. Also: Nach der Eingabe in ein Formular werden die Daten im nächsten Arbeitsschritt noch einmal präsentiert, wobei der Benutzer Verbesserungen vornehmen kann.
- Der Einsatz von brandneuen Technologien klammert ungefähr 80 Prozent der Homepage-Besucher aus und verursacht dadurch unnötigen Ärger.
- Eine beliebte Sache bei vielen Webdesignern sind Intro-Videos; wir raten von deren Einsatz dringend ab. Zwingen Sie Ihre Besucher nicht dazu, sich erst einmal minutenlang etwas anschauen zu müssen, was sie nicht wollen und wertvolle Online-Minuten sowie Geld kostet.
- Garantiert abschreckend wirkt auf Surfer der Zwang, sich erst registrieren lassen zu müssen, bevor sie Ihr Angebot anschauen dürfen. Dies sollten Sie nur verlangen, wenn dafür ein ausreichender Grund vorliegt, wie dies beispielsweise bei dem kostenpflichtigen Angebot einer Online-Zeitung der Fall ist. Achten Sie dann aber darauf, dass auch unregistrierte Besucher einen Eindruck davon bekommen, was sie verpassen, wenn sie sich nicht registrieren lassen.
- Verzichten Sie gänzlich auf blinkende Animationen, sich drehende Weltkugeln, springende Hündchen, sichtbare Counter (»Sie sind Besucher Nr. 376 auf dieser Homepage«), Under-Construction-Hinweise oder Baustellen-Schilder sowie Netscape- oder Internet-Explorer-Buttons.
- Wenn Sie Ihre Homepage ausschließlich in einem Grafik-Format darstellen, sorgen Sie konsequent dafür, dass alle Internet-Surfer, die die Grafikanzeige ausgeschaltet haben, nichts sehen.
- 37 verschiedene Rahmen, Tabellen, Bilder oder Animationen sind der »visuelle Overkill«, mit dem Sie den Besuchern Ihrer Homepage das Gefühl vermitteln, die Inhalte Ihrer Seite niemals verstehen zu können, weswegen er dann auch lieber weiterklickt. Beschränken Sie sich daher auf fünf bis sieben visuelle Informationen.
- Seiten, die länger sind als zwei Bildschirme, schrecken die Besucher nachhaltig.
- Leere Gästebücher und Foren legen ein deutliches Zeugnis dafür ab, dass sich niemand für Ihr Angebot interessiert. Besser kein Gästebuch als ein leeres.

Web-Design

http://www.akademie.de
Bei Akademie.de können Sie in Online-Workshops lernen, wie gute HTML-Seiten gestaltet werden. Sehr empfehlenswert!

http://www.educat.hu-berlin.de/mv/webdesign.html
Informationen zur Planung und Gestaltung einer guten Website finden Sie hier, zudem Links zum Thema.

http://www.efuse.com
»A friendly place to learn how to build a better web site« heißt es hier. Dann kann ja eigentlich nichts mehr schief gehen.

http://www.ideenreich.com
Eine der besten Seiten zum Thema Webdesign. Gute Artikel, flott und verständlich geschrieben, kostenloser Newsletter.

http://www.karzauninkat.com/Goldhtmldex.htm
Goldene Regeln für schlechtes HTML, als Leitfaden für alle, die sich um schlechte HTML-Gestaltung verdient machen wollen, darunter so launige Tipps wie: Empfangen Sie Ihre Besucher mit Frames, Text muß blinken, Baustellenschilder sind wichtig und vieles mehr ...

http://www.kommdesign.de
Hier geht es um Psychologie, Ergonomie und Komunikation im Internet. Unter anderem finden Sie Beispiele für schlechte Kommunikation und mangelhaftes Webdesign, Fakten zu Frames, Textgestaltung und ausführlichere Infos zu ergonomischen und psychologischen Themen.

http://www.mario-spaenhoff.de/referate_infos/webdesign/kriterien.html
In kurzer und unspektakulärer Form werden hier die wichtigsten Tipps für gutes Webdesign präsentiert.

http://web-netz.de
Hier können Sie kostenlose Hilfe und Anleitung für die Erstellung von Websites bekommen.

http://www.wysiwyg2000.de/wdurls/webdesign.html
Die Linkliste zu Seiten für die Gestaltung der eigenen Homepage dürfte für jeden Geschmack die beste Homepage bereithalten.

http://www.geizkragen.de, http://www.gratis2000.de
http://www.gratis3000.de, http://www.kostenlos.com
http://www.kostenlos.de, http://www.kostnixx.de

Unter diesen Adressen finden Sie Links zu kostenlosen Angeboten, die Ihre Homepage sinnvoll ergänzen, zum Beispiel Gästebücher, Counter, Newsletter, Foren.

Inhaltliche Gestaltung

Bei vielen Homepages wird die inhaltliche Gestaltung vernachlässigt und ist schlecht gepflegt. »Hauptsache: schön« scheint als Motto vorzuherrschen. Nach unseren stundenlangen Ausflügen ins Internet im Rahmen der Recherche für dieses Buch können wir jedoch betonen: Das tollste Design nützt nicht viel, wenn inhaltlich wenig geboten wird. *Content ist das A und O einer Website.* Damit dieser Content aber auch problemlos – »nutzerfreundlich«, wie es so schön heißt – aufgenommen werden kann, gilt es, einige Grundregeln für die Darstellung von Texten im Web zu beachten, die wir Ihnen in einem Exkurs »Schreiben fürs Web« weiter unten präsentieren.

Doch zunächst wollen wir Ihnen einige Punkte und Informationen nennen, die auf keiner guten Homepage fehlen dürfen:

- Namen und Produkte Ihres Unternehmens gehören auf die erste Seite. (Viele Homepages berücksichtigen noch nicht einmal diese einfache Grundregel!)
- Veröffentlichen Sie eine Darstellung Ihrer Unternehmensphilosophie, Ihrer -grundsätze, Ihrer -struktur und/oder Ihres Unternehmensaufbaus.
- Liefern Sie Ihren Kunden ausführliche Informationen zu den Produkten und Dienstleistungen.
- Machen Sie, soweit möglich, Ihre Geschäftsberichte und Wirtschaftskennzahlen zugänglich.
- Ein Mitarbeiterverzeichnis beziehungsweise ein Verzeichnis der Ansprechpartner für die jeweiligen Belange erleichtert Ihren Kunden den Kontakt zu Ihnen.
- An themenspezifischen Informationen können Sie Berichte über Ihre eigenen Projekte, über Kooperationspartner, über Projekte oder

Institutionen, die von Ihnen eventuell gesponsert werden, veröffentlichen.

- Legen Sie besonderen Wert auf die unterschiedlichsten *Servicethemen*. Wegen dieses Contents kommen Besucher immer wieder auf Ihre Web-Site. Solche Servicethemen können beispielsweise sein: Veranstaltungshinweise wie Messe- und Seminarkalender, Beratungsstellen (Produkt- oder Dienstleistungsberatung, Hotline etc.), Jobbörse, Bestellservice für Info-Material, spezielles Angebot für Journalisten (Pressemitteilungen, Bilddateien, Interviewpartner, Produktinfos als Download), Online-Publikationen zum Thema. Mehr zu diesem Bereich lesen Sie in den Kapiteln 7 und 9.
- Auch für Ihre Homepage gilt: Sie sollte »dialogfähig« sein. Das heißt, es sollte sich an zentraler Stelle auf *jeder* Seite *mühelos* ein Hinweis auf Ihre E-Mail-Adresse oder ein entsprechender Link dorthin finden lassen. Denn schließlich ist es die E-Mail, die im Internet den Weg zu dem so wichtigen persönlichen Kontakt zum Kunden – und zur Auftragsvergabe – eröffnet!

Entwickeln Sie Ihre Internet-Präsenz zu einer hochgeschätzten Informationsquelle! Nur so können Sie davon ausgehen, dass Ihre Seiten regelmäßig besucht werden und sich Gelegenheitssurfer zu Stammkunden entwickeln.

Existenziell wichtig für die erfolgreiche Positionierung Ihrer Homepage ist darüber hinaus, dass Sie Ihre sorgfältig erstellten und inhaltlich aufbereiteten Seiten *regelmäßig aktualisieren*. Das Gleiche gilt für Links, die Sie auf Ihren Seiten platziert haben. Überprüfen Sie regelmäßig, ob sie noch funktionieren. Wenn Sie Ihre Site regelmäßig aktualisieren, bekommen Sie zudem eine bessere Position bei den Trefferlisten der meisten Suchmaschinen.

Schreiben fürs Web

Schnell lesen, schnell informieren, schnell weiterklicken: Es ist nicht leicht, den Ansprüchen der Internet-Surfer nach kompetenten und kompakten Informationen gerecht zu werden. Diesen Ansprüchen und vor allem dem Wunsch nach schnellem Informationskonsum müssen Sie mit Ihren Texten entsprechen, sonst sind die Leser – ebenso schnell – gelangweilt und wieder verschwunden, weil sie sowieso keine Zeit haben, die Online-Gebühren und damit Geld kostet. Online-Autoren müssen diesem Phänomen sehr viel stärker als Zeitungsjournalisten Rechnung tragen.

Die Rezeptionshaltung der Leser ist es also, die den entscheidenden Unterschied zwischen Texten für das Internet und jenen für Printmedien ausmacht. Die Gründe dafür sind klar: Das Lesen am Monitor ist anstrengend, einmal wegen der farblichen Gestaltung der Schrift, aber auch, weil der meist weiße Hintergrund wie eine Lichtquelle die schwarze Schrift überstrahlt. Die Phase, in der die Leser aufmerksam bei der Lektüre sind, ist sehr kurz. Fassen Sie sich also ebenso kurz, fesseln Sie die Aufmerksamkeit Ihrer Leser schnell. Dosieren Sie die Informationsmenge sehr sorgfältig. Dafür gibt es einige Tricks, die wir Ihnen hier nennen:

Grundsätzlich sollte Ihr Text folgenden Aufbau haben: Überschrift – kurzer Vorspann – Link zu einem längeren Text. So können die Leser, die sich nicht weiter zu einem bestimmten Punkt informieren wollen, gleich weiterlesen, die anderen können entsprechende weiterreichende Informationen bekommen.

Die Informationen, die Sie in der Überschrift gegeben haben, sollten im Vorspann nicht noch einmal auftauchen, der Vorspann nicht länger als vier bis fünf Zeilen sein. Ihre Leser können den Text damit auf einen Blick erfassen und müssen sich nicht nach unten klicken beziehungsweise scrollen.

Den längeren Haupttext lockern Sie durch folgende Elemente auf: Auflistungen mit Punkten oder Zahlen (beginnen Sie mit einem einleitenden Satz, bringen Sie aber nicht mehr als sieben Punkte an, optimal sind vier bis fünf), Zwischenüberschriften, Absätze mit Leerzeilen, einzelnen fett markierten Schlüsselbegriffen, Grafiken. Diese Elemente bieten Ruhepunkte fürs Auge und die Möglichkeit, wieder neu in einen Text einzusteigen. Seien Sie jedoch vorsichtig mit Unterstreichungen, die sollten Links vorbehalten bleiben! Eine seitlich laufende Marginalspalte mit den Schlüsselbegriffen oder treffsicheren Slogans ist auch ein gutes Mittel, um einen Text zu gliedern und verschiedene Einstiegspunkte zu bieten. Leerräume lockern zudem eine Seite auf, viel weiße Fläche bietet Erholung fürs Auge.

Es gibt eine journalistische Grundregel zum Aufbau eines Textes: Beantworten Sie sehr schnell die berühmten »W-Fragen«: Wer, was, wann, wie, wo, warum, wozu? Achten Sie darauf, dass Ihr Text von hinten kürzbar ist. Ihre Leser können so jederzeit aus der Lektüre aussteigen und haben doch die wichtigsten Punkte erfahren. Prüfen Sie umgekehrt, ob die ersten 200 Wörter aus der Sicht Ihrer Kunden wirklich wichtig sind. Bedeutsam ist, dass Sie Schlüsselbegriffe bereits in diesen ersten 200 Wörtern unterbringen, denn dann wird Ihre Seite von den Suchmaschinen als besonders relevant für ein bestimmtes Thema eingestuft und erhält einen besseren Platz auf der jeweiligen Trefferliste.

Wenn Sie Links zu anderen Seiten einsetzen – sei es innerhalb Ihres eigenen Angebots oder zu anderen Homepages – , überlegen Sie sich deren Anzahl und Platzierung gut. Es verärgert und überfordert Leser, wenn sie ständig überlegen müssen: »Ist dieser Link jetzt wichtig oder nicht? Verpasse ich etwas Entscheidendes, wenn ich ihn mir nicht anschaue?« Am Ende haben sich die Nutzer »verlaufen« und geben enttäuscht auf. Besser als viele Links sind ergänzende Verweise und Links am Ende des Textes oder die Sammlung aller Links unter einem speziellen Menüpunkt.

Einige Grundregeln zur sprachlichen Gestaltung (nicht nur) von Online-Texten:

- Bilden Sie keine Schachtelsätze. Verzichten Sie weitgehend auf Nebensätze. Verwenden Sie Satzzeichen wie Doppelpunkte, Strichpunkte, Gedankenstriche. Verfallen Sie jedoch nicht in einen telegrammartigen Stil: Leser schätzen vollständige Sätze.
- Setzen Sie Fachbegriffe nur sehr sparsam ein. Stellen Sie sich immer einen Leser vor, der keine Ahnung von Ihrem Gebiet oder Ihrer Branche hat und sich über Ihr Angebot informieren will.
- Vermeiden Sie Passiv-Konstruktionen. Schreiben Sie nicht »... wurde von unserem Team bereitgestellt«, sondern »... unser Team hat bereitgestellt«.
- Streichen Sie gnadenlos so beliebte Füllwörter wie »eigentlich, relativ, jedoch, irgendwie, nun, an sich, auch, dabei«. Wenn Sie sich nicht sicher sind, ob ein Wort ein Füllwort ist oder nicht, stellen Sie

die Frage: Wird der Leser durch dieses Wort zusätzlich informiert? Dann fällt die Streichung leichter.
- Bestimmte Wörter wecken die Neugier der Leser: »jetzt, gleich, hier«. Andere kommen der Erwartungshaltung entgegen, die die Leser an Ihr Angebot haben: »einfach, schnell, sicher«.

Bei der Gestaltung des Layouts sollten Sie daran denken, dass Sie eine oder zwei Schriftarten auswählen, die Sie durchgängig verwenden. Das verstärkt den Eindruck einer gut strukturierten und »ruhigen« Seite.

Begrenzen Sie die Zeilenlänge auf 35 bis 40 Zeichen. Ein Text darf nicht die gesamte Bildschirmbreite in Anspruch nehmen. Vertikales Scrollen ist der Lesbarkeit sehr abträglich, teilen Sie den Text lieber in Spalten und auf mehrere Seiten auf. Wenn Sie auf lange und ausführliche Texte nicht verzichten können, bieten Sie eine entsprechende Datei zum Download an. Interessierte Leser können sich das Dokument dann ausdrucken und es ohne tickende Online-Gebühren im Nacken in aller Ruhe lesen.

Veröffentlichen Sie nicht alle verfügbaren Informationen auf Ihrer Homepage. Behalten Sie immer etwas »in der Hinterhand«. So können Sie bei Kunden- oder Presseanfragen Material verschicken, das noch nicht veröffentlicht wurde.

Schreiben fürs Web

http://www.content-exchange.com/cx/html/owl.htm
Amerikanische Mailingliste zum Online-Writing – für alle, die für das Web schreiben oder Online-Texte redaktionell bearbeiten müssen.

http://www.contentmanager.de
Hier geht es nicht nur um das Schreiben fürs Web, sondern auch um die Auswahl der richtigen Content-Managament-Systeme und professionelle Web-Auftritte.

http://www.contentious.com
Contentious ist eine E-Zine – ein elektronisches Magazin – für Content, um Online-Medien herzustellen oder zu veröffentlichen. Es gibt

ein Archiv und die Möglichkeit, über eine Mailingliste mit Gleichgesinnten Kontakt aufzunehmen.

http://www.gooddocuments.com
Unter der Rubrik »About this site« gibt es englischsprachige Tipps zur Erstellung von guten »everyday documents« für Inter- und Intranet.

http://www.ii.comternet/faqs/writing
Speziell zum Thema FAQs (frequently asked questions) ist hier eine konkrete »Schreibanleitung« zusammengestellt.

http://www.knowledgecenter.de/Online-Redaktion/intro.cfm
Einführende Gedanken zur Arbeitsgestaltung innerhalb einer Online-Redaktion. Zum Zeitpunkt der Recherche (März 2001) befindet sich dieses vielversprechende Angebot leider noch im Aufbau.

http://www.onlinejournalismus.de
Auf dieser Informationsplattform für Journalisten können Sie eindrücklich erleben, was schlechtes Webdesign ist: Wenn Sie auf der Eingangsseite die Fläche »Pionier« anklicken, belehrt man Sie zuerst ausführlich über die technischen Voraussetzungen, die zur Betrachtung des Angebots nötig sind. Unser Tipp: Melden Sie sich gleich als Veteran an, dann können Sie sich wertvolle Online-Gebühren sparen und sofort zum Informationsangebot rund um Web-Berufe, Web-Schreibe, Web-Testdrive, Web-Technik und Web-Köpfe vordringen.

http://www.womanticker.de
Auf der Startseite des Newstickers mit frauenspezifischen Nachrichten haben die Autorinnen die wichtigsten Fakten zum Berufsbild Online-Journalismus zusammengestellt.

Zusammenfassung

Überprüfen Sie Ihren Internet-Auftritt abschließend noch einmal anhand folgender Kriterien. Sie sind Ergebnis einer Untersuchung des *Usability Labs* an der Fachhochschule Düsseldorf. Surfer erwarten von einer Website folgende Punkte:

1. Aktuelle Informationen
2. Verständliche Informationen
3. Kompetente Suchfunktion

4. Informationsgehalt
5. Nutzen
6. Kompetenz
7. Attraktive Gestaltung
8. Schnelle Dialogmöglichkeit

Was Surfer ärgert:

1. Unübersichtlichkeit
2. Keine Reaktion auf Anfragen
3. Unverständliches, Unklares
4. Geringer Informationsgehalt
5. Falsche Versprechungen
6. Unzureichende Beantwortung von E-Mails

»Gute Seiten, schlechte Seiten«

http://www.killersites.com
Das Standard-Werk für Website-Design »Creating Killer Web Sites« von David Siegel hat eine entsprechende Homepage, über die Sie – unter der Rubrik »Example Sites« – zu Beispielen für mustergültige Sites gelangen.

http://www.muellseite.de
Diese »Müllseite« will dazu beitragen, Webauftritte aufzuführen, die sich unter anderem auszeichnen durch »wohltuende Bescheidenheit der Ideen, Mut zur unfreiwilligen Komik, unbedingten Verzicht auf Inhalte, die irgendeinen Besucher womöglich geistig überfordern könnten«.

http://www.websitegarage.com
Hier können Sie abschließend die Seiten Ihrer Homepage auf Browserkompatibilität, Meta Tags, Ladezeit, Dead Links, Link Popularity und Rechtschreibung (allerdings nur Englisch) testen lassen. Sie erhalten ein Gesamturteil und Verbesserungsvorschläge.

Selbst gestalten oder Dienstleister beauftragen?

Ihre Homepage sollten Sie nur dann selbst erstellen, wenn Sie es können, wollen und zeitlich schaffen. Ansonsten gilt die strategische Regel: Nichts selbst machen, was andere besser beherrschen. Das Delegieren hat zudem den Vorteil, dass Sie mehr Zeit für Ihr Kerngeschäft haben.

Ohne vorherige Erfahrung sollten Sie Ihre Homepage nur dann selbst erstellen, wenn Sie keine groß angelegte E-Commerce-Lösung brauchen und keine Datenbankanbindung planen. Eine Homepage mit einigen wenigen Seiten zur Information und zur Kontaktaufnahme für Ihre Kunden ist kein Hexenwerk und mit einem Editorenprogramm gut zu bewerkstelligen. Sie sollten jedoch genügend Zeit dafür einkalkulieren und 50 Prozent der kalkulierten Zeit noch einmal dazuschlagen: Es dauert alles immer länger, als man denkt.

Als Erstes besorgen Sie sich eine entsprechende Software, einen *Editor*. Dies ist ein Programm, mit dem Sie HTML-Seiten erstellen können, ohne HTML beherrschen zu müssen. Man nennt diese Editoren grafische Editoren oder WYSIWYG – »What you see is what you get«. Das heißt nichts anderes, als dass Sie mit diesem Programm wie mit einem Textverarbeitungs- oder Grafikprogramm Ihre Homepage erstellen und der Editor dies dann in HTML »übersetzt«. Es gibt kostenlose Editorenprogramme wie das MS Frontpage (Bestandteil des MS Internet-Explorers), Netscape Composer (Bestandteil des Netscape Communicator) oder solche, die Sie sich kaufen müssen. Haben Sie schon Erfahrung mit HTML, können Sie einen normalen Texteditor benutzen, wie zum Beispiel das Windows-Tool »Notepad«.

Hinzu sollte ein Grafikprogramm kommen. Als Standard hat sich das Shareware-Programm Paint Shop Pro etabliert, das Sie unter *http://www.JASC.com* bekommen. Es bietet alle wichtigen Funktionen, mit denen Sie Grafiken so aufbereiten können, dass deren Darstellung im Web gut aussieht.

Zum Übertragen Ihrer Seiten zum jeweiligen Provider oder Web-Hoster benötigen Sie ein FTP-Programm. Am besten hat sich Winsock FTP LE bewährt, das Sie unter *http://www.ipswitch.com* finden. Dieses FTP-Programm laden Sie auf Ihren Computer und übertragen damit die Dateien Ihrer Homepage. Viele Web-Hoster stellen Ihnen aber auch gleichzeitig mit dem Web-Space ein FTP-Programm zur Verfügung.

Eine Schritt-für Schritt-Anleitung zur Erstellung der eigenen Homepage finden Sie unter ***http://web-netz.de/eigenehomepage.htm.***

Für die Verpflichtung eines Dienstleisters zur Erstellung Ihrer Homepage gelten die gleichen Regeln wie für die Suche nach Beratern auch. Greifen Sie auf persönliche Empfehlungen zurück, holen Sie sich entsprechende Angebote ein, gehen Sie dahin, wo die »Chemie« stimmt.

Wenn Sie für die Ersterstellung Ihrer Site einen Web-Designer engagieren, die Seite dann aber in Ihrem Hause pflegen wollen, sollten Sie mit dem Dienstleister eine Schulung des zukünftig dafür zuständigen Mitarbeiters vereinbaren. Gar keine Homepage ist besser als eine schlecht gepflegte.

Der Eintrag in Suchmaschinen

Wenn Sie bei der Suchmaschine *Lycos* den Suchbegriff »Existenzgründung« eingeben, erhalten Sie 30 219 Ergebnisse (am 21.2.2001). Wie soll ein hoffnungsfroher Surfer mit durchschnittlicher Medienkompetenz die für ihn relevanten Infos schnell herausfiltern, ohne dass er dafür Monate braucht? Hier wird deutlich: *Eine gute und genaue Platzierung auf der Trefferliste einer Suchmaschine ist für den geschäftlichen Erfolg unerlässlich wichtig.* Eine gute Strategie muss also her, die dafür sorgt, dass eine Homepage überhaupt gefunden wird und möglichst weit oben in der Liste der aufgerufenen Ergebnisse landet.

Dafür gibt es zwei Möglichkeiten: Einmal den Einsatz von *Metatags.* Das sind Informationen, die nicht auf der Website selbst erscheinen, sondern in deren Hintergrund einprogrammiert sind. Als Metatags sollten Sie genau wie auf der ersten Seite Ihrer Homepage Schlüsselwörter einsetzen, die Ihr Angebot treffend charakterisieren. Schummeln Sie dabei nicht, die Begriffe sollten wirklich etwas mit Ihrer Seite zu tun haben. Ebenfalls durch Metatags können Sie festlegen, wie oft die Robots der Suchmaschinen vorbeikommen und Aktualisierungen oder Löschungen aufnehmen sollen.

Die zweite Möglichkeit ist der gezielte Einsatz von *Keywords*, den so genannten Schlüsselwörtern, die auf Ihrer Website auftauchen. Wenn Sie Ihre Keywords bestimmen, sollten Sie sich dabei nicht von der Frage leiten lassen, unter welchen Begriffen Ihr Web-Auftritt gefunden werden soll, sondern vielmehr fragen, unter welchen Begriffen Ihre *Zielgruppe* nach dem Internet-Angebot suchen wird.

Manche Suchmaschinen, wie beispielsweise *Fireball,* zeigen die am häufigsten gesuchten Begriffe des Tages an. Solche Aufstellungen könnten ein erster Anhaltspunkt dafür sein, wie die Nutzer an eine Suche herangehen. Übrigens:

Die besten Chancen auf eine gute Platzierung in den Suchmaschinen haben Sie, wenn bereits die URL-Adresse ein wichtiges Schlüsselwort oder den Produktnamen enthält.

Eines der Schlüsselelemente für eine gute Platzierung ist der Seitentitel. Wird dieser Titel einfach »Homepage« genannt, verschenken Sie wertvollen Platz. Bringen Sie hier möglichst viele Keywords unter.

Weiterhin ist es wichtig, dass im Text Ihrer Website die wichtigen Suchbegriffe möglichst häufig auftreten; Ihre Site wird dann im Vergleich zu anderen als relevanter eingestuft und weiter oben auf der Trefferliste erscheinen.

Sorgen Sie dafür, dass möglichst viele externe Links auf Ihr Angebot verweisen. Je mehr Links auf Ihre Seiten führen, desto höher stufen viele Suchmaschinen die Bedeutung Ihrer Site ein.

Ein weiterer Hinweis für Qualität und Relevanz ist für viele Suchmaschinen das Abspeicherdatum und damit die Aktualität einer Website. Auch wenn sich an Ihrer Site nichts geändert hat: Speichern Sie Ihr Angebot öfter einmal neu ab.

Unter ***http://www.metaposition.net*** können Sie prüfen, an welcher Stelle Sie bei Suchmaschinen-Abfragen genannt werden, Wenn Sie nicht bei den ersten 20 genannt werden, sinken die Besuchschancen erheblich.

Für den Eintrag bei den Suchmaschinen empfehlen wir Ihnen dringend, dies nicht mittels einer der oft angepriesenen Software zu tun (Motto: »Für 19,80 Euro Anmeldung bei 376 Suchmaschinen«). Jede Suchmaschine hat ihre Besonderheiten, auf die Sie reagieren sollten. Durch einen pauschalen Eintrag verschenken Sie gute Chancen auf eine der vorderen Positionen. Eine Eintragung »von Hand« liefert meist die genaueren Ergebnisse und zielgenaueren Positionen. Wenn Sie Ihre Site bei den 15 größten und bekanntesten Suchmaschinen anmelden, hält sich der Zeitaufwand in Grenzen und Sie lernen diese bei der Gelegenheit genauer kennen.

Sie können für den Eintrag in die Suchmaschinen auch einen Dienstleister in Anspruch nehmen. Ganz billig ist diese Variante nicht, dafür können Sie aber auch sicher sein, dass alle Anmeldungen geklappt haben.

Melden Sie Ihre Website nicht pauschal bei Hunderten von Suchmaschinen an; meist reichen die größten zehn bis fünfzehn. Fast wichtiger ist eine Anmeldung bei Portalen, spezialisierten oder regionalen Linklisten. Für Ihre (potenziellen) Kunden ist es so leichter, Sie beziehungsweise Ihr Online-Angebot zu finden.

Anmeldung bei Suchmaschinen

http://www.cyberspacehq.com
Submit-Software, die Ihre Website bei den einzelnen Suchmaschinen anmeldet.

http://www.dit-it.com
Did it überprüft bei sieben bis acht Maschinen, ob die Anmeldung bei den Suchmaschinen tatsächlich erfolgt ist.

http://www.exploit.net
Submission Wizard meldet Ihre Website ebenfalls bei den Suchmaschinen an. Testen können Sie den Wizard mit der kostenlosen Demo-Version.

http://www.hello-engines.de
Auch *Hello Engines!* ist eine Software, mit deren Hilfe Sie Ihre Website bei fast allen wichtigen Suchmaschinen anmelden können. Tipps und Tricks rund um Web-Promotion, Suchdienste und Internet runden das Angebot ab.

http://www.promoware2000.de
Promoware ist eine deutschsprachige Eintragssoftware, die insbesondere den deutschen und europäischen Markt abdeckt und für die Bekanntheit Ihrer Internetseiten sorgt.

http://www.suchtreffer.de
Agentur, die Suchmaschineneinträge von Hand vornimmt und die »sorgfältige Anmeldung in den wichtigsten Verzeichnissen durch erfahrene Fachkräfte« verspricht. Die Eintragung bei zehn deutschsprachigen Verzeichnissen und die Dokumentation der Einträge durch Monitorausdrucke kostet circa 199 Euro.

http://www.submit-it.com
Übernimmt die Web-Site-Registrierung bei 20 großen amerikanischen Suchmaschinen.

http://www.submitwolf.com
Software zur Seiten-Anmeldung für 95 US-Dollar – ein professionelles, leicht einzusetzendes Werbe-Tool für Web-Sites.

http://www.webmasterplan.com/de
Nicht nur Eintragung in die Suchmaschinen wird hier angeboten, sondern auch die Optimierung Ihrer Websites, Net-Marketing, Online-PR und eine Übersicht über Partnerprogramme.

Empfehlenswerte Suchmaschinen

http://www.altavista.de
Die Zeit zwischen Anmeldung und tatsächlicher Auflistung einer Website beträgt bei Alta Vista circa drei Wochen.

http://www.bellnet.de
Bei Bellnet können Sie Ihre Website auch in einer regionalen Zuordnung aufnehmen lassen. Zudem haben Sie im Anmeldeformular die Möglichkeit, 200 Zeichen lang Ihre Seite in den höchsten Tönen zu loben.

http://www.dino-online.de
Redakteure überprüfen, ob die von Ihnen angemeldete Homepage in den Katalog aufgenommen werden soll.

http://www.excite.de
Auch hier gibt es leider keine Informationen darüber, wie lange eine Anmeldung dauert. Der Hinweis »URL anmelden« ist nicht leicht zu finden, er steht am Ende der Eingangsseite.

http://www.fireball.de
Fireball bietet neben der Anmeldung von URLs auch einen Metatag-Generator an, mit dessen Hilfe Sie Metatags in Ihr Dokument einfügen können.

http://www.google.de
Unter der Rubrik »Alles über Google« kommen Sie zum Link »Melden Sie Ihre URL an«. Google gibt jedoch keine Zusagen oder Garantie, ob oder wann eine angemeldete URL im Index zu finden ist.

http://www.infoseek.de
Der Hinweis »Seite melden« versteckt sich ganz klein oben auf der Seite. Nach der Anmeldung besucht ein Crawler beziehungsweise Robot Ihre Seite, erfasst Änderungen und aktualisiert den Index.

http://www.lycos.de
Bei Lycos können Sie Ihre Seite in zwei verschiedenen Bereichen anmelden: im redaktionell bearbeiteten Katalog sowie in einem von einem *Spider* erstellten Verzeichnis. Ein *Spider* ist eine Software, die kontinuierlich das Internet nach neuen Seiten durchsucht.

http://www.web.de
Bei Web.de müssen Sie erst in die jeweilige Rubrik surfen, in der Sie Ihre Website platziert haben wollen, und dann direkt von dort aus Ihre Seite anmelden. Auch hier dauert die redaktionelle Bearbeitung und die Aufnahme in den Index eine gewisse Zeit.

http://www.yahoo.de
Bei Yahoo ist am Ende der Anmeldungs-Anleitung der tröstliche Hinweis zu lesen: »Um sicher zu gehen, dass wir Ihre Website bearbeiten, möchten wir Sie bitten, Ihren Vorschlag regelmäßig alle vier Wochen zu wiederholen.« Da mag so manchem der Geduldsfaden reißen.

Rund um Suchmaschinen

http://www.drweb.de
Umfangreiches Know-how für »Web-Worker«. Die Tipps zu Suchmaschinen sind auch für Normalsterbliche wichtig und praktizierbar.

http://www.rankthis.com
Englischsprachige Seite, die zum Testen der eigenen Website gedacht ist. Die wichtigsten zehn Suchmaschinen werden überprüft. Nach Eingabe der *Keyphrase* und der URL wird eine Ranking-Liste angezeigt.

http://www.register.it.com
Allgemeingültige, kurze Tipps zur Seitenoptimierung für Suchmaschinen.

http://www.searchenginewatch.com
Diese englischsprachige Seite wartet mit Informationen zur Platzierung von Websites und zur Suche über die Suchmaschinen auf.

http://www.searchterms.com/
Diese Liste gefragter englischsprachiger Suchbegriffe zerstört jegliche Illusionen: »Sex« steht ganz oben, gefolgt von »Travel«, »MP3«, »Health« und »Shopping«.

http://www.suchfibel.de
Die Suchfibel ist eine sehr gute Seite, auf der Sie Antworten auf Fragen zu Suchmaschinen finden.

http://www.suchmaschinentips.de
Tipps rund um die Suchmaschinen gerechte Gestaltung von Webseiten, übersichtlich und klar aufbereitet.

http://www.suchmaschinentricks.de
Mit den hier zur Verfügung stehenden Tools können Sie Ihre Schlüsselwörter überprüfen, die meistgenutzten Suchbegriff-Kombinationen sowie eine Liste mit 100 der meistgesuchten Begriffe einsehen und die Position Ihrer Website in den Suchmaschinen ermitteln.

9
Presse- und Öffentlichkeitsarbeit

Die »klassische« Offline-PR

Was ist PR?

Die Presse- und Öffentlichkeitsarbeit, auch »Public Relations« (PR) genannt, ist neben dem Marketing ein weiterer Weg, sich als Unternehmen bekannt zu machen. PR ist nicht mit Marketing zu verwechseln, auch wenn dies häufig geschieht. Immer wieder treten Unternehmen mit der falschen Erwartung an die Presse, dass eine Veröffentlichung über sie oder ihre Produkte direkt zu Aufträgen führe. Dies kann zwar der Fall sein, ist aber nicht in erster Linie beabsichtigt.

Marketing dient der *direkten* Akquisition von Kunden, um Aufträge zu erhalten oder ein Produkt zu verkaufen. *Presse- und Öffentlichkeitsarbeit* ist das Bemühen, gegenseitiges Vertrauen zwischen einem Unternehmen und seiner Öffentlichkeit aufzubauen.

PR sucht, meist über Journalisten, den Kanal der Printmedien (Zeitungen, Zeitschriften) und den Rundfunk zu erreichen, seit kurzer Zeit auch das Internet. Dabei geht es vor allem darum, ein *Image* aufzubauen, also ein Renommee, einen guten Ruf, eine Akzeptanz in der Öffentlichkeit. Ein gutes Image erhöht die Attraktivität eines Unternehmens für Kunden und Lieferanten, für Mitarbeiter, Geldgeber, den Standort und vieles mehr.

Der Image-Aufbau ist keine einmalige Sache, sondern sollte kontinuierlich über viele Jahre hinweg betrieben werden, denn nur so kann sich ein Unternehmen einen Namen machen. Sinnvollerweise sollte sich die Presse- und Öffentlichkeitsarbeit in drei Schritten vollziehen:

1. *Kurzfristig wirksame Aktionen mit punktuellem Charakter:* Im Bereich der *Pressearbeit* sind dies Presse- und Fachartikel in den Printmedien, Beiträge im Rundfunk, eventuell eine Homepage im Internet und Pressekonferenzen, im Bereich der *Öffentlichkeitsarbeit* sind dies Vorträge, Seminare, Tage der offenen Tür in Ihrem Unternehmen;
2. *langfristig wirksame PR,* für die nur ein Langzeitmedium wie das Buch in Frage kommt,
3. *systematischer Aufbau eines Marken-Images.* Zur Marke kann beispielsweise das Unternehmen selbst und/oder eines seiner Produkte oder Dienstleistungen werden (vgl. dazu Kapitel 10).

Wir wollen uns in diesem Kapitel kurz mit den Punkten 1 und 2 befassen.

Kurzfristig wirksame Aktionen

Voraussetzung, um überhaupt mit der Pressearbeit starten zu können ist es, einen *Presseverteiler* – eine Art Datenbank mit Kontaktadressen und Ansprechpartnern in den Redaktionen der einzelnen Publikationen oder Medien – aufzubauen. Dieser sollte nicht, wie es häufig geschieht, alphabetisch, sondern zielgruppenspezifisch sortiert sein. Dabei ist zwischen folgenden Medien zu unterscheiden:

- Lokal- und Regionalzeitungen,
- überregionale Tageszeitungen (*Die Welt, FAZ, Süddeutsche Zeitung* usw.),
- Wochenzeitungen (*Die Woche, Die Zeit* usw.),
- Fachzeitschriften Ihrer Branche,
- allgemeine Wirtschaftszeitschriften (*Capital, Impulse, Manager Magazin* usw.),
- Rundfunkanstalten,
- Presseagenturen.

Nicht jede Aktion ist für alle Medien gleichermaßen geeignet. Wenn Sie zum Beispiel ein Ladenlokal eröffnen und Ihren Start kreativ und pfiffig gestalten, so ist das eine Gelegenheit, die örtliche Presse einzuladen, aber wohl kaum etwas für Fachzeitschriften. Wenn Sie hingegen als Dienstleister einen Fachartikel über Ihr Spezialgebiet veröffentlichen wollen, so ist dafür eine Branchenzeitschrift das richtige Medium, wahrscheinlich aber nicht die Lokalpresse.

Um mit der Presse in Kontakt zu kommen, brauchen Sie, abgesehen von wirklich mitteilenswerten Fakten, in erster Linie eine *Presseinformation.* Das ist ein Text von circa einer Seite Länge, den Sie rechtzeitig an zuständige Journalisten versenden. Sie können es auch mit einem bloßen Telefonanruf bei den Medien versuchen, doch reicht dies meistens nicht aus. Außerdem geht ein einzelner Anruf in dem Informationschaos der meisten Redaktionen schnell unter.

Presseinformationen müssen gewissen formalen Ansprüchen genügen, um von Journalisten wahrgenommen zu werden: Sie sollten auf keinen Fall nach Werbung klingen, sondern objektiv formuliert werden. Das Wichtigste muss dabei gleich in den ersten drei Sätzen gesagt werden, und zwar in verständlicher Form. Langweilen Sie den Leser nicht mit Fachvokabular aus Ihrer Branche. Wenn Ihr Text gespickt ist mit Werbeaussagen nach dem Motto »Wir sind die Größten, Besten und Tollsten« und außerdem womöglich noch fünfmal Ihren Unternehmensnamen wiederholt, so können Sie sicher sein, dass der Text sofort in Ablage P wie Papierkorb wandert. Übrigens landen aus diesem Grund über 90 Prozent aller Presseinfos dort.

Für wichtige Texte und Themen sollten Sie aussagekräftige *Fotos und Grafiken* bereithalten. Alle Materialien, die Sie an die Presse verschicken, sollten mit Ihrer genauen Anschrift und Telefonnummer versehen sein. Da es auf die Professionalität in der Aufmachung der Presseinformationen ankommt, sollten Sie sich nicht scheuen, externe Unterstützung zu Rate zu ziehen, wie sie PR-Berater, Texter oder manche Redaktionsbüros anbieten.

Worüber Sie der Öffentlichkeit berichten können

Die Öffentlichkeit beziehungsweise die Journalisten interessiert alles, was einen hohen Informationswert – das heißt häufig: einen Neuigkeitswert – hat. Ein Journalist hat es einmal in die prägnante Formel gebracht: Hund beißt Mann = geringer Informationswert, Mann beißt Hund = hoher Informationswert.

Es kommt darauf an, dass Ihre Botschaft für die Öffentlichkeit einen hohen Nutzwert hat.

Das trifft zum Beispiel auf folgende Informationen zu:

- Eröffnung eines neuen Geschäftes, sofern dies etwas Außergewöhnliches anzubieten hat (interessant für die Lokalpresse),
- Schaffung von Arbeitsplätzen,
- größere Vorhaben wie Werksneubauten, Beteiligungen an anderen Unternehmen,
- Themen, die mit dem Erhalt der Umwelt zu tun haben,
- öffentlichkeitswirksame Aktionen wie Workshops, Seminare, Vorträge, Tage der offenen Tür, Ausstellungen usw.,
- neue Produkte oder Produktveränderungen.

Für eine langfristige Kundenbindung, also zur Pflege von Stammkunden, empfiehlt sich darüber hinaus die Herausgabe einer *unternehmenseigenen Zeitschrift*. Dies muss gar nicht so aufwändig sein, wie es sich anhört. Es kann sich um ein Blatt mit maximal vier Seiten handeln, in dem Sie regelmäßig Neuigkeiten aus Ihrem Unternehmen wie auch für Kunden interessante neue Problemlösungen darstellen. Eine solche Zeitschrift sollte in der Regel kostenlos verschickt werden.

Abgesehen von der klassischen Printversion gibt es heute auch schon vielfach die Möglichkeit, einen Newsletter per E-Mail zu verschicken. Das ist weniger aufwändig, da Sie die Kosten für ein Layout sparen. Voraussetzung ist allerdings, dass Sie auch über eine eigene Homepage verfügen und Ihre Kunden via E-Mail erreichbar sind.

Es gibt einige Redaktionsbüros, die sich auf die textliche und grafische Gestaltung von unternehmenseigenen Zeitschriften spezialisiert haben. Dort erhalten Sie professionelle Hilfe.

Die Publikation von Büchern

Nur wenige Unternehmer denken daran, eigene Bücher zu publizieren, obwohl dies ein erstklassiger Weg ist, über drei bis fünf Jahre in der Öffentlichkeit präsent zu sein. Hinzu kommt der Vorteil, dass ein Buch oft weitere PR-Aktionen mit punktuellem Charakter nach sich zieht, etwa Buchbesprechungen in zahlreichen Medien, manchmal auch Einladungen zu Vorträgen und anderen Veranstaltungen.

Für *Freiberufler* wie Mediziner und Rechtsanwälte sowie sonstige, die nicht werben dürfen, ist ein eigenes Buch eine gute Chance, auf sich aufmerksam zu machen. Gegen Patienten- und Mandantenaufklärung haben auch die strengen Standesorganisationen nichts einzuwenden, selbst wenn sie sonst mit Argusaugen darüber wachen, dass niemand von ihren »Schäflein« sich durch Werbung hervortut. Auch für andere Dienstleister wie *Managementtrainer* und *Unternehmensberater* eignen sich Bücher hervorragend, um sich ein Image aufzubauen und seine Kompetenz als »Fachautor« unter Beweis zu stellen.

Voraussetzung ist natürlich, dass Sie ein Thema und einen Verlag wählen, mit dem Sie Ihre Zielgruppe erreichen können. Sie sollten über Ihr Spezialgebiet schreiben. Zur Platzierung eines Buches auf dem Markt und zum Finden eines Verlages ist es unabdingbar, dass Ihr Buch in eine Marktlücke trifft. Sofern Sie eine echte Innovation anzubieten haben, wie immer wieder empfohlen, ist es auch nicht schwer, eine Marktlücke auf dem Buchmarkt zu finden.

Das Schreiben eines Buches ist häufig mit einem größeren Arbeitsaufwand verbunden und verlangt Professionalität, und zwar sowohl beim Verfassen des Textes als auch bei der Ansprache von in Frage kommenden Verlagen. Lassen Sie sich von Profis wie freien Lektoren, Ghostwritern oder Literaturagenturen unterstützen; Hilfestellung gibt auch das Buch von Sonja Klug *Bücher für Ihr Image* (siehe Literaturverzeichnis).

Presse- und Öffentlichkeitsarbeit – Allgemeines

http://www.prforum.de
Das große Portal zur PR mit wichtigen Links zu den wichtigsten PR-Adressen, außerdem aktuelle Fallbeispiele von PR-Aktionen, Seminare und vieles mehr.

http://www.agenturcafe.de
Hier werden interessante Studien zu diversen PR-Themen zum Download geboten.

http://www.stamm.de
Der bekannte Stamm Verlag stellt eine umfangreiche Datenbank zur Verfügung und verkauft PR-Adressen.

http://www.kroll-verlag.de
Der Kroll Verlag, der die *Taschenbücher Wirtschaftspresse* herausgibt, bietet hier die Möglichkeit, spezielle Medien zu suchen und nach Branchen zu selektieren. Nützlich, wenn Sie Presseinfos breit streuen wollen!

http://www.zimpel.de
Der Zimpel, das bekannte Nachschlagewerk, bietet Schulungen und Seminare an und darüber hinaus die Möglichkeit, sich einen Presseverteiler zusammenstellen zu lassen.

http://www.firmenpresse.de
Hier können Sie Pressemitteilungen kostenlos in eine Datenbank stellen, von wo sie an Medien-Redaktionen weitergegeben werden. Außerdem gibt es Tipps zur Pressearbeit und Links zu Dienstleistern im PR-Bereich.

http://www.pressedienst.de
Hier lassen sich Pressemitteilungen veröffentlichen, und Sie können einen Newsletter zu verschiedenen Themen veröffentlichen.

http://www.hpz.com/organisator/texten.html
Ein ausführlicher Artikel darüber, wie man Pressetexte schreibt.

http://www.robert-heess.de/presstip.htm
Unter dem Titel »So schreiben Sie gute Presseinfos für Printmedien, Radio und TV« gibt es hier einen informativen Text.

http://www.online-marketing-praxis.de
Hier gibt es Informationen zum Thema »Unternehmensschreibe« und kreative Textideen. Auch zum Online-Marketing und zu anderen Themen finden sich nützliche Infos.

http://www.pronomen.de
Hier können Sie Ihre Presse- und Öffentlichkeitsarbeit honorarfrei prüfen lassen.

http://www.pressetipp.de
Ein nützliches Informationsangebot mit zahlreichen Tipps für die er-

folgreiche Pressearbeit. Behandelt werden Themen wie Pressemitteilung, Pressegespräche, Recherchen, Krisen-PR und Nachrichtenagenturen. Die vielen Links machen die Seite zu einer Fundgrube.

http://www.alpenland.com
Auf witzige Weise liefert der bekannte Aktenvernichter *Alpenland*, der selbst erfolgreiche PR betreibt, Tipps und Serviceleistungen für die Unternehmens-PR. Ein 140-seitiges Taschenbuch mit 77 PR-Anekdoten wird zum kostenlosen Download angeboten. Außerdem kann man in 6 000 Redaktionen von Tageszeitungen und Fachzeitschriften recherchieren und verschiedene PR-Leistungen in Anspruch nehmen.

http://www.presseschau.de
Eine Datenbank mit Zeitschriften, Zeitungen, TV- und Rundfunksendern in Europa.

http://www.presse.de
Eine Art Suchmaschine, in der Sie in- und ausländische Zeitungen und Zeitschriften sowie Branchen und Firmen im Pressewesen finden können.

http://www.pressrelations.de
Ein Informationsdienst für Journalisten und PR-Agenturen, der aber auch für Unternehmen nützlich ist. Geboten wird eine Nachrichtensuchmaschine mit mehr als 50 000 News pro Woche, Themenpläne von über 1 200 Fachpublikationen und ein Verzeichnis mit Dienstleistern der Kommunikationsbranche. Sehr empfehlenswert!

http://www.strategieerfolg.de Rubrik Image-Aufbau
Ein informativer Artikel zum Thema »Gezielter Image-Aufbau durch Presse- und Öffentlichkeitsarbeit« mit Unternehmensbeispielen. Auch das Thema »Bücher als Image-Instrumente« wird ausführlich behandelt.

Presse- und Öffentlichkeitsarbeit – Dienstleister

http://www.freies-lektorat.de
Hier haben Sie Zugriff auf freie Lektoren und Ghostwriter.

http://www.pressearbeit.de
Ein PR-Dienstleister, der den üblichen PR-Service im Komplett-Paket anbietet.

http://www.berlinstartup.de/inhalte/agenturen.php3
Einige PR-Agenturen stellen sich vor.

Weitere Dienstleister finden Sie, wenn Sie in eine der gängigen Suchmaschinen das Stichwort »Pressearbeit« eingeben.

PR via Internet – Ihr erfolgreicher Netzauftritt

Zu einer erfolgreichen Internet-Präsenz mit einer eigenen Homepage gehört neben einer effektiven (Net-)Marketing-Strategie auch die Nutzung des Internets als Instrument zur Presse- und Öffentlichkeitsarbeit. Und wirksame PR ohne das weltweite Netz ist in weiten Bereichen nicht mehr denkbar.

Am Institut für Journalistik und Kommunikationsforschung in Hannover wurde eine Analyse zu diesem Thema erstellt. Darin heißt es, dass die eigene Homepage von zwei Dritteln der deutschen Unternehmen zur PR und deren wichtigste Disziplinen wie Pressearbeit, Umwelt-PR, Investor Relations, Messen, Sponsoring und Personal Relations genutzt wird. Bei fast allen Unternehmen steht die Selbstdarstellung – die Unternehmens-PR – im Vordergrund. An zweiter Stelle wird der auf der Homepage angebotene Presse-Service, also die Bereitstellung von Pressemeldungen, Info- und Bildmaterial für Journalisten, als PR-Instrument eingesetzt.

Konventionelle und auch Online-PR haben das Ziel, Ihre eigene Website einer breiten Öffentlichkeit bekannt zu machen, denn niemandem nützt die tollste Seite, wenn sie keiner kennt. Presseberichte über die eigene Seite sind dabei um einiges wirkungsvoller als eine einmalige Anzeige in der Tagespresse. Redaktionelle Berichte oder Empfehlungen – beispielsweise in Form von Links auf anderen Seiten oder aufgrund der Nennung in einer Linkliste zu einem bestimmten Thema – wirken zudem objektiver als Eigenwerbung.

Neben den »normalen« Surfern sollten Journalisten Ihre zweite hauptsächliche Zielgruppe sein, die Sie mit Ihrem Online-Angebot ansprechen wollen. Journalisten sind immer auf der Suche nach gut recherchierten Informationen zu einem bestimmten Thema und lieben gut aufbereitete Pressemitteilungen, Informations- und Bildmaterial. Bieten Sie ihnen beides!

Klassische PR für Websites

Für die Bekanntmachung Ihrer Website können Sie zunächst auch einige der klassischen PR-Techniken einsetzen. Hier finden Sie einige Beispiele dafür:

Sobald es Neuigkeiten auf Ihrer Website gibt, sollten Sie dies bekannt machen! Journalisten interessieren sich dabei weniger für technische Gimmicks oder ein neues Layout als für nützliche und neue Inhalte.

Es reicht heute nicht mehr aus, nur noch die Journalisten oder Redakteure in den Printmedien anzusprechen oder mit Pressemitteilungen zu versorgen. Kaum eine Zeitung, ein Wochenmagazin oder ein Fernsehsender leisten es sich heute noch, keine Online-Ausgabe mit einem meist umfangreichen Informationsangebot zu haben. Wenn Sie beispielsweise die Seiten von *Focus*, der *Süddeutschen Zeitung* oder *Spiegel* anklicken, finden Sie dort nicht nur tagesaktuelle Nachrichten aus allen relevanten Bereichen, sondern auch umfangreiche Hinweise, Artikel und Links gerade auch für Sie als Existenzgründer.

Interaktive PR nimmt an Bedeutung zu, das heißt, Sie müssen bei PR-Aktionen immer auch die Journalisten und Redakteure in den jeweiligen Online-Redaktionen kontakten.

Eine Studie der dpa-Tochter *news aktuell* zur Nutzung von Online-Medien von Journalisten belegt ganz aktuell, dass

- für 81 Prozent der Redakteure die E-Mail das bevorzugte Kommunikationsmittel ist,

- 74 Prozent der Befragten Online-Medien zur Recherchezwecken nutzen,
- 69 Prozent der Befragten – und das scheint uns ein sehr bezeichnendes Ergebnis zu sein – es bevorzugen, wenn sie Presseinformationen per E-Mail zugesendet bekommen.

Übrigens: Sinnvoll ist es, wenn Sie bei der inhaltlichen Gestaltung Ihrer Homepage nicht gleich alles Pulver auf einmal verschießen, sondern peu à peu nachlegen, damit Sie immer wieder Gelegenheit haben, einen Presseartikel zu verschicken. Versorgen Sie nicht nur Journalisten und Redakteure mit Ihren Pressemitteilungen, sondern speisen Sie diese auch in die vielen existierenden Datenbanken der Pressedienste ein. Dort recherchieren Journalisten nach entsprechenden Themen und werden sogar von den Pressediensten per E-Mail mit den für sie interessanten Neuigkeiten versorgt.

Journalisten-Datenbanken

http://www.pressguide.de
Kostenloses Recherchieren in den Journalisten-Datenbanken des Kroll Verlages ist hier möglich. Über diese Seite können Sie auch die Presse-Taschenbücher bestellen mit Adressen von Journalisten, die sich auf bestimmte Themen spezialisiert haben.

http://www.stamm.de
Adressdatenbank für die Pressearbeit von Unternehmen. Die Redaktionsadressen – in rund 270 Themen- und Medienbereiche aufgegliedert – können nach individuellen Anforderungen zusammengestellt und auf Selbstklebe-Etiketten, Listen oder Datenträgern bezogen werden.

http://www.zimpel.de
Die Zimpel-Mediennachschlagewerke gibt es in folgenden Ausgaben: Adressen und Ansprechpartner in Zeitungen, Publikumszeitschriften, Funk und Fernsehen, Fachzeitschriften, Anzeigenblättern und ein Verzeichnis der Freien Journalisten.

Pressedienste zur schnellen Verbreitung von Pressemitteilungen

http://www.afp.com
Die deutsche Niederlassung von *Agence France Press* erreicht nach eigenen Angaben in Deutschland über 50 Prozent der Tageszeitungsleser und etwas mehr als 80 Prozent aller Hörer beziehungsweise Zuschauer von Rundfunk- und Fernsehnachrichten.

http://www.ddp.de
Die Nachrichtenagentur ddp ist in ganz Deutschland mit 32 Büros präsent. Die Website überzeugt durch klare Strukturen und schnelle Navigation.

http://www.firmen-presse.de
Hier können Sie Ihre Pressemitteilungen kostenlos in eine Datenbank einspeisen und zudem an Redaktionen verteilen lassen.

http://www.newsaktuell.de
Newsaktuell ist ein Unternehmen der dpa-Firmengruppe und bietet sich als Partner für Pressestellen der Unternehmen und PR-Agenturen an. Die Recherche in den Datenbanken mit den Pressemitteilungen ist für die Journalisten kostenlos.

http://www.news4press.de
Presseservice und Presseversand für Unternehmen und Agenturen. Pro Versand an den Verteiler werden 100 Euro berechnet. Sie können aber auch eine monatliche Pauschale von 42,50 Euro buchen und ein Versand an den Verteiler kostet Sie dann nur 24,50 Euro.

http://www.presselounge.de
Dieser Anbieter hat sich auf Presseinformationen der IT-Branche spezialisiert und hält neben den Artikeln Screenshots, Produktfotos und Porträt-Aufnahmen für die Journalisten bereit.

http://www.pressrelations.de
Pressrelations versteht sich als Informationsdienst für Journalisten, Partner von Pressestellen und Agenturen und somit als Kommunikationsplattform für beide Gruppen. Sie finden Pressemitteilungen von über 2 300 Unternehmen zu 180 Themen.

http://www.reuters.de
Reuters ist der weltweit führende Anbieter von Finanzinformationen,

Nachrichten und Fernsehdiensten. Zu den Kunden zählen Unternehmen der Finanzwirtschaft, Industrie und Medienwelt. Über ein großes privates Satelliten- und Kabelnetzwerk werden die Finanzinformationen, Nachrichten und Fernsehdienste geliefert.

Eine weitere wirksame Aktion aus dem Bereich der konventionellen PR, die sich online nutzen lässt, ist die Bildung einer langfristigen Partnerschaft mit gemeinnützigen Projekten, die natürlich ebenfalls stark auf Öffentlichkeit angewiesen sind und daher einer solchen Zusammenarbeit meist aufgeschlossen gegenüber stehen. Eine solche Zusammenarbeit kann beispielsweise in von Ihnen gesponserten Aktionen oder von Ihnen unterstützten oder initiierten Festen bestehen. Sie können der Einrichtung einen Platz auf Ihrer Homepage zur Verfügung stellen.

Bei einer solchen Partnerschaft tauchen Sie beziehungsweise der Hinweis auf Ihre Homepage immer automatisch in Berichten über dieses Projekt auf (beispielsweise: »Nähere Informationen finden Sie unter http://www...«). Für Sie gibt es sogar einen Doppelnutzen: Mitglieder der Einrichtung machen ständig Werbung für Sie und Ihr Unternehmen, weil sie selbst damit auch mehr Aufmerksamkeit erreichen. Beispiele finden Sie in Ihrer Umgebung bestimmt schnell: Schauen Sie sich in der Vereinslandschaft oder den gemeinnützigen Einrichtungen Ihrer Gemeinde oder Kommune um.

Eine solche Zusammenarbeit muss natürlich nicht auf eine langfristige Partnerschaft hinauslaufen, sondern kann im Rahmen eines einmaligen *Sponsorings* geschehen. In Frage kommen auch hier die »üblichen« Einrichtungen wie Jugendprojekte oder soziale Institutionen aller Art. Ein Bericht darüber muss natürlich in jedem Fall auch auf Ihre Website und an die Presse geschickt werden!

Eine weitere Möglichkeit wäre die Ausschreibung eines Wettbewerbs zur Nachwuchsförderung. Eine Internet-Agentur könnte beispielsweise in Zusammenarbeit mit der örtlichen Schule einen Preis für die Gestaltung einer Homepage ausschreiben. Als Preis müssen Sie nicht immer ausschließlich Geld stiften, es können auch Kooperationen sein. Im dargestellten Fall könnte dies so aussehen, dass die Sieger-Homepage tatsächlich ins Netz gestellt und dem Sieger damit eine gewisse Eigenwerbung gestattet wird.

Checkliste: Pressemitteilungen per E-Mail

- Sehr wichtig bei einer E-Mail-Pressemitteilung ist zunächst der Inhalt der Betreffzeile. Sie haben maximal 45 Zeichen Platz, um den Redakteur davon zu überzeugen, dass diese Mail spannend und interessant ist und keinesfalls mit einem kurzen Mausklick in den Papierkorb verschoben werden sollte.
- Schreiben Sie den Text im ASCII-Format, also »Nur-Text«; damit ist gewährleistet, dass viele verschiedene E-Mail-Programme das Format erkennen und den Text auch tatsächlich lesen können.
- Seien Sie vorsichtig mit Attachments. Viele User sind aus Furcht vor Virenattacken misstrauisch und öffnen grundsätzlich keinen dieser Anhänge. Geben Sie lieber Links zu den jeweiligen Seiten beziehungsweise Bildern Ihrer Homepage an. Wenn es partout nicht ohne Attachments gehen sollte: Rufen Sie vorher an und fragen Sie nach, welches Format die Attachments haben sollen und ob der Empfänger über ein Packerprogramm verfügt, damit Sie die Attachments wenigstens komprimieren können und sich die Übertragungszeiten dementsprechend verkürzen.
- Wenn die Presse-E-Mail so lang sein sollte, dass der Leser zwischendurch scrollen muss, sollten Sie Ihre Kontaktadresse nicht nur an das Ende der Mail, sondern auch an den Anfang stellen.
- Geben Sie Ihre E-Mail-Adresse und die eventueller weiterer Ansprechpartner in dieser Form an: mailto:info@firma.de. Mit dem »mailto-Tag« stellen Sie sicher, dass der Adressat nur auf diese E-Mail-Adresse klicken muss und sofort mit Ihnen Kontakt aufnehmen kann.
- Wollen Sie denselben Text an mehrere Personen und Redaktionen schicken, schreiben Sie die Adressen in das »BCC-Feld«. BCC bedeutet Blind Carbon Copy; die Empfänger können dann nicht erkennen, wer die Mail noch bekommen hat.
- Sie können in Ihrem E-Mail-Programm eine Einstellung vornehmen, die veranlasst, dass Sie informiert werden, wenn der Empfänger die Mail geöffnet hat. So haben Sie eine gewisse Kontrolle darüber, wer wann Ihre Informationen erhalten hat.

- Natürlich sollten Sie Ihre Pressemitteilungen auch auf Ihrer Website zugänglich machen. So kann jeder, der im Internet recherchiert, darauf zugreifen.

Hinweise zur Gestaltung der Online-PR

Im Bereich der Online-Medien haben Sie noch weitaus mehr Möglichkeiten, wirksame PR-Arbeit zu leisten. Man kann es gar nicht oft genug wiederholen: Was im Netz der Netze zählt, sind Inhalte oder auch Content. Sie müssen den Besuchern Ihrer Homepage – im Fall der Online-PR den Multiplikatoren in den Medien – einen Mehrwert bieten, also: Infos, Infos, Infos und eine gut strukturierte, »journalistenfreundliche« Seite. Achten Sie darauf, dass auf Ihrer Homepage kein Wunsch der Journalisten und Redakteure offen gelassen wird: Haben diese schnell Zugriff auf die Pressemitteilungen, weiterreichende Informationen zu einem Thema sowie Bildmaterial?

Wer wissen will, wie ein journalisten*feindliches* Angebot gestaltet werden muss, sollte sich ein »Beispiel« an der Seite der BMW AG in München nehmen. Journalisten auf der Suche nach den aktuellen Pressemitteilungen können sich die Finger wundklicken und werden sie doch nicht finden. Erst nach einem Telefonat mit der Zentrale in München – deren Telefonnummer an anderer Stelle recherchiert werden muss, weil sie ebenfalls nicht gleich auf der Seite zu finden ist – wird eine weitere Internet-Adresse genannt, die extra für Journalisten eingerichtet wurde. Dort muss man sich dann anmelden und auf die Bestätigungs-E-Mail warten, was mitunter mehrere Stunden dauern kann, bevor man dann endlich die – wie ein Staatsgeheimnis gehüteten – Presseberichte einsehen darf ...

Wichtig für Journalisten sind oft auch Ansprechpartner für weitere Interviewwünsche mit Telefonnummer oder E-Mail-Adresse. Selbstverständliche Voraussetzungen und Grundausstattungen für Journalisten und Redakteure sind Unternehmensphilosophie und -grundsätze, Firmenhistorie, Produkt- und Dienstleistungsinformation, Wirtschaftskennzahlen, Geschäftsberichte, Unternehmensstruktur, Mitarbeiterverzeichnis sowie Themenspezifisches (Berichte über abgeschlossene Projekte, Kooperationspartner in Wissenschaft und Forschung, firmeninterne Standpunkte zu verschiedenen gesellschaftlichen und sozialen Problemen und Anlässen).

Zu allen möglichen Bereichen, Branchen und Themen gibt es im Internet Newsgroups, Mailinglisten und Foren. Die Themenbezogenheit gewährleistet von vornherein eine bessere Ausrichtung auf die einzelnen Zielgruppen, so dass diese neuen Kommunikationskanäle hervorragend geeignet sind, über ein bestimmtes Produkt- oder Dienstleistungsangebot zu informieren.

Aber Vorsicht! In diesen Gruppen herrscht eine zum Teil sehr strenge »Netiquette«, also Verhaltensmaßregeln, die eine kommerzielle Nutzung stark beschränken. Sie können sich jedoch in dieser Teilöffentlichkeit durch inhaltliche Beiträge als Experte zu Ihrem Thema etablieren und zum Beispiel darauf achten, dass in Ihrer Signatur am Ende der Mail Ihre komplette Firmenadresse inklusive Webadresse auftaucht. An Ihrem Produkt oder an Ihrer Dienstleistung Interessierte können dann Ihre Homepage aufsuchen und sich über das Angebot informieren. Ein Tipp: Wenn Sie sich an einer Newsgroup oder einer Mailingliste beteiligen wollen, verfolgen Sie die »Korrespondenz« erst einmal einige Tage lang, ohne sich selbst zu einem Thema zu äußern. So bekommen Sie schnell ein Gespür dafür, welche Inhalte wie ausgetauscht werden.

Wenn Sie sich mit Newsgroups und Mailinglisten genügend vertraut fühlen, können Sie eigene Groups oder Listen einrichten. Sie bieten damit allen an einem bestimmten Thema Interessierten ein Forum und machen nebenbei Ihre Website publik. Die Einrichtung einer Mailingliste kann entweder über einen eigenen Server erfolgen oder direkt über das Internet; letztere ist mit Sicherheit die für Sie unkompliziertere und kostengünstigere Variante. Eine Mailingliste ist eine Liste von E-Mail-Adressen, die unter einer einzigen Adresse (der Listenadresse) zusammengefasst sind; wird eine Mail an die Listenadresse geschickt, so wird sie automatisch in einem bestimmten Format an *alle* Mitglieder der Liste weitergeleitet.

Newsgroups und Mailinglisten

de.admin.lists
Hier finden Sie Statistiken zu den deutschen Newsgroups: Themen, Mitglieder und vieles mehr.

http://de.egroups.com
eGroups ist ein kostenloser Service, mit dem Benutzer E-Mail-Gruppen – also Mailinglisten – erstellen oder anderen Gruppen beitreten können, um mit Gleichgesinnten Interessen und Ideen auszutauschen.

http://netnews.web.de
Hier können Sie nicht nur in deutschen und thematisch sortierten Newsgroups recherchieren, sondern sich auch Ihre favorisierten Newsgroups zusammenstellen und immer auf Ihrer Internet-Startseite anzeigen lassen.

http://www.chemie.fu-berlin.de/outerspace/netnews-overview.html
Allgemeine Einführung zu Newsgroups, dem internationalen Kommunikationsdienst, an dem weltweit über 290 000 Serversysteme mit schätzungsweise elf Millionen Benutzern teilnehmen.

http://www.greatcircle.com/majordomo
Kostenlose Software für die automatische Bearbeitung von größeren Mailinglisten.

http://www.deja.com
Auch dies ist eine Suchmaschine für Newsgroups. Unter »Learn the basics« bekommen Sie zudem eine qualifizierte Einführung in die Benutzung des so genannten Usenets.

http://www.ecircle.de
Eine weitere Community für Gruppenkommunikation, bei der Sie eine kostenlose Mailingliste einrichten und sich nach anderen Gruppen umschauen können.

http://www.infacta.com
Software zum Verschicken von Newslettern und Mailinglisten. Group Mail Free ist die kostenlose Version, Group Mail Pro bzw. -Plus sind die leistungsstärkeren Versionen, die Sie natürlich nicht umsonst bekommen.

http://www.infoletter.de
Dies ist ein weiteres deutschsprachiges Verzeichnis von Newslettern und Mailinglisten, in das Sie sich mit Ihrem Newsletter oder Ihrer Mailingliste eintragen können.

http://www.kbx.de
KBX ist ein werbefreier »Mailinglist Hosting Service« für Unternehmen, E-Mail-Marketer und Publizisten, mit dessen Hilfe Sie Ihren Newsletter, Online-Magazine oder Mailinglisten verschicken können. Auch bei auflagenstarken Aussendungen wird eine schnelle Abwicklung versprochen.

http://www.kbx7.de
Verzeichnis kostenloser Newsletter und Mailinglisten. Die Anmeldung Ihres Newsletters oder Ihrer Mailingliste ist ebenfalls kostenlos.

http://www.lisde.de
LISde ist ein Angebot der Wochenzeitung *Die Zeit*, in dem Sie nach Mailinglisten und Newslettern – nach Kategorien geordnet – recherchieren können. Da LISde öffentlich ist, kann jeder seine Mailingliste oder seinen Newsletter in das Verzeichnis eintragen.

http://www.meta-list.de
Mit Meta-List können Sie zurzeit nach knapp 180 000 erfassten Mailinglisten und Newslettern suchen – oder sollte man besser »fahnden« sagen?

http://www.newsmail.de
Newsmail.de ist ein weiteres Verzeichnis von Newslettern und Mailinglisten. In übersichtlichen Rubriken finden die Besucher das passende Angebot. Ein Einführungstext sowie ein Glossar informieren die Anfänger.

Weiterhin können Sie zum Beispiel einen Chat zu einem bestimmten Thema organisieren. Für eine Personalberatung beispielsweise käme das Thema »Bewerbungsverfahren« in Frage. Gerade Stellensuchende sind viel im Internet unterwegs und immer empfänglich für Hinweise zu Bewerbungsunterlagen, Auftreten im Vorstellungsgespräch und Gehaltsverhandlungen.

Bieten Sie auf Ihrer Homepage einen eigenen *Newsletter* an, den Sie kostenlos verschicken. Ein solcher Newsletter ist bestens dazu geeignet, mit Kunden und Interessenten in Kontakt zu bleiben, indem Sie sich regelmäßig wieder in Erinnerung bringen. Für die Veröffentlichung sollten Sie folgende Punkte beachten, die wir für Sie in einer Checkliste zusammengetragen haben:

Checkliste: Newsletter per E-Mail

- Geben Sie in Ihrem Newsletter Hinweise und Tipps, veröffentlichen Sie Branchen- und Insidernews, Neuigkeiten aus Ihrem Unternehmen und www-Adressen, die für Ihre Kunden und Geschäftspartner spannend sein könnten. Achten Sie auf qualitativ hochwertigen Inhalt, der informativ und aktuell ist. Veröffentlichen Sie auch Anfragen und Leserbriefe.
- Verzichten Sie auf den übermäßigen Einsatz von reißerischen Marketing-Vokabeln, pflegen Sie einen persönlichen, eher zurückhaltenden Stil.
- Achten Sie auf regelmäßiges Erscheinen: Peinlich ist ein wöchentlich oder monatlich angekündigter Newsletter, der dann verspätet oder gar nicht erscheint.
- Geben Sie stets Ihre Webadresse an und vergessen Sie nicht, Ihre Leser darüber zu informieren, wie und wo sie den Newsletter wieder abbestellen können.
- Garantieren Sie Ihren Newsletter-Abonnenten, dass ihre E-Mail-Adressen vertraulich gehandhabt, also nicht an Dritte weitergegeben werden.
- Stellen Sie an den Beginn Ihres Newsletters ein Inhaltsverzeichnis beziehungsweise einen Überblick über die behandelten Themen und Rubriken. Ihre Leser können sich so besser orientieren.
- Achten Sie auf die *Zeilenlänge*: Bei mehr als 70 Zeichen kann es Probleme geben, da nicht alle Mail-Programme den automatischen Zeilenumbruch beherrschen und »am anderen Ende« ein Text mit etwas durcheinandergeratenem Layout ankommt. Trennen Sie die einzelnen Absätze durch Leerzeilen.
- Seien Sie bei der Erstellung des Newsletters ebenso sorgfältig wie bei Ihrer Homepage: Falsche Links und fehlende Inhalte erzeugen auch hier heftigen Unmut. Geben Sie die Links vollständig an, das heißt, Web-Links als »http://www...« und Mail-Links als »mailto:info@...«; nur dann öffnen sich beim Anklicken neue Fenster und der Leser kann sich direkt zum genannten Link »durchklicken«.
- Wenn Sie *Werbeanzeigen* anderer Unternehmen in Ihrem Newsletter veröffentlichen, sollten Sie Wert darauf legen, dass diese inhaltlich zu Ihrem Thema passen und nicht länger als vier bis acht Zeilen sind.

- Ihr Newsletter sollte nicht größer als 60 kB sein.
- Zur Überprüfung des *Erscheinungsbildes* Ihres Newsletters (oder auch jeder anderen wichtigen Mail) schicken Sie ihn an die Adresse mailto:echo@tu-berlin, von dort kommt er postwendend zurück und Sie können sein Erscheinungsbild kontrollieren.
- Stellen Sie die bereits erschienenen Newsletter in ein eigenes Online-Archiv. Potenzielle Abonnenten können sich vor dem Bestellen anschauen, was Sie zu bieten haben, und Besucher Ihrer Website können dieses Archiv wie eine Datenbank zu einem bestimmten Thema benutzen.
- Ähnlich wie bei Büchern die ISBN gibt es auch bei Zeitschriften eine internationale Erkennungsnummer, die ISSN. Sie können diese Nummer bei der Deutschen Bibliothek in Frankfurt kostenlos beantragen. Ihr Newsletter macht mit einer solchen Nummer einen professionellen Eindruck, sollte dann aber inhaltlich auch wirklich Fundiertes zu bieten haben. Die Adresse der Deutschen Bibliothek ist: Adickesallee 1, 60322 Frankfurt. Dort wird zur Registrierung ein ausgedrucktes Probeexemplar inklusive Titel und Herausgeber Ihres Newsletters verlangt.
- Melden Sie Ihren Newsletter bei den verschiedenen Newsletter-Suchdiensten an: ***http://www.frido.com***, ***http://www.infoletter.de***, ***http://www.kostenlos.de***, ***http://www.nulltarif.de***, ***http://www.newsmail.de***.
- Zum Versand und zur Administration der Newsletters gibt es verschiedene Software-Lösungen und sogar externe Diensleister, die die komplette Abwicklung übernehmen, je nach finanziellem Einsatz mit oder ohne Werbung. Die jeweiligen Adressen finden Sie weiter unten.

Newsletter

http://www.akmail.com/ger/start.html
AK-Mail ist eine leistungsstarke Software zum Verschicken von Newslettern. Eine Demo-Version steht zur Verfügung.

http://www.ecircle.de
Dieser Anbieter übernimmt den kostenlosen Versand von Newslettern; Werbeeinblendungen müssen Sie jedoch in Kauf nehmen.

http://www.eudora.com/de/
Professionelles E-Mail-Programm, das auch die Versendung von Newslettern erlaubt. Der Download ist kostenlos.

http://www.frido.com
Frido ist der »Newsdog«, ein Newsletterspürhund des Wochenmagazins *Die Zeit*. Er ist darauf dressiert, Ihnen Newsletter per E-Mail zu bringen, Sie können ihm aber auch Bescheid geben, wenn Sie einen Newsletter anmelden wollen, den er noch nicht kennt.

http://www.infacta.com
Software zum Verschicken von Newslettern und Mailinglisten. Es gibt eine kostenlose Version (Group Mail Free) sowie leistungsstärkere Versionen (Group Mail Pro oder -Plus), die Sie natürlich nicht umsonst bekommen.

http://www.infoletter.de
Dies ist ein weiteres deutschsprachiges Verzeichnis von Newslettern und Mailinglisten, in das Sie sich mit Ihrem Newsletter oder Ihrer Mailingliste eintragen können.

http://www.kbx.de
KBX ist ein werbefreier »Mailinglist Hosting Service« für Unternehmen, E-Mail-Marketer und Publizisten, mit dessen Hilfe Sie Newsletter, Online-Magazine oder Mailinglisten verschicken können. Auch bei auflagenstarken Aussendungen wird eine schnelle Abwicklung versprochen.

http://www.kbx7.de
Verzeichnis kostenloser Newsletter und Mailinglisten. Die Anmeldung Ihres Newsletters oder Ihrer Mailingliste ist ebenfalls kostenlos.

http://www.lisde.de
LISde ist ein Angebot der Wochenzeitung *Die Zeit* und nicht nur eine Suchmaschine für Mailinglisten und Newslettern. Sie können dort auch Ihre Mailingliste oder Ihren Newsletter kostenlos in das Verzeichnis eintragen.

http://www.messagemedia.com
Spezialdienstleister zum Abwickeln des Newsletter-Versandes mit dem Ziel, ein schlagkräftiges Online-Customer Relationship aufzubauen.

http://www.meta-list.de
Bei Meta-List sind zurzeit knapp 180 000 Mailinglisten und Newsletter erfasst. Nach ihnen können Sie über eine Suchmaske recherchieren.

http://www.netmind.com
Dieser Anbieter informiert die Besucher Ihrer Website kostenlos über gelegentliche Updates, ist also im eigentlichen Sinne kein Newsletter-Versender. Für manchen mag dieses Angebot dennoch interessant sein.

http://www.netnewsletter.de
Dieser Newsletter wird von knapp 25 000 Menschen in Deutschland abonniert und hat mehrmals die Auszeichnung »Bester deutscher Internet-Newsletter« erhalten. Anschauen lohnt sich also.

http://www.newsmail.de
Newsmail.de ist ein weiteres Verzeichnis von Newslettern und Mailinglisten. In übersichtlichen Rubriken finden die Besucher das passende Angebot. Ein Einführungstext sowie ein Glossar informieren die Anfänger.

http://www.nulltarif.de
Noch ein Verzeichnis von kostenlosen Newslettern, und zwar in den Rubriken Rund ums Internet, Hard- und Software, Telekommunikation, Freizeit/Unterhaltung und Business.

> Entwickeln Sie sich zu einer hochgeschätzten Informationsquelle, die in regelmäßigen Abständen Neues zu bieten hat! Studien belegen, dass ein Großteil der Surfer gezielt nach Informationen und Angeboten sucht. Dies trifft in ganz besonderem Maße auf Journalisten und Redakteure zu. Überzeugen Sie Ihre Besucher mit eindeutigen Informationsstrukturen, einer klaren Navigation und kurzen Wegen zu den gewünschten Infos.

PR intern oder extern?

Die Entscheidung, ob Sie Ihre PR-Arbeit intern machen können oder einen externen Dienstleister beauftragen sollen, ist oft nicht einfach. Finanzielle Beweggründe, gerade in der Anfangszeit eines Unternehmens, stellen möglicherweise eine Motivation dar, die PR selbst in die Hand zu nehmen. Andererseits können Sie sich nicht um alles selbst kümmern und sollten sich auf die Dinge konzentrieren, die Sie gut und gerne machen. Gehört PR dazu – hervorragend! Wenn dies nicht der Fall ist, sind Sie jedoch besser beraten, eine externe Agentur mit der Abwicklung zu beauftragen. Es ist mit Sicherheit einfacher und nervenschonender, wenn Sie die PR-Arbeit außer Haus geben und Profis überlassen, die ihr Handwerk verstehen. Oder Sie finden eine sinnvolle Mischung, indem Sie die Abwicklung – also beispielsweise das Versenden von Presse-E-Mails, Newslettern etc. – der Agentur übertragen, die Content-Überarbeitung jedoch im Hause belassen oder sogar selbst übernehmen.

Wichtig ist es für Sie in jedem Fall, die Entwicklungen im User-Verhalten zu beobachten und die Websites der Konkurrenz anzuschauen! Mit Hilfe der unten genannten Internet-Adressen können Sie sich über aktuelle Tendenzen jederzeit informieren. Dort finden Sie auch Adressen von PR-Agenturen, die entweder in Ihrer Nähe sind oder sich auf bestimmte Themenbereiche oder Branchen spezialisiert haben.

Für Start-up-Firmen ist dabei ein besonderer Punkt zu beachten: Die traditionelle PR-Arbeit mit Newslettern, Rundmailings, Presseaussendungen und einem gelegentlichen Update der Homepage ist für diese Art von Unternehmen nicht ausreichend. Mit der drastischen Geschwindigkeit des Unternehmenswachstums und der -entwicklung müssen auch die Planung und Abwicklung der PR-Events Schritt halten können. Hier sollten Sie in jedem Fall mit der PR-Arbeit eine Agentur beauftragen, die nicht nur klassische PR beherrscht, sondern auch über Beratungskompetenz auf anderen Ebenen verfügt und Ihnen Beratung im Bereich Branding, bei Marketing- und Strategiefragen und in der Koordination der gesamten Unternehmenskommunikation bietet.

Auch bei Auswahl einer geeigneten PR-Agentur gilt: Achten Sie darauf, dass die Chemie stimmt. Schauen Sie sich mindestens drei verschiedene Agenturen an, bevor Sie sich für eine entscheiden.

Allgemeine Online-PR

http://www.agenturcafe.de
Hervorragender Recherchepool für Kommunikationsprofis, Recherche-Lexikon, Internet-Guide, PR-Report, Terminkalender, Jobangebote, Meinungsbarometer, Kooperationsangebote.

http://www.connectingonline.com
Diese Seite ist zwar kein Glanzlicht in Bezug auf Gestaltung und übersichtliche Präsentation, nützliche Hinweise zu Online-PR bietet sie dennoch.

http://www.dprg.de
Die Deutsche Gesellschaft für Public Relations ist der Berufsverband Öffentlichkeitsarbeit und bietet ein umfangreiches Informationsangebot, nicht nur rund um die klassische, sondern auch um die Online-PR.

http://www.infotrust.de
Sehr gute Adresse rund ums Online-Marketing mit vielen Tipps und Fakten. Der Anbieter ist ein Dienstleister für Web-Marketing und Online-PR, der viel Know-how weitergibt. Die Texte sind sehr gut formuliert, der Aufbau und die Gestaltung der Seiten lassen keine Wünsche offen: Diese Seite ist ein Lehrstück für gute Web-Präsenz.

http://www.kaltwasser-pr.de/commun/f_prtipp.html
Tipps zu PR und Öffentlichkeitsarbeit, unter anderem zur Auswahl der richtigen PR-Agentur, zum Aufbau eines Presseverteilers, zu Pressemeldung, Pressekonferenz und sonstigen PR-Tools. Leider dauert der Aufbau dieser inhaltlich guten Seite viel zu lang.

http://www.klaus-arnhold.de
In der Online Marketing Werkzeugkiste finden Sie regelmäßig neue Tipps, Links und Artikel, nicht nur für die tägliche Marketing-Arbeit, sondern auch für die Online-PR.

http://www.kress.de
Kress ist einer der führenden Informationsdienste für PR- und Marketing-Profis und wird täglich mehrmals aktualisiert.

http://www.pfeffer.de
Die Seite des selbstständigen PR-Beraters Gerhard A. Pfeffer über-

zeugt durch tolles Design mit verschiedenen Links zu allen wichtigen Adressen für die Öffentlichkeitsarbeit eines Unternehmens.

http://www.pfoertnerloge.de
Recherchehilfe und Fachartikel zu bestimmten PR-Themen.

http://www.pr-guide.de
Web-Site der Gesellschaft Public Relations Agenturen e.V. und der Deutschen Public Relations Gesellschaft, die den besten Einstieg in die deutsche PR-Arbeit mit Übersicht über die angeschlossenen Agenturen, aktuellen Buchrezensionen, neuesten Studien und Marktdaten bietet.

http://www.presse-mann.de
Meinrad Müller war innerhalb von zehn Jahren über 10 000 Mal in der Presse: Hier finden Sie sein Wissen, viele Anekdoten und Husarenstückchen. Sein Buch »Guerilla-PR-Öffentlichkeitsarbeit« gibt es als kostenlosen Download.

http://www.pronomen.de/prcheckup_frame.html
Mit diesem PR-Check-Up können Sie Ihre Presse- und Öffentlichkeitsarbeit überprüfen. Die Auswertung erfolgt dann automatisch. Das Ergebnis sieht in der Regel so aus, dass das Unternehmen Pronomen seine Dienste anbietet. Dennoch stellen schon die an Sie gestellten Fragen einen nützlichen Leitfaden zu guter PR-Arbeit dar.

Fortbildungsseminare zum Thema PR

http://www.akademie-bayerische-presse.de
Die Akademie der bayerischen Presse bietet Grundkurse und spezielle Themen-Seminare rund um qualifizierte Pressearbeit an.

http://www.akademie-fuer-publizistik.de
Die Akademie für Publizistik in Hamburg hat das Seminarangebot leider nur in Form eines Downloads, hereinzuschauen lohnt sich trotzdem: Sie finden Seminare rund um Print-Medien, Online-Medien, Medienmanagement etc.

http://www.dprg.de
Die Deutsche Gesellschaft für Public Relations ist der Berufsverband Öffentlichkeitsarbeit und bietet auch Links zu Fortbildungsangeboten.

http://www.hausbusch.de
Deutsches Institut für publizistische Bildungsarbeit mit Seminaren zur Aus- und Weiterbildung im Bereich Pressearbeit und Journalismus.

http://www.oeffentlichkeitsarbeit.de
Hier können Sie nicht nur ein 12-monatiges duales (berufsbegleitendes) Ausbildungsprogramm zum PR-Volontär oder -Trainee durchlaufen, sondern auch Seminare zu allen Bereichen rund um die PR belegen.

http://www.prplus.de
In Zusammenarbeit mit dem FAZ-Institut hat der Anbieter PR plus ein Fernstudium konzipiert, das 18 Monate dauert, 9 900 DM kostet und mit einer regulären Prüfung zum PR-Berater abschließt.

http://www.prkolleg.com
Das PR Kolleg Berlin bildet in Seminaren, Studiengängen, Kursen und Workshops Teilnehmer in allen Bereichen der PR aus und weiter. Zum Angebot neu hinzugekommen sind jetzt ein Fern- und ein Abendstudiengang.

10

Die weiteren strategischen Schritte

Von der Innovation zur Innovationsstrategie

Innovationen sichern einen Vorsprung

Wenn Sie den bisher gegebenen Empfehlungen zu einem strategischen Vorgehen gefolgt sind, dann sind Sie als Existenzgründer mit einer Innovation in eine Marktlücke gestoßen. Nach der Gründung gilt es zunächst, alle Kräfte und Mittel auf den Markteintritt, später auf die Marktdurchdringung zu konzentrieren. Durch die möglichst schnelle Etablierung auf dem Markt sichern Sie sich einen Know-how-Vorsprung und einen Wettbewerbsvorsprung vor möglicher Konkurrenz.

Wenn Ihre Innovation materieller und technischer Art ist, so kann es sinnvoll sein, den Vorsprung vor Konkurrenten und Nachahmern auch durch die Inanspruchnahme von *Schutzrechten* zu untermauern. Immerhin entsteht jährlich ein Schaden von 250 Milliarden Euro durch gefälschte Produkte und Markenrechtsverletzungen. Dabei ist nicht zu verkennen, dass Nachahmungen nicht nur zu finanziellen Einbußen einführen können, sondern auch das Image des Originalproduktes darunter leidet, wenn ein Nachahmerprodukt von minderer Qualität auf den Markt gebracht wird.

Leider ist bis heute bei immateriellen Produkten oder Dienstleistungen überwiegend nur ein geringer oder gar kein Schutz möglich. Wenn drei clevere Gründerinnen auf die pfiffige Idee kommen, ein Frauenhotel zu eröffnen (vgl. Beispiel in Kapitel 2), so schützt sie leider niemand davor, dass schlimmstenfalls schon übermorgen ein weiteres Frauenhotel in derselben Stadt aufmacht. Lediglich den Namen ihres Hotels und ihren Domainnamen können sich die »Erfinderinnen« schützen lassen.

Oftmals ist es sinnvoll, wenn Sie bereits *vor* der Markteinführung und *vor* der Unternehmensgründung den Schutz Ihres Produktes sowie Ihres Firmen-, Produkt- und Domainnamens einleiten.

Häufig reicht dazu bereits vorläufig eine Anmeldung beim Patentamt aus, selbst wenn der entsprechende Schutz noch nicht definitiv erteilt wurde. Kümmern Sie sich rechtzeitig um die Inanspruchnahme von Schutzrechten, da mit längeren Wartezeiten zu rechnen ist!

Die Schutzrechte im Einzelnen

Folgende Schutzarten sind zu unterscheiden:

- Patent,
- Gebrauchsmuster,
- Geschmacksmuster,
- Marken,
- Schutz von Domainnamen und
- Urheberrecht.

Mit Ausnahme des Urheberrechts und der Domainnamen ist für alle Arten des Schutzes das Deutsche Patentamt, München zuständig.

Das Patent

Beim Patent muss es sich um eine technische Erfindung (Produkt oder Verfahren) mit gewerblicher Anwendbarkeit handeln.

Ein Schutz wird nur dann erteilt, wenn die Erfindung Dritten bisher weder schriftlich noch mündlich zugänglich gemacht worden ist. Haben Sie beispielsweise bereits einen Vortrag darüber gehalten, so können Sie kein Patent mehr anmelden!

Achten Sie also darauf, Ihre Erfindung nicht vorzeitig in der Öffentlichkeit vorzustellen. Das Patentamt prüft, ob die Erfindung wirklich patentfähig ist, was mehrere Monate dauern kann. Der Schutz gilt zunächst nur für Deutschland; es kann jedoch sinnvoll sein, auch im europäischen Ausland oder weltweit das Patent anzumelden.

Gebrauchsmuster

Das Gebrauchsmuster ist der »kleine Bruder« des Patents. Es schützt ebenfalls technische Neuerungen, allerdings muss hier der Innovationsgrad nicht so hoch sein wie beim Patent. Beim Gebrauchsmuster wird nicht darauf geachtet, ob es sich um eine »richtige« Erfindung handelt. Geprüft wird ebenfalls nicht, ob die Erfindung bereits angemeldet ist. Das muss der Anmeldende selbst tun oder damit ein auf entsprechende Recherchen spezialisiertes Unternehmen beauftragen. Adressen können Sie bei den Industrie- und Handelskammern erfragen, in den Gelben Seiten unter Begriffen wie »Wirtschaftsauskunfteien« und »Wirtschaftsinformationen« oder im Internet recherchieren.

Geschmacksmuster

Beim Geschmacksmuster wird nicht ein Produkt oder Verfahren geschützt, sondern eine besondere Art der Gestaltung, zum Beispiel die Formen oder das Design von Produkten oder Stoff- und Farbmuster. Die Eintragung erfolgt ohne Prüfung, die auch in diesem Fall der Anmeldende selbst übernehmen muss.

Marken

Der beliebteste Schutz, da auf vieles anwendbar, ist der Markenschutz. Jährlich werden rund 40 000 Produkte oder Dienstleistungen als Marken angemeldet. Im Prinzip wird mit der Marke ein Name, eine Bezeichnung, geschützt; neben Worten können aber auch Buchstabenkombinationen, Zahlen, Firmenlogos (Wortbildmarken) und Farbkombinationen zur Marke werden. Kennzeichen einer geschützten Marke ist das ®, das für »eingetragenes Warenzeichen« steht. Geschützt sind zum Beispiel bekannte Markennamen wie Coca Cola, Tempo und Tesa-Film.

Auch hier muss der Gründer selbst überprüfen, ob der von ihm angemeldete Name bereits geschützt ist; beziehen Sie bei der Prüfung auch Domainnamen mit ein. Durch den Eintrag ins Markenregister entsteht der Schutz, und Sie können bei Missbrauch Ihrer Marke juristisch vorgehen.

Wenn Sie eine Marke angemeldet haben, so müssen Sie diese auch verwenden. Tun Sie das nicht, so kann die Marke nach fünf Jahren wieder gelöscht werden.

Urheberrecht

Das Urheberrecht ist das einzige Recht, dass Sie automatisch erhalten, ohne es anmelden zu müssen. Geschützt sind literarische und künstlerische Werke sowie Computerprogramme.

Jeder, der Ihr Patent, Ihr Gebrauchs- oder Geschmacksmuster, Ihre Marke, Ihre Domain oder Ihr Werk verwenden will, muss von Ihnen eine Lizenz erwerben. Unterlässt er dies, liegt ein Missbrauch vor, gegen den Sie rechtlich vorgehen können.

Kalkulieren Sie ein, dass der Schutz und seine Beantragung sowie die Inanspruchnahme eines Patentanwaltes und eventueller Recherchedienste zwischen mehreren hundert und tausend Euro kosten kann.

Innovationen und Schutzrechte

http://www.copyrightservice.de
Hier werden Recherchen für Titel, Marken, Domains von Dienstleistern angeboten. Für urheberrechtlich geschützte Werke lassen sich hier Titelschutzanzeigen schalten.

http://home.snafu.de/herbst/aufbau.htm
Ausführliche Artikel zum Thema Markenaufbau.

http://www.domainstreit.de
Umfangreiche Informationen und Links zu allen Fragen, die mit Domainnamen (URLs) zu tun haben: Was sind Domains? Wer registriert sie? Welche Rechtsprobleme gibt es? Schriftsätze und Gerichtsurteile können im Volltext eingesehen werden.

http://www.innovationspreis.com
Ein jährlich für Gründer veranstalteter Wettbewerb unter Schirmherrschaft des Bundeswirtschaftsministeriums.

http://db.bmwi.de
Übersicht über die Förderdatenbank des Wirtschaftsministeriums, auch speziell mit Fördermöglichkeiten für Innovationen.

http://www.patentamt.de, http://www.dpma.de
Das Deutsche Patent- und Markenamt mit Kontaktadressen, Suchmöglichkeiten, Formularen, Merkblättern usw.

http://www.patentinformation.de
Die Arbeitsgemeinschaft Deutscher Patentinformationszentren stellt alles Wissenswerte rund um Patente, Gebrauchsmuster, Marken und Geschmacksmuster zusammen.

http://www.online-patentanwalt.de
Alphabetisch sortierte Homepages deutscher Patent- und Rechtsanwälte, außerdem kostenlose Recherche in Datenbanken verschiedener Länder.

http://www.patentanwalt-suche.de
Datenbank mit über 1850 Patentanwälten in Deutschland.

http://www.teg.fhg.de
Die Fraunhofer-Technologie-Entwicklungsgruppe verfügt über Kompetenzen in den Bereichen Innovationsmanagement, Produktentwicklung und Produktionstechnik.

http://www.moser-partner.de
Technische Unternehmensberatung, die auf Produktstrategie und Sicherung neuer Märkte spezialisiert ist.

http://www.steinbeis-tib.de
Das Steinbeis-Transferzentrum, Technologiebewertung und Innovationsberatung, bietet eine Unternehmensberatung für Start-ups mit technologischem Hintergrund an – zahlreiche Dienstleistungen wie Marktanalyse, Gutachten und Businesspläne sind hier abrufbar.

http://www.tlb.de
Das Technologie-Lizenz-Büro der baden-württembergischen Hochschulen vermittelt Innovationen und Produktideen aus vielen Bereichen der Naturwissenschaft und Technik. Viele Links.

http://www.pst.fhg.de
Die Fraunhofer-Patentstelle für die Deutsche Forschung versteht sich

als Dienstleister rund ums Patent. Qualifizierte Erfindungen aus kleinen Unternehmen und dem privaten Bereich werden gefördert.

Es gibt in den Bundesländern eine Reihe von Anlaufstellen, die Unternehmen mit technischen Innovationen mit Beratung, Transfer und Kontakten unterstützen:

http://www.technologiestiftung-berlin.de
TSB-Technologiestiftung Innovationszentrum Berlin-Brandenburg

http://www.fabn.de
Forschungsagentur Berlin

http://www.tina-brandenburg.de
Technologie- und Innovations-Agentur Brandenburg

http://www.ipc-handelskammer.de
Innovations- und Patent-Centrum Handelskammer Hamburg

http://www.ati-kueste.de
Agentur für Technologietransfer und Innovationsförderung Küste, Mecklenburg-Vorpommern

http://www.ezn.hannover.de
Erfinderzentrum Norddeutschland

http://www.agit.de
Aachener Gesellschaft für Innovation und Technologietransfer

http://www.ttz-sh.de
Technologie-Transfer-Zentrale Schleswig-Holstein

http://www.Focuss-online.de
Focuss – Management Consultants, gezielte Beratung und Begleitung von kleinen und mittleren Unternehmen im Bereich Hightech.

http://www.bth.rwth-aachen.de
Das Patentinformationszentrum der TH Aachen bietet unter anderem Auftragsrecherchen im Bereich gewerblicher Schutzrechte und Recherchemöglichkeiten.

http://transpatent.com
Auslandsdienst für den gewerblichen Rechtsschutz. Unter ***http://transpatent.com/piz.htm*** finden Sie eine Übersicht über die Klasseneinteilung von Waren und Dienstleistungen für die Eintragung von Marken.

http://www.Marken-Recht.de
Umfangreiche Einführung in das Gebiet des deutschen, europäischen und internationalen Markenrechts mit einer Rechtsprechungsdatenbank. Sehr empfehlenswert!

http://www.freedomforlinks.de
Viele Informationen zum Markenrecht im Internet mit Links.

http://oami.eu.int
Das Harmonisierungsamt für den Binnenmarkt bietet Informationen zur Gemeinschaftsmarke, die für ganz Europa gilt.

Lebenszyklen von Produkten

Es ist gut, wenn Sie Ihre Innovation am Markt etabliert haben, doch auf Ihren Lorbeeren ausruhen können Sie sich nicht. Produkte und in geringerem Ausmaß auch Dienstleistungen unterliegen einem bestimmten Lebenszyklus, der unterschiedlich lange dauert (zwischen wenigen Monaten und mehreren Jahrzehnten) und in fünf Phasen eingeteilt wird:

- In der *Einführungsphase* ist die Abnahme durch Käufer nur zögerlich.
- In der *Wachstumsphase* steigt die Nachfrage sprunghaft, da nun das Interesse geweckt ist.
- In der *Reifephase* kann es zu einem leichten Gewinnrückgang kommen, da erste Konkurrenten auf den Markt gekommen und/oder eine gewisse Sättigung des Marktes eingetreten ist.
- In der *Sättigungsphase* brechen die Gewinne mehr und mehr ein, und es findet unter verschiedenen Anbietern ein Kampf um Marktanteile statt.
- In der *Degenerationsphase* schließlich »stirbt« das Produkt – und wer als Unternehmer nicht aufpasst, dessen Betrieb »stirbt« dann ebenfalls.

Manche Unternehmen machen den Fehler, sich nicht rechtzeitig um eine Neuorientierung, eine neue Innovation, zu bemühen, sondern bleiben so lange am Alten kleben, bis es kein Zurück mehr gibt. Andere wiederum verfallen in das entgegengesetzte Extrem: Sie warten nicht ab, bis ihre Innovation den nötigen Grad der Marktdurchdringung erreicht hat, sondern kommen viel zu früh mit dem nächsten Produkt auf den Markt. Hier besteht die große Gefahr der Verzettelung!

Die Gefahr der Verzettelung

In der Anfangseuphorie eines noch neuen Betriebs, der die ersten Hürden auf dem Markt erfolgreich genommen hat, neigen viele junge Unternehmer zu einer Diversifizierung: Sie nehmen immer neue Produkte und Dienstleistungen hinzu, so dass ihr Image und über kurz oder lang auch ihr Umsatz darunter leiden. Denn nun können sie nicht mehr genug Energie in das erste Produkt oder die erste Dienstleistung stecken, sondern müssen ihre Energien in vielen Bereichen gleichzeitig einsetzen.

Damit wird auch das Image in der Öffentlichkeit »unscharf«: Kunden und Interessenten wissen plötzlich nicht mehr, wofür das Unternehmen steht. Dabei ist es gerade die klare Zuordnung zu *einem* Marktsegment, *einem* bestimmten Bedarf, die ein Unternehmen oder sein Produkt zu einer »Marke« werden lässt und ihm damit auch die Aura von Qualität und hoher Kaufwürdigkeit verleiht.

Hüten Sie sich nach ersten Anfangserfolgen vor einer Verzettelung mit diversen Produkten oder Dienstleistungen! Entwickeln Sie Ihr Unternehmen weniger in die Breite als in die *Tiefe*.

Die Gefahr rein technischer Innovationen

Was bedeutet »Entwicklung in die Tiefe«? Im Wesentlichen heißt es, dass Sie »Ihr Ohr am Puls der Zielgruppe« haben. Sie sollten also *rechtzeitig* – nicht zu früh und nicht zu spät – mit der nächsten Innovation auf den Markt kommen, um Ihren Vorsprung vor Wettbewerbern zu halten oder sogar weiter auszubauen.

Maßgeblich für jede Innovation ist immer der Bedarf Ihrer Zielgruppe. Gerade technologieorientierte Unternehmen machen häufig den Fehler, bei Innovationen nur die *technische Machbarkeit* im Auge zu haben, anstatt sich am *Bedarf* zu orientieren.

Der Maßstab jeder Verbesserung oder Innovation ist nicht die Technik, sondern sind die *Bedürfnisse der Zielgruppe.*

Was nützt es, wenn Ihr Produkt jede Menge technische Neuerungen enthält, die die Käufer gar nicht haben wollen und daher auch nicht mit einer Abnahme entsprechender Stückzahlen honorieren? Dann haben Sie einen Ladenhüter produziert!

Die heutigen Märkte sind, insbesondere im Hightech-Bereich, voll von Produkten, die mit technischem Schnickschnack überladen sind – zum Ärger der Käufer, die dies gar nicht brauchen und wollen. Dazu ein paar Beispiele: Videorecorder halten viele Menschen noch immer für nicht programmierbar. Handys und Telefone haben über 200 Funktionen, von denen der Durchschnittsnutzer kaum 20 verwendet, weil er die übrigen entweder nicht kennt oder nicht versteht.

Vor wenigen Jahren ist ein Hersteller von Bügeleisen auf die Idee gekommen, aus dem simplen Elektrogerät ein Hightech-Gerät zu machen. Das Bügeleisen erhielt einen Display; legte man es auf einen Stoff, so ermittelte es automatisch die richtige Bügeltemperatur und stellte sie ein. Es sollte ein intelligentes Bügeleisen werden, das die Hausfrau verwöhnt. Doch das Produkt war ein Flopp!

Die Hausfrauen, schon genug genervt von allerlei komplizierten Hightech-Geräten des modernen Haushalts, hielten sich selbst für intelligent genug, auch ohne vollelektronische Bügeltemperatur-Ermittlung die Wäsche richtig zu handhaben.

Das Bügeleisen war komplett am Bedarf vorbeiproduziert worden! Statt die Zielgruppe, nämlich die Hausfrauen, zu befragen, worin ihrer Meinung nach eine Verbesserung bestehen könnte, gab man sich purer Technikverliebtheit hin und stattete das Gerät mit Funktionen aus, in denen die Kunden keinen Nutzen sahen. Anstatt der Konkurrenz mit einem besseren Bügeleisen einen Schritt voraus zu sein, hatte man etliche Millionen Euro Entwicklungs- und Werbekosten in den Sand gesetzt – und die Wettbewerber lachten sich ins Fäustchen!

Gerade heutzutage ist die Versuchung groß, allein in der Umwandlung von Technik in Hightech selbst schon eine Innovation zu erblicken. Im Augenblick versuchen sich Textilhersteller an »intelligenter« Kleidung mit eingenähten Handys und elektronischer Positionsanzeige. Kühlschrankhersteller planen den »intelligenten« Kühlschrank, der elektronisch anzeigt, was ihm fehlt, wenn er leer ist, und eine Einkaufsliste per Display erstellt. Wer da zuletzt die Intelligenz für sich in Anspruch nehmen wird – die Kleidung, die Kühlschränke, die Hersteller oder die Käufer –, ist derzeit noch offen.

Eine Innovation muss immer wie ein Schlüssel in ein Schloss passen, also einen *Engpass* oder ein *Problem* einer bestimmten Zielgruppe lösen. Innovationen dürfen nicht von der Technik zum Bedarf, sondern müssen vom Bedarf zur Technik hin entwickelt werden.

Innovationen als Daueraufgabe

Strategisches Handeln im Unternehmen zielt darauf ab, aus der einzelnen Innovation eine Innovationsstrategie zu machen, also eine *permanente* Verbesserung für die Zielgruppe anzustreben, und zwar aufgrund des Echos der Zielgruppe. Bei der Bedarfsermittlung können beispielsweise Diskussionen, Befragungen und Marktforschungen helfen, die dem Unternehmen ein Feedback geben, was, wann, wo und inwiefern verbessert werden sollte.

Wer auf diese Weise konsequent innoviert, der kann es mühelos zur Marktführerschaft bringen, denn er hat immer einen Vorsprung vor der Konkurrenz. Die Entwicklung von der Innovation zur Innovationsstrategie entspricht Phase 5 des strategischen Handelns nach EKS.

Die richtigen Kooperationspartner finden

Bereits am Anfang des Buches empfahlen wir Ihnen, nichts selbst zu machen, was andere besser können. Alle Aufgaben, die nicht zu Ihren Stärken gehören, sollten Sie an Kooperationspartner delegieren, um nicht selbst unnötig Zeit zu vergeuden. Der Begriff »Kooperationspartner« ist nicht an eine bestimmte rechtliche Form der Zusammenarbeit gebunden. Kooperationspartner sind beispielsweise Geschäftspartner, Gesellschafter, Mitinhaber, Stille Teilhaber, Multiplikatoren und alle Ihre Lieferanten vom Computerfachmann bis zum Steuerberater.

Darüber hinaus können für die Weiterentwicklung Ihres Unternehmens auch noch andere Arten der Kooperation bedeutsam sein. Möglicherweise ist es angebracht, dass Sie Ihren Kunden statt einzelner Produkte ein *Produktsystem* beziehungsweise eine *Komplettlösung* anbieten. Vielleicht besteht gerade in Ihrer Branche in einem solchen System eine vom Markt honorierte Innovation.

Komplettlösungen, die als höherwertig eingestuft werden, als es die einzelnen Elemente sind, begegnen uns heute überall: Ein EDV-Berater, der PCs individuell zusammenbaut, auf die jeweils gewünschte Software abstimmt und zudem noch einen Service für Notfälle und Reparaturen anbietet, ist einem einfachen EDV-Händler, der Computer »von der Stange« verkauft, weit überlegen.

Ein so genannter Moderatorenkoffer, der alle für Managementtrainer notwendigen Elemente wie Stifte, Stecknadeln, Papiere und Aufkleber diverser Größen enthält, bietet gegenüber den einzelnen Elementen des Koffers einen erkennbaren Nutzen. Die Zielgruppe Trainer braucht sich ihr Handwerkszeug nämlich nicht mühselig einzeln zusammenzukaufen, sondern erhält alles »aus einer Hand« und honoriert den größeren Nutzen mit einem im Vergleich zur Addition der Einzelelemente um Etliches höheren Preis.

Natürlich lautet aber auch bei Komplettlösungen die Kernfrage immer, ob und inwieweit sie von der Zielgruppe erwünscht sind.

Wenn Sie ein Komplettpaket anbieten, aber daraus nur einen Teil liefern können, so sollten Sie sich geeignete Kooperationspartner suchen, die die übrigen Teile liefern können.

Obwohl dies einfach und plausibel klingt, halten sich Unternehmen vielfach nicht daran. Sie geraten in Versuchung, alles selbst machen zu wollen. Damit erhöhen sie ihre *Fertigungstiefe* und stellen mehr anstatt weniger her. Dies führt jedoch schnell wieder zur Verzettelung, da nun ja auch diejenigen Produkte oder Dienstleistungen hergestellt oder erbracht werden müssen, für die das eigene Unternehmen keine Kompetenz besitzt.

Einfacher und sinnvoller ist es, gleich gesinnte Geschäftspartner zu suchen, um das Projekt zu realisieren. Voraussetzung ist natürlich, dass die Kooperationspartner ebenfalls den gemeinsamen Kundennutzen im Auge haben und dieselbe Zielgruppe bedienen können. Für die Kooperation selbst können dann geeignete vertragliche Formen gefunden werden.

Bei der Suche nach Kooperationspartnern kann das Internet behilflich sein. Schauen Sie sich dazu die in Kapitel 3 gelisteten Adressen zum Thema »Betriebsübernahme und Beteiligung« an; unter vielen der dort genannten Homepages können Sie auch Kooperationspartner für andere Ziele als eine Geschäftsübernahme finden.

Konzentration auf ein konstantes Grundbedürfnis

Viele Unternehmen richten den Blick ausschließlich auf die Produkte oder Dienstleistungen, die sie verkaufen wollen. Am Anfang mag dies funktionieren, aber langfristig kann es gefährlich sein. Denn gerade heute droht Konkurrenz, manchmal sogar aus anderen Branchen, die ein bestehendes Produkt schneller »alt aussehen« lässt, als man glaubt:

In den frühen achtziger Jahren kam IBM mit den ersten Computern für jedermann auf den Markt. Das mühelose Schreiben auf dem PC, das die Finger viel weniger erlahmen lässt als die schwerfälligen alten Schreibmaschinen, und die Möglichkeit, Texte flexibel zu verändern und auch mehrfach zu verwenden, führte dazu, dass sich immer mehr Menschen Computer zulegten – die Hightech-Phase begann.

Ungefähr vier Jahre dauerte es, bis alteingesessene Schreibmaschinenhersteller entweder in Konkurs gingen oder nur durch Fusion überleben konnten. Manche konnten sich noch eine Zeit lang mit den so genannten Schreibautomaten über Wasser halten. Das sind »Zwitter« zwischen Computern und Schreibmaschinen, die zwar elektronisch funktionieren, aber vor allem in ihrer Drucktechnik eher Schreibmaschinen gleichen. Diese seltsamen Dinosaurier – sie waren ähnlich groß, unförmig und laut – sind mittlerweile ausgestorben.

Während die Schreibmaschinenhersteller an ihren Schreibautoma-

ten arbeiteten, die sie für eine »Innovation« hielten, waren die Software- und Hardwarehersteller schon wieder einen Innovationsschritt weiter: Die PCs konnten mittlerweile nicht nur schreiben, sondern auch rechnen, Grafiken erstellen, Fotos retuschieren und vieles mehr – und nahezu täglich gibt es neue Software mit neuen Anwendungen.

Schreibmaschinen sind zu einem unbedeutenden Randprodukt geworden, das wahrscheinlich innerhalb der nächsten Jahre ganz vom Markt verschwinden wird. Das einzige, worin Schreibmaschinen noch eine Weile überlegen waren, nämlich das Ausfüllen von Formularen, wird inzwischen ebenfalls von Computern erledigt.

Was ist für die Schreibmaschinenhersteller schief gelaufen? Sie hatten sich auf ein *Produkt*, eben die »Schreibmaschine«, spezialisiert, anstatt sich auf das dahinter stehende *konstante Grundbedürfnis ihrer Zielgruppe* zu konzentrieren. Das Grundbedürfnis ist »Schreiben«, besser noch: »Information«, denn Schreiben dient in der Regel der Information. IBM hingegen, ursprünglich selbst Schreibmaschinenhersteller, hatte die Zeichen der Zeit erkannt, das Schreiben mit einem neuen Produkt revolutioniert und damit das Hightech-Zeitalter eingeläutet.

Grundbedürfnisse sind *konstant*, weil sie sich im Gegensatz zu den Produkten niemals verändern. *Variabel* hingegen ist alles, was zur Befriedigung dieser Grundbedürfnisse dient, also alle Produkte und auch Dienstleistungen.

Weitere konstante Grundbedürfnisse sind: Bekleidung, Nahrung, Mobilität, Wohnen, Schlafen, Gesundheit, Image. Die Produkte können sich ändern und veralten, die Grundbedürfnisse nicht.

Gerade in der heutigen Zeit, in der immer mehr Branchen und Produkte in den Hightech-Sog hineingezogen und unversehens umgekrempelt werden, ist es wichtig, das konstante Grundbedürfnis im Auge zu behalten, anstatt sich an Produkten zu orientieren. Konzentrieren Sie sich mit Ihrem Unternehmen langfristig auf das Grundbedürfnis Ihrer Zielgruppe und bleiben Sie flexibel im Hinblick auf die Veränderung der damit verbundenen Produkte.

Die sieben Schritte strategischen Handelns im Unternehmen

Zum Abschluss noch einmal die sieben Phasen der EKS im Überblick:

1) Ihre speziellen *Stärken* (Kenntnisse, Erfahrungen, Neigungen, Fähigkeiten) weisen die Richtung für Ihre Selbstständigkeit.
2) Sie finden Ihr *Geschäfts- und Aufgabenfeld*, indem Sie herausarbeiten, welcher Zielgruppe Sie mit Ihren Stärken einen *Nutzen bieten* könnten (Marktanalyse).
3) Unter allen in Frage kommenden *Zielgruppen* ermitteln Sie die für Sie erfolgversprechendste.
4) Sie arbeiten heraus, welches besonders *drängende Problem* Ihre Zielgruppe hat und entwickeln dafür eine einzigartige neue Lösung *(Innovation)*. So werden Sie als Problemlöser für Ihre Zielgruppe attraktiv.
5) Aus der einzelnen Innovation wird eine *Innovationsstrategie*, wenn Sie kontinuierlich nach neuen Verbesserungen Ausschau halten und Neues entwickeln, und zwar indem Sie sich dabei von den Bedürfnissen Ihrer Zielgruppe anstatt von technischen oder anderen Motiven leiten lassen.
6) Sie konzentrieren sich mit Ihrem Geschäft auf Ihre Kernkompetenz. Für alles Übrige, das Sie sonst noch zur Führung Ihres Unternehmens benötigen, suchen Sie sich *Kooperationspartner*. Das bewahrt Sie vor *Verzettelung* in Bereichen, in denen Sie sich nicht auskennen.
7) Langfristig orientieren Sie sich nicht an Ihren (variablen) Produkten, sondern an dem *konstanten Grundbedürfnis*, das diesen zugrunde liegt. Damit bleiben Sie flexibel, künftige Änderungen des Marktes rechtzeitig zu erkennen und darauf innovativ zu reagieren.

Mit dieser Strategie steht Ihnen der Weg zur Marktführerschaft offen. Viel Erfolg wünschen Ihnen die Autorinnen!

Literatur

Beratergruppe Strategie / Mewes, Wolfgang (Hrsg.): *Mit Nischenstrategie zur Marktführerschaft. Strategie-Handbuch für mittelständische Unternehmen.* Zürich: Orell Füssli, Bd. 1: 2000, Bd. 2: 2001. (www.strategieerfolg.de)

Braun, Peter (Hrsg.): *Internet-Digest für Unternehmensberater. Gezielter Zugriff auf das Internet: Daten, Fakten und Argumente für die Beratungspraxis.* Augsburg: Kognos, 2000. (www.kognos.de)

Bundesverband der Deutschen Volksbanken und Raiffeisenbanken BVR (Hrsg.): *Mittelstand im Internet. Erfolgreich mit E-Commerce.* Bonn, 2000.

Dieterle, Willi K. M. / Winckler, Eike M. (Hrsg.): *Gründungsplanung und -finanzierung. Voraussetzungen für den Gründungserfolg.* Beck-Wirtschaftsberater. München: Beck, 3. Aufl. 2000.

Ederer, Günter / Seiwert, Lothar J.: *Das Märchen vom König Kunde. Service in Deutschland – Wüste oder Oase? Das Strategie-Buch für kundenorientierte Unternehmen.* Offenbach: Gabal, 2. Aufl. 1998. (www.seiwert.de)

Europäisches Beratungs-Zentrum der Deutschen Wirtschaft (EBZ) (Hrsg.): *Europa im Internet. Organe, Institutionen und Datenbanken.* Berlin: Bundesverband der Deutschen Industrie e.V. (BDI), 5. Aufl. 2000.

Fedtke, Manfred: *Fundgrube Internet. Webseiten-Sammlungen für berufliche Online-Recherchen.* Jockgrim: Fedtke, 1999.

Friedrich, Kerstin / Seiwert, Lothar J.: *Das 1 x 1 der Erfolgsstrategie. 4 Prinzipien der EKS-Strategie – 7 Phasen zur Spitzenleistung – 3 erfolgreiche Praxisbeispiele.* Offenbach: Gabal, 5. Aufl. 1995. (www.seiwert.de und www.strategie.net)

Füser, Karsten: *Ratgeber Existenzgründung. 1000 Ideen und Checklisten zum Erfolg.* München: dtv, 1998.

Gebhardt-Seele, Stephan: *So bekommen Sie Aufträge. Wie man sich von der Konkurrenz abhebt und Kunden gewinnt.* München: Droemer/Knaur, 1998.

Gründerhandbuch 1999/2000. Ratgeber für Ihren erfolgreichen Unternehmensstart. Bonn: Rentrop, 1999.

Härtl-Kasulke, Claudia / Kasulke, Otto: *Kundinnen gewinnen. Warum Frauen ihr nächstes Auto bei Ihnen kaufen.* Ottobrunn: Autohaus, 1996.

Horx, Matthias: *Konsument 2010. Eine Konsumentenstudie des Verlags Neue Märkte.* Bonn: VNR / Verlag Neue Märkte, 2000. (www.zukunftsinstitut.de)

Huber, Angelika: *Existenzgründung für Frauen. Eigene Stärken erkennen, typischen Fallen entgehen, neue Chancen nutzen.* Landsberg am Lech: mvg, 1999.

Kerger, Peter: *Werben mit Konzept.* Offenbach: Gabal, Band 1: 1997, Band 2: 1997, Band 3: 1998.

Klug, Sonja / Abdelhamid, Michaela u.a.: *Gabler/MLP Berufs- und Karriereplaner IT und e-business 2001/2002.* Wiesbaden: Gabler, 2001 (erscheint jährlich in aktualisierter Fassung).

Klug, Sonja / Köhler, Dorothee u.a.: *Gabler/MLP Berufs- und Karriereplaner Wirtschaft 2001/2002. Für Studenten und Hochschulabsolventen.* Wiesbaden: Gabler, 2001 (erscheint jährlich in aktualisierter Fassung).

Klug, Sonja / Köhler, Dorothee u.a.: *Gabler/MLP Berufs- und Karriereplaner Technik 2001/2002. Maschinenbau, Elektrotechnik, Bauwesen, Informationstechnologie u.v.a.* Wiesbaden: Gabler, 2001 (erscheint jährlich in aktualisierter Fassung).

Köhler, Dorothee / Klug, Sonja: *Stellenm@rkt Internet. Per Mausklick zum neuen Job.* Frankfurt: Campus, 2000.

Klug, Sonja: »Mit Büchern zum Erfolg – eine Imagepflege der besonderen Art.« In: *HelfRecht Methodik,* Nr. IV, S. 250-252.

Klug, Sonja: *Bücher für Ihr Image. Leitfaden für Unternehmen und Business-Autoren.* Zürich: Orell Füssli, 1996.

Krichbaum, Jörg (Hrsg.): *deutsche-internetadressen.de. Erstes Kompendium mit 7000 beispielhaften deutschen Internetadressen.* Köln: Arcum, 4. Aufl. 2000.

Levinson, Jay Conrad / Rubin, Charles: *Guerilla Marketing online. Chancen für kleine und mittlere Unternehmen im weltweiten Datennetz.* München: Heyne, 1997

Ludewig, Christoph: *Existenzgründung im Internet. Auf- und Ausbau eines erfolgreichen Online-Shops.* Braunschweig / Wiesbaden: Vieweg, Gabler, 2. Aufl. 2000. (www.ludewig.com)

Mewes, Wolfgang: *Die EKS-Strategie.* Pfungstadt: sgd, 1998 ff. (www.eks.de und www.sgd.de)

Mielczarek, Jörg: *Die 5000 besten Internet-Adressen für Existenzgründer.* Bonn: Interna aktuell, 2000.

Mohr, Rita: *Kursbuch Existenzgründung. Der erfolgreiche Weg in die Selbstständigkeit.* Frankfurt a.M.: Fischer, 2000.

Peckert, Felix / Schmitt, Heike D. (Hrsg.): *basics. forum für franchise und systeme.* Wiesbaden: F. Peckert für das ffs, 2000. (www.ffs-online.net)

Sawtschenko, Peter / Herden, Andreas: *Rasierte Stachelbeeren. So werden Sie die Nr. 1 im Kopf Ihrer Zielgruppe. Branding – Erfolgreiche Positionierungs-Strategie für kleine und mittelständische Unternehmen.* Offenbach: Gabal, 2000. (www.sawtschenko.de)

Seiwert, Lothar J.: *30 Minuten für optimale Kundenorientierung.* Offenbach: Gabal, 1999. (www.seiwert.de)

Simon, Hermann: *Die heimlichen Gewinner. Die Erfolgsstrategien unbekannter Weltmarktführer.* München: Heyne, 1998.

Sommer, Adolf-W.: *Auftragsbeschaffung für Architekten und Ingenieure. Neue Ideen, bewährte Methoden und Konzepte, anschauliche Beispiele.* Köln: R. Müller, 2. Aufl. 1999.

Stuhrmann, Jan / Faß, Michael: *Die besten Internet-Adressen 99.* Düsseldorf: Data Becker, 1998.

Vögele, Siegfried: *Dialogmethode. Das Verkaufsgespräch per Brief und Antwortkarte.* Landsberg am Lech: mi, 5. Aufl. 1990.

Wikner, Ulrike u.a.: *Existenzgründung für junge Leute.* München: dtv, 2000.

Register

Stichwortregister

Register der gelisteten Internet-Adress-Sammlungen